Christoph Storck
Elmar Wortmann

Perspektive Pädagogik

Erziehung – eine Einführung

Heft 1

Ernst Klett Verlag
Stuttgart · Leipzig

Inhaltsverzeichnis

„Der Mensch kann nur Mensch werden durch Erziehung. Er ist *nichts*, als was die Erziehung aus ihm macht. Es ist zu bemerken, dass der Mensch nur durch Menschen erzogen wird, durch Menschen, die ebenfalls erzogen sind. Daher macht auch Mangel an Disziplin und Unterweisung bei einigen Menschen sie wieder zu schlechten Erziehern ihrer Zöglinge."

Immanuel Kant, Vorlesung über Pädagogik

„Erziehung ist das eine und ganze Thema der Pädagogik; Erziehung und nicht Sozialisation, auch nicht nur Entwicklung oder Lernen oder Kommunikation, und schon gar nicht Therapie, Sozialarbeit, Lebensbegleitung. Erziehung als Antwort zuerst auf das Lernen der Kinder und Heranwachsenden in Elternhaus und Schule, dann aber auch auf die Nachfrage von Kursteilnehmern und Studenten, von lernwilligen Erwachsenen und älteren Menschen; Erziehung als Aufgabe der Eltern und der Lehrer, der Sozialpädagogen und der Erwachsenenbildner, die die ältere Generation der jüngeren mehr denn je schuldet."

Klaus Prange, Plädoyer für Erziehung

Vorwort der Herausgeber

Im Fach „Pädagogik" oder „Erziehungswissenschaft" geht es um Erziehung. Sie lassen sich mit der Wahl dieses Faches auf ein ebenso spannendes wie für jeden Menschen bedeutsames Themenfeld ein, auf dem Sie in gewisser Weise schon Expertin und Experte sind. Sie haben bereits vielfältige Erfahrungen mit dem Erziehen gemacht: Sie alle waren und sind Adressatin bzw. Adressat von Erziehung. Viele von Ihnen sind sicher auch selbst schon erzieherisch tätig gewesen, z. B. bei jüngeren Geschwistern, im Sportverein, bei der Nachhilfe, in der Kirchengemeinde. In beiden Rollen werden Sie vielleicht bemerkt haben, dass das Erziehen nicht selbstverständlich und einfach ist. Haben Sie sich nicht schon oft gefragt, warum Ihre Eltern so oder so mit Ihnen umgegangen sind? Wahrscheinlich sind Sie auch hin und wieder nicht mit dem erzieherischen Verhalten Ihrer Eltern, Kindergärtner/ Kindergärtnerinnen oder Lehrer/Lehrerinnen einverstanden gewesen. Wenn Sie selbst in der Erzieherrolle waren, haben Sie vielleicht bemerkt, wie schwierig es oft ist, das „richtige" Verhalten zu finden. Welche der möglichen Umgangsweisen mit Kindern soll man in einer bestimmten Situation auswählen? Gibt es Maßstäbe, an denen man seine Entscheidungen orientieren kann?

Ein Blick in die Zeitschriften, ins Fernsehen und in den Buchmarkt zeigt übrigens schnell, dass Sie nicht alleine solche Fragen haben. Wie man „richtig" erzieht, wird heute in der Öffentlichkeit heftig diskutiert. Man hat den Eindruck, dass viele Eltern, aber auch Menschen, die Erziehen als Beruf ausüben, verunsichert sind. Auf jeden Fall gibt es ein starkes Bedürfnis nach Beratung und Orientierung in pädagogischen Fragen. Und kein Mensch kann ihnen ausweichen. Jeder ist erzogen worden, jeder erzieht oder ist von erzieherischem Handeln betroffen. Das systematische Nachdenken über Pädagogik ist deshalb heute unverzichtbar.

Unser Ziel ist es, Sie nach und nach in das weite Feld der Erziehung einzuführen. Sie werden die Probleme kennenlernen, mit denen sich auseinandersetzen muss, wer erzieherisch handelt. Sie werden auch Ursachen für diese Probleme kennenlernen. Diese Ursachen können in der Aufgabe der Erziehung selbst begründet sein, sie können aber auch aus gesellschaftlichen Bedingungen und Erwartungen an Erziehung erwachsen. Sie werden Maßstäbe und Formen pädagogischen Handelns erarbeiten, die Antworten auf die Probleme geben können. Das, was dieses Fach so interessant macht, ist damit schon angesprochen: der ständige Wechselbezug von Praxis und Theorie, von eigenen Erfahrungen und Erfahrungen anderer und wissenschaftlicher Aufklärung solcher Erfahrungen, von alltäglichen Handlungsentwürfen und wissenschaftlich orientiertem pädagogischen Handeln und Denken.

Wir wünschen Ihnen viel Freude und Erfolg bei diesem Weg in die Pädagogik.

1. Was ist Erziehung und warum ist sie umstritten?

 006017-006

Jeder Mensch ist erzogen worden, jeder hat spätestens ab dem Jugendalter ein eigenes Verständnis von „Erziehung". Es beruht auf den Erfahrungen, die er in der Familie, im Kindergarten, in der Schule gemacht hat. Auch Sie als Schülerinnen und Schüler, die das Fach „Erziehungswissenschaft" oder „Pädagogik" gewählt haben, haben schon vielfältige Erfahrungen mit Erziehung gemacht. Im ersten Kapitel erhalten Sie die Möglichkeit, ihr eigenes Vorverständnis von Erziehung zu artikulieren und es mit dem Ihrer Mitschülerinnen und Mitschüler zu vergleichen.

1.1 Vorverständnis von Erziehung

Fragen und Anregungen zum Einstieg

1. Beschreiben Sie eine Alltagssituation, in welcher nach Ihrer Überzeugung „Erziehung" stattfindet. Sie können diese Situation selbst erlebt oder beobachtet haben. Sie können eine solche Situation auch selbst entwerfen.

2. Arbeiten Sie mit Blick auf diese Situation heraus, inwiefern in dieser Situation Erziehung stattfindet.

3. Erklären Sie Ihren Mitschülerinnen und Mitschülern die „Erziehung" in Ihrem Fallbeispiel.

4. Diskutieren Sie untereinander, was unter „Erziehung" zu verstehen ist.

5. Entwickeln Sie zuletzt eine eigene Definition für Erziehung.

6. Vergleichen Sie Ihre Definition mit denen der anderen Kursteilnehmer.

Bitte bewahren Sie Ihre Definition auf. Am Ende des ersten Kurshalbjahres soll diese Definition noch einmal in den Blick genommen werden.

Methode

Placemat

Ein Placemat ist ein großer Bogen Papier, der von Kleingruppen, bestehend aus drei oder vier Mitgliedern, beschrieben wird.

Vorbereitung

Das Papier wird mit Linien so aufgeteilt, dass jedes Gruppenmitglied seinen Bereich erhält und ein Feld in der Mitte für die Ergebnisse der gemeinsamen Arbeit frei bleibt. Sind vier Mitglieder in einer Gruppe, kann das so aussehen:

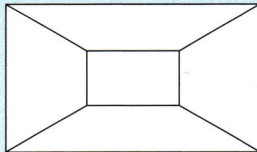

Durchführung

1. Zunächst schreibt jedes Gruppenmitglied in sein Feld, welche Lösungen es für die gestellten Aufgaben hat.

2. In der zweiten Arbeitsphase werden die Arbeitsergebnisse verglichen. Dazu kann das Placemat gedreht werden, sodass jeder nach und nach lesen kann, was die anderen geschrieben haben. Es ist auch möglich, dass das Placemat liegen bleibt und sich die Gruppenmitglieder im Kreis um es herumbewegen. Danach ergänzt oder verändert jeder seine Ergebnisse. In einem Gespräch einigen sich dann die Gruppenmitglieder auf eine von allen getragene Lösung. Diese wird in das freie Mittelfeld geschrieben.

Auswertung

3. Zuletzt stellen die Gruppen diese Ergebnisse dem Kurs zur Diskussion und kritischen Prüfung vor.

1.2 Erziehungsratgeber: Tipps zu jedem Thema

Auf dieser Seite finden Sie verschiedene Cover von Schriften, die sich mit Erziehung befassen und die in der jüngeren Vergangenheit erschienen sind. Diese Titel belegen, dass Erziehung für viele Menschen ein Thema ist, das sie intensiv beschäftigt. Sie zeigen aber auch, dass die Auffassungen über „gute" oder „richtige" Erziehung nicht übereinstimmen.

Abb. 1.1: Erziehungsliteratur (Cover)

Aufgaben

1. Stellen Sie sich vor, Sie befinden sich in einer Buchhandlung. Sie haben sich entschieden, ein Buch zum Thema „Erziehung" zu erwerben. Im Verkaufsregal finden Sie die hier abgebildeten Bücher vor. Welches Buch würden Sie jetzt kaufen? Begründen Sie Ihre Entscheidung.

2. Vergleichen Sie Ihre Entscheidung mit den Entscheidungen Ihrer Mitschülerinnen und Mitschüler und setzen Sie sich mit den jeweiligen Begründungen auseinander.

3. Erörtern Sie, welche Schwierigkeiten mit Blick auf pädagogisches Denken und Handeln die Vielzahl der im Buchhandel angebotenen Bücher zum Thema Erziehung widerspiegeln könnte.

4. ▲ Entwickeln Sie begründete Vermutungen darüber, warum es heute so viele Erziehungsratgeber gibt und warum über Erziehung in Zeitungen, Zeitschriften und im Fernsehen so oft und intensiv diskutiert wird.

1.3 Beispiele aus der Erziehungspraxis

M1 Alles ist schlimmer – wie immer! (Birgit Schüller)

Im folgenden Text berichtet eine Grundschullehrerin von ihren alltäglichen Erfahrungen. Dabei spricht sie einige der Probleme an, mit denen sich heute viele Erzieherinnen und Erzieher konfrontiert sehen.

Pass doch auf!

Während der Pause, auf dem Flur, fällt ein rangelnder Viertklässler rückwärts fast in mich hinein. Mein ausgestreckter Arm und mein freundliches „Achtung, aufpassen!" brem-
5 sen seinen Fall. Blitzschnell dreht sich der Junge um und schreit mich an: „Pass du doch auf, du hast mich nicht zu berühren und zu schlagen." Noch immer ruhig, beschreibe ich die Situation und verbitte mir den unfreundlichen Ton. Der Junge zischt: „Sie haben mir überhaupt nichts zu sa-
10 gen!" Inzwischen empört, erwidere ich, dass ich sehr wohl etwas zu sagen habe und seinen Namen wissen möchte. Die Klasse des Jungen steht inzwischen um uns herum. Ein Freund bestätigt, ich hätte dem Jungen nichts zu sagen und äfft mich im Ton nach: „Sag mir deinen Namen!" Der
15 Ton der beiden ist publikumswirksam, von den Mitschülern kommt Applaus. Fast die Situation entschuldigend kommt ein Junge an meine Seite: „Das ist mein Freund, der ist immer so."

Solche Kinderreaktionen empfinde ich als rührend, solida-
20 risch. Das ändert nichts an der Tatsache, dass der Junge sich im Ton vergriffen hat. Die Klasse muss zum Sportunterricht. Den Jungen bestelle ich zum Gespräch, morgen, in der Pause. Wird er wohl kommen? Er ist da. Wir beide sind allein. „Schön, dass du gekommen bist", sage ich.
25 Schweigen. „Was war denn gestern los?", frage ich. Nach einem „Ich bin immer so", entwickelt sich ein aufschlussreiches Gespräch. Der Junge weiß, dass sein Ton nicht passend war. Aber er und seine Klassenkameraden finden es lustig, so zu reden. Und, darauf besteht er, auf Erwach-
30 sene muss er nicht hören. Ich spüre Misstrauen, viel Enttäuschung. Ich erkläre ihm, dass ich seinen Ton und sein Verhalten nicht als lustig empfinde. Dass meine Hand ihn beim Fallen gebremst und ich mich geschützt habe.

Sein „Ach so" signalisiert Verständnis. War die Berührung
35 zu viel Nähe? Er versteht meine Kritik an seiner Wortwahl. Mit einem leisen „Danke und Tschüss" geht er. Zurück bleibt mein Wunsch, öfter mit ihm zu reden. Dafür bleibt so wenig Zeit am Schulvormittag. Beim nächsten zufälligen Treffen auf dem Flur lächeln wir uns zu, uns verbindet eine
40 kleine gemeinsame Geschichte. Ich streiche ihm über den Kopf. Er lässt es zu. Mehr braucht es erst einmal nicht.

Hört bitte zu!

„Verstehst du mich denn nicht?" Resigniert, verzweifelt hört sich die Frage an. Und dieser Satz, durch mehrfache
45 Wiederholung schon lange keine Frage mehr, bekommt nur eine stumme Antwort: „Ja!" Das Kind versteht mich wirklich nicht. Der Frage gehen sich wiederholende Szenen voraus: „Gib mir eine Antwort!" „Warum redest du so?" „Warum hast du geschlagen?" Auf all das wissen die darauf angespro-
50 chenen Kinder nichts zu sagen. Sie verstehen meine Worte, aber ihren Sinn nicht. Wie auch? Die Frage passt nicht zum Geschehen. Und passte sie dazu, könnten die Kinder auch nicht antworten, denn sie können nicht erklären, warum sie getreten, geschlagen haben, ausgerastet sind. Oft wis-
55 sen sie es nicht. Wie sollen sie da eine Antwort geben können? Hilflosigkeit steht mir ins Gesicht geschrieben. Meine Frage ist ein Zeichen meiner Hilflosigkeit.

Die Situationen häufen sich. Nicht nur in meinen Klassen. Befreundete Kolleginnen stöhnen auch. Wir sind ratlos, ver-
60 zweifelt, hilflos. Wie die Kinder. Aber wir Kolleginnen haben uns, wir können zusammen jammern, uns untereinander austauschen und gemeinsam Wege suchen. Wir stellen fest: Es ist nicht schlimmer geworden. Aber es ist anders geworden. Wie bei jeder Veränderung in der Welt der
65 Kinder. Und wir hinken den Veränderungen hinterher. Wir haben Kinder vor uns, die bei alleinerziehenden Müttern leben, deren Eltern aus anderen Ländern kommen, Kinder aus Scheidungsfamilien, Kinder aus Familien mit Alkohol- und Drogenproblemen, Kinder, in denen mehrere Kulturen
70 vereint sind, vernachlässigte Kinder.

All das gab es auch „früher". Was ist anders? Anders ist die Häufung der unterschiedlichen Themen und Biografien in einer Klasse. Anders ist die auffällige Unsicherheit der Eltern in der Erziehung, auffällig ist die Bindungslosigkeit
75 der Kinder, auffällig ist, mit wie wenig Alltagsregeln sie vertraut sind. Oder kenne ich die neuen Regeln noch nicht?

Viele der mir vertrauten Regeln sind den Kindern nicht bekannt, oder sie leben sie nicht im Elternhaus. Zuhören! Können die Kinder das noch? Momentan bin ich nur ge-

Abb. 1.2: Unterricht in einer Grundschulklasse

80 nervt, wenn es um das Thema „Zuhören" geht. Deprimiert bin ich ins Wochenende gegangen. Am Freitag bin ich laut geworden. Habe mir und den Kindern den Abschied ins Wochenende verdorben. Eingesponnen in ihrer eigenen Welt, in die sie noch ein Kind reingelassen haben, sitzen
85 Sven und Chantalle und freuen sich aneinander. Sie reden, lachen, spielen mit Mimik und Händen. Meine in die Klasse hineingesprochene Aufforderung: „Alle hören jetzt zu!", dringt nicht in ihre Zweisamkeit. Hatte ich doch gerade mit den Erstklässlern besprochen, warum es wichtig
90 ist, zuzuhören. Richtig, ich habe darüber gesprochen. Wie viele Kinder ich erreicht habe, weiß ich nicht. Sven und Chantalle gehören nicht dazu. Sie sind es nicht gewohnt, dann zuzuhören, wenn es von ihnen verlangt wird. Sven ist haltlos und einsam am Nachmittag. Der Schulvormittag
95 bietet ihm Kontakte, er wird gesehen, gehört, er ist lebendig. Meine Stimme dringt nicht durch die Mauer, hinter der er mit Chantalle lacht, plaudert und genießt. Meine Hand auf seinem Kopf, seinem Arm oder seiner Hand hätte eine Verbindung zu der Außenwelt, zu der Klasse sein können.
100 Den Weg zu gehen, Svens Aufmerksamkeit durch eine Berührung in den Unterricht zu lenken, fällt mir nicht ein. Fällt mir manches Mal nicht ein. Ich bin genervt von den immer wiederkehrenden Situationen, von meiner einsam vorgetragenen Bitte: „Hört bitte zu!"

105 **Kinder, die ins Leere laufen**
Chantalle ist es gewohnt, ihr Leben alleine zu bestimmen. Die Erwachsenen zu Hause lassen sie machen. Auch eine Form von Einsamkeit. Ihre Mutter sagt mir, dass sich das auswachse, dass ich sie, die Mutter, unterstützen soll. Sie
110 weiß auch nicht weiter, ich soll Geduld haben, ich soll der Mutter helfen. Wobei soll ich helfen? Womit soll ich Geduld haben? Worauf soll ich warten und wie lange? Wann hat es sich ausgewachsen? Ich bin durcheinander. Chantalle muss es auch so gehen.

115 Kinder, die keine Hilfe, keine Regeln bekommen, deren Eltern sich aus der Erziehung oft raushalten, gab es immer. Halten die Eltern sich raus? Oder erziehen sie nur anders, so wie ich es nicht kenne? Eins ist anders: Es sitzen jetzt mehr solcher Kinder in meiner Klasse. Chantalle erfährt
120 keine Reaktion von den Erwachsenen in ihrem Elternhaus. Sie bestimmt die Gespräche der Erwachsenen, sie läuft mit ihren wiederholten Fragen und Bitten ins Leere. „Mama. Mama, …" Es kommt keine Antwort. Mit Sven am Freitag im gemeinsamen Kokon die Schulwoche zu beenden
125 den, tut ihr gut. Da ist jemand, der reagiert. Es muss nicht Sven sein. Estelle und Yunus liebt Chantalle auch als Gesprächspartner. Ist das schlimmer geworden? Ich meine ja. Die Kinder erleben sehr oft, dass sie ins Leere laufen.

Meine Bemühungen, die Kinder nicht ins Leere laufen zu
130 lassen, tragen erste Früchte. Für Yunus war es schwer, die Regeln und Verabredungen des ersten Schuljahres einzuhalten. Meine Geduld, manchmal auch Ungeduld, werden auf eine harte Probe gestellt. Yunus fordert mich. Er hat es nicht gelernt, auf Erwachsene zu hören. Von klein auf
135 lernte er, seinen Tagesablauf selbst zu bestimmen. Darin

ist er stark. Verantwortung an Erwachsene abzugeben, Kind zu sein, sich anzulehnen, zu entspannen, lernte er nicht. Er mag mich und will meinen gebetsmühlenartig vorgetragenen Wünschen nachkommen. Leise zu sein, hin-
140 zuhören, was besprochen wird, sich an Klassengesprächen zu beteiligen oder gar, sich zu melden. Das sind Hürden, vor denen er täglich steht.

Nach fast einem Jahr Schule steht er während einer Arbeitsphase plötzlich strahlend vor mir, als hätte er den
145 Mount Everest bezwungen: „Ich muss an fünf Sachen denken, an das Heft, das Buch mitnehmen, zuhören, melden, viel reden. Ja?" Nicht sofort verstehe ich, was er will. Mir fällt es wieder ein. Beim letzten Elterngespräch verabredeten wir „die fünf Sachen" mit ihm. Ich kann es kaum
150 glauben. Yunus hat seine Hürden benannt. Genommen hat er sie noch nicht. Wenn schon, er nimmt sie wahr. Glücklich sehe ich Yunus hinterher, der sichtbar stolz zu seinem Platz zurückgeht.

Yunus erinnert mich daran: Ich darf mich nicht entmutigen
155 lassen! Auch nicht von der nächsten gesellschaftlichen Herausforderung.

Aufgaben

1. Geben Sie die Verhaltensweisen der Kinder wieder, die die Lehrerin als problematisch empfindet (**M1**).

2. Arbeiten Sie heraus, welche Ursachen sie für das Verhalten der Kinder verantwortlich macht.

3. Stellen Sie dar, wie die Lehrerin mit dem problematischen Verhalten der Kinder umgeht.

4. Haben Sie ähnliche Situationen erlebt oder beobachtet? Beschreiben Sie einige von ihnen.

5. Wie beurteilen Sie das erzieherische Handeln der Lehrerin? Würden Sie anders handeln? Wenn ja: Warum?

Fiktive Fallbeispiele

Fallbeispiele gewinnen im Pädagogikunterricht eine besondere Bedeutung, weil es immer um pädagogisches Handeln in der alltäglichen Praxis geht. Fallbeispiele können fiktiv sein oder wirkliche Geschehnisse wiedergeben. Fiktive Fallbeispiele sind konstruierte, erfundene Erzählungen, welche theoretische Aussagen untermauern sollen. Manchmal sollen sie auch den Blick auf bestimmte Aufgaben, Fragen oder auch Probleme in der Pädagogik lenken.

Fragen an solche Fallbeispiele können sein:
- Was will der Autor mit diesen Beispielen seinen Lesern veranschaulichen?
- Sollen mit diesen Beispielen bestimmte Auffassungen unterschwellig beeinflussend vermittelt werden?
- Wie realistisch sind diese Beispiele?

M2 Peter stört (Jürgen Henningsen)

Der folgende Text gilt als pädagogischer „Klassiker". Er stellt eine pädagogische Konfliktsituation in der Schule vor und lässt drei Lehrerinnen unterschiedlich pädagogisch handeln. Der Text gewinnt seine besondere Bedeutung dadurch, dass diese drei Lehrerinnen später ihr jeweiliges Verhalten erklären und begründen. Die Geschichte hat nicht in der Realität stattgefunden. Sie wurde von Jürgen Henningsen konstruiert, der als Professor für Pädagogik Lehrerinnen und Lehrer ausgebildet hat. Henningsen hat diese Geschichte 1964 geschrieben. Lehrerinnen waren zu dieser Zeit oft nicht verheiratet und wurden – ungeachtet ihres Alters – mit „Fräulein" angesprochen.

Teil 1

Die Situation

Dienstagmorgen, dritte Unterrichtsstunde. Die Mädchen und Jungen des fünften Schuljahres, auf Drehstühlen an Vierertischen sitzend, haben den ‚Kalif Storch' vor sich. Ein
5 Mädchen liest: „… ‚Ich wette meinen Bart, gnädigster Herr', sagte der Großwesir, ‚diese zwei Langfüßler führen jetzt ein schönes Gespräch miteinander. Wie wäre es, wenn wir Störche würden?' ‚Wohl gesprochen!', antwortete der Kalif …" Die Lehrerin steht am Fenster, ihren Text, für die Klasse die
10 erste Ganzschrift, in der Hand. Sie überblickt ihre achtunddreißig „Kunden".

Ihr Blick bleibt an Peter Schneider hängen. Der Junge hat die Nase ins Buch gesteckt – aber reichlich tief. Er liest nicht, er malt. Und zwar mitten hinein ins Schuleigentum.
15 Peter ist seit Längerem schwierig. Ihr erster Gedanke: „Der Junge ist wenigstens beschäftigt", weicht dem zweiten: „Da muss etwas getan werden." In diesem Augenblick hat Peter sein Kunstwerk beendet, wippt auf seinem Stuhl nach hinten, stößt einen Jungen des Nebentisches an, hält
20 sein Buch hoch. Mehrere Kinder werden aufmerksam. Unterdrücktes Lachen.

Fortsetzung I: Fräulein Werner

„Peter!", ruft Fräulein Werner. „Steh auf! Du verlässt sofort die Klasse. Du störst dauernd deine Gruppe, und jetzt hast
25 du Schuleigentum ruiniert."
„Ich … ich hab nix verruiniert", entgegnet Peter trotzig, „das Buch ist so viel hübscher."
„Das reicht mir, Peter. Du weißt genau, was ich meine. Du weißt genau, dass du dein Buch nicht beschmieren darfst.
30 Geh sofort zum Rektorzimmer und erkläre Herrn Richter, weshalb ich dich hingeschickt habe."
Fräulein Werner wusste ziemlich genau, wie der Rektor den Jungen anfassen würde. Streng, aber stets fair, würde er zunächst dem Delinquenten die Notwendigkeit allge-
35 meiner Gebote und die Notwendigkeit, sie zu befolgen, einsichtig zu machen suchen, und, wenn gute Gründe nicht verfangen sollten, auch „andere Saiten aufziehen" können.

Fortsetzung II: Fräulein Pohl

„Herrschaften! Seht euch das an." Alle Augen folgen dem
40 Blick Fräulein Pohls. Peter, unversehens im Brennpunkt der Aufmerksamkeit, geht in Abwehrstellung. Das erwartete Gewitter bleibt allerdings aus.
„Peter hat sein Buch beschmiert", stellt Fräulein Pohl sachlich fest und erspart so den letzten Neugierigen das Hals-
45 recken.
„Soll Peter sein Buch sauber radieren oder ein neues kaufen? Wir stimmen ab. Wer ist mit dem Radieren zufrieden?" Einige Hände gehen sofort hoch, andere folgen.
„Rainer, zählen!" – „Einundzwanzig, Fräulein Pohl."
50 „Wer ist dafür, dass Peter ein neues Buch kaufen muss?" Hannelores Hand ist oben.
„Eine Stimme, Fräulein Pohl."
„Gut. Peter zeigt sein sauber radiertes Buch morgen bei Hannelore vor."
55 „Fräulein Pohl?" – „Rainer?"
„Ich finde, er könnte freiwillig zwanzig Pfennig in die Klassenkasse bezahlen." – „Nimmst du das an, Peter?"
„O.K.", brummt der Delinquent, froh, dass die Sache damit erledigt ist, ohne dass er sein „Gesicht" verlieren musste,
60 und kramt sein Portemonnaie aus der Tasche.

Fortsetzung III: Fräulein Carstens

„Peter! Morgen ist doch Tag der offenen Schultür!" – „Kann schon sein."

65 „Nun mach mal einen Punkt! Morgen sitzt du da und stotterst herum, wenn die Eltern zuhören. Da willst du doch auch drankommen?" – „Die Geschichte vom Kalif Storch ist doof."

„Weißt du, wie sie weitergeht?" – „Nee." – „Na also, du kennst sie ja noch gar nicht." – „Ich hab keine Lust zum
70 Lesen."

„Heutzutage muss jeder lesen können. Dafür geht ihr in die Schule. Wer Quatsch macht, verschwendet seine Zeit. ‚Time is money' – heißt?" – „Zeit ist Geld."

„Na siehst du! Dein Englisch hast du ja gelernt. Solange
75 man hier in der Schule sitzt, soll man alles lernen, was man mitkriegen kann. Das ist vernünftig. Hier kostet es kein Geld – später muss man alles bezahlen."

„Einmal nicht aufpassen ist doch nicht so wild." – „Natürlich nicht, Peter. Aber du bist ja nicht der Einzige, dessen Zeit
80 eben verschwendet wurde. Für dich sind's vielleicht acht Minuten. Aber du hast ja die anderen mitgestört. Wie viel verschwendete Zeit ist das?" – „Siebenunddreißig mal acht ist ..., ist ..., zweihundertsechsundneunzig." – „In Stunden?" – „Knapp fünf."
85 „Na siehst du, rechnen kannst du ja. Wenn du im Lesen genauso gut bist wie in Englisch und Rechnen, bist du prima. Willst du ran – freiwillig?" – „Hm."

Aufgaben

1. Stellen Sie die Konfliktsituation zwischen Peter und der Lehrerin (M 2 , Teil 1) dar und geben Sie die Maßnahmen der jeweiligen Lehrerin sowie Peters Reaktion wieder.

2. Arbeiten Sie die möglichen Ziele der Lehrerinnen, die sie mit ihren Maßnahmen verfolgen könnten, heraus.

3. Setzen Sie sich mit den jeweiligen Maßnahmen kritisch auseinander.

Abb. 1.3: Klassensituation in den 60er-Jahren

Teil 2

Gespräch über Fortsetzung I: Fräulein Werner

„Halten Sie es für richtig, Fräulein Werner, dass Sie den Jun-
90 gen zum Rektor geschickt haben?", fragt einer der Studenten. „Was versprachen Sie sich davon?", ergänzt ein zweiter.
„Es kam meines Erachtens auf zwei Dinge an", beginnt
Fräulein Werner. „Erstens sollte das Lesen der Klasse wei-
tergehen. Dazu musste die Störung so schnell und unauf-
95 fällig wie möglich beseitigt werden – mit dem geringst-
möglichen Aufwand. Zweitens muss Peter natürlich lernen,
dass er Schulbücher nicht bemalen darf."
„Unauffällig war das aber nicht", gibt eine Studentin zu
bedenken.
100 „Nun ja, Peter erhielt so eine Sonderrolle. Genau das wollte
er freilich: beachtet werden. Aber, ich glaube nicht, dass
die anderen ihn um diesen Gang zum Rektor beneidet haben. Hätte ich selbst ihm die Leviten gelesen, wäre er der
Star der Situation gewesen."
105 „Glauben Sie, dass der Rektor ihm deutlich gemacht hat,
dass er Schulbücher nicht bemalen darf?" „Das hat er bestimmt."
„Aber kam es denn darauf an? Das wusste der Junge doch
auch schon vorher."
110 „Der Verstoß", ergänzt ein anderer, „bestand doch gerade
darin, etwas zu tun, von dem jeder in der Klasse – ein-
schließlich des Täters – wusste, dass es ‚verboten' war."
„Also müsste er bestraft und nicht belehrt werden", setzt
der erste Student fort.
115 „Vielleicht haben Sie recht", antwortet Fräulein Werner,
„aber erstens ist es für den Jungen durchaus eine Art Strafe, nämlich etwas Unangenehmes, allein zum Rektor gehen
zu müssen, und zweitens – Sie sagen ganz richtig, dass
etwas ‚verboten' war – ist es doch ein Unterschied, ob ein
120 Junge etwas tut, was ‚verboten' ist, oder etwas, was sich
nicht gehört, was ‚man' einfach nicht tut – verstehen Sie,
was ich meine? Natürlich sollte Peter nicht lernen, dass
das Bücherbeschmieren ‚verboten' ist – das wusste er auch
schon vorher. Aber dass er gegen eine allgemeingültige,
125 für unsere Gesellschaft grundlegende Ordnung verstoßen
hat – das war ihm wahrscheinlich noch nicht ganz klar,
darin hätte er also doch noch etwas zu ‚lernen' gehabt."
„Glauben Sie, dass der Junge das jetzt endgültig gelernt
hat, das heißt, dass er in Zukunft weder Bücher bemalt
130 noch Kerben in den Tisch schnitzt?"
„Pädagogik ist Danaidenarbeit", lächelt Fräulein Werner.

Gespräch über Fortsetzung II: Fräulein Pohl

„Ihre Deutschstunde fand ich merkwürdig", beginnt einer
der Studenten. „Eine Deutschstunde war das eigentlich
135 gar nicht", bemerkt ein zweiter.
Fräulein Pohl zündet sich ungerührt eine Zigarette an.
„Ist Ihre Fünfte auf diese Verfahrensweise trainiert?"
„Finden Sie sie schlecht?", fragt Fräulein Pohl zurück und
wirft das Streichholz in den Aschbecher.
140 „Sie geben dem Störenfried damit ziemlich viel Aufmerksamkeit. Ein kurzer Anpfiff, und die Sache wäre erledigt
gewesen." – „Schon möglich."

„Nun ja, Ihre Methode ist vielleicht demokratischer. Aber
finden Sie nicht, dass Kinder von elf und zwölf Jahren
145 überfordert sind, wenn sie über den Verstoß eines aus ihrer
Mitte urteilen sollen?"
„Nein. Natürlich hätte es schieflaufen können. Aber so, wie
es lief, konnte man zufrieden sein."
„Wesentliche Dinge kamen aber gar nicht zur Sprache."
150 „Zum Beispiel?" – „Zum Beispiel … ja, eigentlich ist doch
alles Wichtige gesagt worden."
„Sehen Sie. Sie lassen sich täuschen dadurch, dass wenig
geredet wurde. Aber die Kinder machen sich, auch wenn
nichts gesagt wird, ihre eigenen Gedanken. Der Peter und
155 das beschmierte Buch – das war ihr Problem, und sie haben es, finde ich, ganz vernünftig gelöst."
„Vielen Dank, Fräulein Pohl."
„Bitte sehr. Ich habe mich sehr gefreut über Ihren Besuch.
Auf Wiedersehen!" – „Auf Wiedersehen!"

Abb. 1.4: Bestrafung im Unterricht, 50er-Jahre

Gespräch über Fortsetzung III: Fräulein Carstens

160 „Das Auffälligste an Ihrer Deutschstunde war die Art, wie
Sie den störenden Jungen behandelt haben", beginnt einer
der Studenten, als man hinterher bei einer Tasse Tee zu-
sammensitzt.
165 „Was war daran auffällig?", fragt Fräulein Carstens. „Na, ich
dachte, jetzt gibt's gleich ein Donnerwetter, und dann …"
„Was dann?" – „Sie haben den Jungen ja gar nicht bestraft."
„Und" – ergänzt eine Studentin – „Sie haben mit keinem
Wort erwähnt, dass man Bücher nicht beschmieren darf."
170 „Das weiß doch jeder", lächelt Fräulein Carstens. „Umso
mehr hätte der Übeltäter bestraft werden müssen!" – „Ich
bin ja kein Richter, sondern Lehrerin", entgegnet Fräulein

Carstens, „die Kinder sollen schließlich etwas lernen und nicht verurteilt werden: Wo käme ich da hin! Dies ist eine
175 Schule und kein Volksgerichtshof." „Aber ein Lehrer muss doch auch erziehen", wendet eine Studentin ein. „Ach, Sie denken, Bildung ist Buch und Erziehung ist Rohrstock?" – „Das nicht gerade, aber …"
„Ich weiß schon, was Sie sagen wollen. Aber – ist hier denn
180 wirklich nicht erzogen worden?"
„Wenn man das Ergebnis betrachtet, ja. Erst hatte der Peter keine Lust, hinterher las er freiwillig."
„Und seine Störaktion ist ihm vermutlich auch etwas dumm vorgekommen", ergänzt ein anderer.
185 „Sehen Sie, mit einer Gardinenpredigt hätte ich den Burschen bloß verstockt. Ich kenn' doch Peter."
„Mir fiel noch auf, dass Sie nicht nur nicht ausschimpften, sondern sogar zweimal lobten."
„Mit diesem Trick haben Sie ihn ja auch bekehrt."
190 „Sie sagen ‚Trick' – meinetwegen. Aber weshalb hat er denn gestört? Weil er Anerkennung suchte. Ich habe ihm zeigen wollen, dass er solche Anerkennung auch – und besser – mit Schulleistungen einheimsen kann." „Mir fiel noch etwas auf." „Ja bitte?"
195 „Sie begannen mit dem ‚Tag der offenen Schultür'." „Hm."
„Und dann ließen Sie abrupt das Thema fallen und schalteten um auf den Gedanken, dass es ‚vernünftig' sei, in der Schule zu lernen." – „Ja. Aber dazwischen lag ja eine Unterhaltung mit Peter. Ich nahm die Bälle auf, die er mir

200 zuspielte. Dadurch erhielt die Argumentation etwas viel Überzeugenderes für ihn, als wenn ich nun stur beim ‚Tag der offenen Schultür' geblieben wäre."
„Im Grunde haben Sie Ihren Peter um den Finger gewickelt."
205 Fräulein Carstens lächelt und rührt ihren Tee um.

Aufgaben

1. Arbeiten Sie die jeweiligen Begründungen der drei Lehrerinnen (M2 , Teil 2) heraus. Achten Sie dabei besonders darauf, an welchen Maßstäben sich das Verhalten der Lehrerinnen orientiert.

2. Erörtern Sie diese unterschiedlichen Begründungen und prüfen Sie, inwiefern Sie die Begründungen überzeugend finden. Achten Sie dabei besonders auf die Maßstäbe, mit denen die Lehrerinnen und Sie selbst das pädagogische Handeln begründen.

3. ▲ Entwickeln Sie begründete Vermutungen darüber, warum sowohl bei den Lehrerinnen des Fallbeispiels als auch in der Öffentlichkeit so kontroverse Ansichten über die „richtige" Erziehung bestehen.

Abb. 1.5: Konflikt im Klassenzimmer

2. Warum ist Erziehung schwierig?

006017-014

Sie haben im ersten Kapitel Ihr Vorverständnis von Erziehung ausgearbeitet und überlegt, warum es heute einen großen Bedarf an Beratung über Erziehung gibt. Sie haben sich dann mit unterschiedlichen Begründungen für pädagogisches Handeln auseinandergesetzt. Auch dabei wurde deutlich, dass es keine von allen akzeptierte Orientierung für das Erziehen gibt. Wie erzogen werden soll, ist heute offensichtlich umstritten.

In diesem Kapitel werden Sie der Frage nachgehen, warum das so ist. Dazu ist es notwendig, Erziehung in heutigen, modernen Gesellschaften und Erziehung in vormodernen, geburtsständischen Gesellschaften zu betrachten. Feudale Ständegesellschaften bestanden aus gegeneinander abgegrenzten Gruppierungen. In Europa waren dies Adel und Priesterstand, Bürgertum sowie freie Bauern und Leibeigene. Diese Stände waren gesellschaftlich durch ein System der Über- und Unterordnung organisiert, das jedem Stand unterschiedliche Rechte und Pflichten einräumte. Das für uns selbstverständliche Menschenrecht der Gleichheit vor dem Gesetz existierte nicht. Seine Stellung in der Gesellschaft erwarb der Einzelne nicht aufgrund seiner Leistung, sondern erhielt sie durch seine Geburt in einen Stand hinein. Auch die Rollen von Männern und Frauen waren klar unterschieden. Auf diese Gesellschaft hin wurden die Kinder erzogen. In der zweiten Hälfte des 18. Jahrhunderts begann ein Prozess der Veränderung dieser gesellschaftlichen Verhältnisse, der bis heute anhält.

Man muss nachvollziehen, was sich verändert hat, um zu verstehen, warum heute Unsicherheit über das Erziehen besteht und eine Vielzahl von Konzepten, Theorien und Positionen über das Erziehen miteinander konkurrieren. Mit welchem Ziel wurde in vormodernen Gesellschaften erzogen? Welche Lebensläufe waren typisch? Was hat sich in den letzten beiden Jahrhunderten im Hinblick auf Lebensläufe und Erziehung verändert?

In diesem Kapitel können Sie Antworten auf diese Fragen, vor allem mithilfe von autobiografischen Texten, suchen. Sie können die Erarbeitung **selbstständig** und **kooperativ** vornehmen.

Abb. 2.1: Was will ich?

Methode

Selbstständiges und kooperatives Arbeiten (Think – Pair – Share)

Selber nachdenken Think

1. Zunächst arbeiten Sie alleine (Einzelarbeit im Kurs oder zu Hause). Die Ergebnisse Ihrer Arbeit halten Sie schriftlich fest.

Austauschen Pair

2. Danach vergleichen Sie die Ergebnisse Ihrer Arbeit in Partnerarbeit oder Kleingruppenarbeit. Sie erörtern abweichende Ergebnisse, ergänzen und verändern, wenn es notwendig sein sollte, Ihre Lösungen.

3. Am Ende einigen Sie sich als Gruppe möglichst auf einen gemeinsamen Lösungsvorschlag.

Vorstellen Share

4. Sie stellen die Ergebnisse Ihrer Partner- oder Gruppenarbeit dem Kurs vor und prüfen, diskutieren, erweitern und/oder verändern sie.

2.1 Entscheidungsfreiheit – Entscheidungszwang

M1 Mein Haus, mein Kind – mein Traum?

Die Werbung lebt es uns vor: Mit Mitte 30 hast du ein Auto, Haus und Kind. Dann haste was, dann biste wer. Bis dahin: Sau raus lassen!
Die Zwanziger mögen gülden sein, doch sind sie vor allem
5 *ein einziges Suchen – Finden – Loslassen: Welcher Beruf, welche Stadt, welcher Partner soll's sein?*

Die Schule ist geschafft, also raus in die Welt! Studieren oder sinnvolle Ausbildung? Neue Stadt, neue Wohnung, neue Menschen. Neue Freunde werden zur neuen Familie
10 und ihr stoßt gemeinsam darauf an, endlich dem heimischen Dorf und den Zwängen der Eltern entflohen zu sein. Denn eines ist klar: So spießig wie eure Eltern wollt ihr niemals sein. Prost.

Beziehungen kommen und gehen, bestehen auch mal über
15 die Dauer der Semesterferien, Mitbewohner ziehen ein und aus, du steigst ins Berufsleben ein, versuchst es zumindest, die Uhren werden vor- und zurück gestellt.

Während die einen durch das erste WG-Zimmer in einer fremden Stadt erwachsen werden und feststellen, dass
20 Mutti nicht mehr jeden Tag kocht, brechen andere mit internen, unausgesprochenen Konventionen und kriegen ein Kind. Einfach so. Ohne vorher zu fragen, ob das auch okay ist.
Und schon kommt die meistgefürchtet Frage: „Willst du
25 Lena auch mal halten? Ja Lena, jetzt gehst du mal zu der/ dem lieben Tante/Onkel …" Ähm, äh hallo? Ne. Ich mach das nur kaputt. Lass mal lieber. Äh … oh, okay. Dann ähm ja guten Tag, Baby! Och, so kleine Fingerchen hast du! Och, wie süß … Guddiguddiguddi. – Ach, verdammt!
30 Schon hörst du die Stimme deiner Mutter im Ohr: „Ach, das steht dir aber gut! Na, so ein kleines Enkelkindchen wäre ja schon schön …"

Und da das Glück nie lang alleine bleibt, folgt auch gleich die erste Hochzeit im Freundeskreis (inwiefern die
35 Schwangerschaft der Auslöser war, sei dahingestellt). Und während selbst deine drei Jahre jüngere Cousine einen kleinen Knaben zur Welt bringt und auch alleinerziehend das Kind irgendwie schaukelt (hilfreich: ein Maxi Cosi), stellst du dir die entscheidende Frage: Fehlt mir was? Bin ich ein
40 Spätzünder, weil ich weder ein Kind habe noch verheiratet bin? Liegt es an mir? Es liegt an mir … Es muss an mir liegen … Was mache ich nur falsch?
Moment! Will ich das überhaupt? Heiraten, Reihenhaus, Familie? Muss ich mit Ende zwanzig, Anfang/Mitte dreißig
45 das alles haben oder zumindest wollen? Bin ich dann erst richtig erwachsen?

Mit wem kann man diese Fragen besser diskutieren, als mit den Hinterbliebenen des verheirateten Pärchens. Langsames herantasten: Meine Cousine hat ja jetzt ihr erstes
50 Kind bekommen … Ach, dein Bruder hat schon zwei? Oh, und kauft gerade ein eigenes Grundstück? Wow.
Es folgt ein intensives Gespräch mit deinen Freundinnen und Freunden über eure Pläne für die Zukunft und was ihr erreichen wollt. Neben den Karrieretypen, die mit
55 ziemlicher Sicherheit keine Kinder wollen, können sich die meisten – wenn auch nicht genau klar ist mit wem – eine Hochzeit und Familie schon vorstellen. Mal sehen.
Zwar gehen viele Menschen aus deiner Umgebung den ‚vorhergesehenen', konventionellen Lebensweg, dass aber
60 auch ein großer Teil um dich herum genauso in der Luft hänget wie du, beruhigt dich: Das moderne Leben bietet eben so viele Möglichkeiten. Man müsste sich eben nur noch für den ‚richtigen' Weg entscheiden.

Am Ende gibt es immer eine behelmte Kleinfamilie, die an
65 dir vorbeiradelt. Wenn du aber auf deinem Tandem nicht alleine strampelst, kannst du auch *die* irgendwann einholen – oder einfach in eine andere Richtung fahren. Wohin auch immer …

M2 Was ist das Beste für mich? Was will ich? (Sylvia Plath)

Ich habe mich entschlossen, ab heute wieder Tagebuch zu führen – da kann ich meine Gedanken und Meinungen hineinschreiben, wenn ich gerade Zeit habe. Auf irgendeine Weise muss ich den Überschwang meiner siebzehn Jahre
5 bewahren und festhalten. Jeder Tag ist so kostbar, dass ich unendlich traurig werde bei dem Gedanken, dass mir diese Zeit mehr und mehr entschwindet, je älter ich werde. Jetzt, jetzt ist die ideale Zeit meines Lebens. Blicke ich zurück auf die vergangenen sechzehn Jahre, dann sehe ich Tragödien
10 und Glück, alles relativ – alles belanglos jetzt – ein kleines vages Lächeln wert, mehr nicht. Ich kenne mich selber immer noch nicht. Vielleicht werde ich mich nie kennen. Aber ich fühle mich frei – keine Verantwortung bindet mich … Immer möchte ich Beobachter sein. Ich möchte, dass das
15 Leben mich stark berührt, aber nie so blind macht, dass ich meinen Anteil am Dasein nicht mehr ironisch und humorvoll betrachten und mich über mich selber lustig machen kann, wie ich es über andere tue.

Ich habe Angst vor dem Älterwerden. Ich habe Angst
20 vor dem Heiraten. Der Himmel bewahre mich davor, dreimal am Tag zu kochen – bewahre mich vor dem erbarmungslosen Käfig der Eintönigkeit und Routine. Ich möchte frei sein – frei, um Menschen kennenzulernen und ihre Geschichte – frei, um an verschiedenen Enden
25 der Welt zu leben und auf diese Weise die Erfahrung zu machen, dass es andere Sitten und Normen gibt als die meinen. […]

Vielleicht bin ich dazu bestimmt, eingeordnet und abgestempelt zu werden? Nein, dagegen wehre ich mich. Ich
30 bin ich – ich bin mächtig – aber in welchem Maße? Ich bin ich.

Manchmal versuche ich, mich an die Stelle eines anderen zu versetzen, und bin erschrocken, wenn ich merke, dass mir das fast gelingt. Wie fürchterlich, jemand anderes als
35 ich zu sein. Mein Egoismus ist schrecklich. Ich liebe mein Fleisch, mein Gesicht, meine Glieder mit überwältigender Hingabe. Ich weiß, dass ich „zu groß" bin und eine zu dicke Nase habe, trotzdem putze ich mich auf, posiere vor dem Spiegel und finde mich von Tag zu Tag hübscher … Ich
40 habe mir ein Bild von mir selbst geschaffen – idealistisch und schön. Ist nicht dieses Bild, frei von Makeln, das wahre Selbst – die wahre Vollendung? Ist es denn mein Fehler, wenn dieses Bild sich heimlich zwischen mich und den gnadenlosen Spiegel stellt? (Oh, eben überfliege ich, was
45 ich gerade geschrieben habe – wie albern, wie übertrieben das klingt.) Nie, nie, nie werde ich die Perfektion erreichen, nach der ich mich mit meiner ganzen Seele sehne – meine

Bilder, meine Gedichte, meine Geschichten – alles jämmerliche, dürftige Reflexionen … denn meine Abhängig-
50 keit von den Konventionen dieser Gesellschaft ist viel zu groß … meine Eitelkeit begehrt einen Luxus, der mir unerreichbar ist …

Mehr und mehr wird mir bewusst, welch eine gewaltige Rolle der Zufall in meinem Leben spielt … Es wird der Tag
55 kommen, wo ich mich schließlich stellen muss. In diesem Augenblick graut es mir vor den wichtigen Entscheidungen, die auf mich zukommen – welches College? Was für ein Beruf? Ich habe Angst. Ich bin unsicher. Was ist das Beste für mich? Was will ich? Ich weiß es nicht. Ich liebe
60 die Freiheit. Einengung und Beschränkung sind mir zuwider.
[…] Oh, ich liebe das Jetzt, trotz all meiner Ängste und Vorahnungen, denn jetzt bin ich noch nicht endgültig geformt. Mein Leben fängt erst noch an. Ich bin stark. Ich
65 sehne mich nach einer Sache, der ich meine Kräfte widmen kann. […]

Zugang zu

Autobiografische Texte

Die Autobiografie ist eine Darstellung des eigenen Lebenslaufes im Rückblick. Autobiografische Teile können auch in Tagebüchern, Briefen oder anderen Textsorten vorkommen. Kennzeichnend ist, dass Autor, Erzähler und Hauptfigur den gleichen Namen tragen.

Das „Ich" in autobiografischen Texten bezieht sich auf verschiedene Figuren. Es gibt das erzählende Ich, das auf sein Leben zurückblickt und sein früheres Verhalten, Fühlen und Denken darstellt, es oft reflektiert und bewertet. Davon zu unterscheiden ist das erlebende Ich, z. B. der Jugendliche. Diese Figur ist eine Konstruktion aus der Erinnerung des (älteren) erzählenden Ich. Kennzeichnend für viele autobiografische Texte ist diese Spannung zwischen dem jungen und dem älteren Ich.

Autoren verfolgen mithilfe autobiografischer Texte oft mehrere Ziele:
• Sie möchten sich über ihren Lebenslauf, über die eigene Subjektwerdung klar werden.
• Sie versuchen, ihr Leben vor Mitmenschen zu rechtfertigen. Sie streben an, dass Mitmenschen sich noch lange Zeit an sie erinnern.
• Sie möchten mit der Rückschau auf ihr Leben Erfahrungen und Einsichten vermitteln, welche auch für andere wichtig sein könnten.

Immer sind autobiografische Texte subjektive Sichten auf die Welt und das Ich. Zugleich können sich in ihnen aber typische soziale Erfahrungen widerspiegeln.

Man kann autobiografische Texte aus verschiedenen Perspektiven lesen, z. B. kann man untersuchen, wie sich wirtschaftliche oder politische Veränderungen auf das Leben einzelner Menschen auswirkten oder – als Mediziner – wie man mit Krankheiten umging.

Aus pädagogischer Perspektive interessiert an autobiografischen Texten, wie jemand zu dem wurde, der er ist. Dazu untersucht man z. B., welche äußeren Einflüsse auf einen Menschen eingewirkt haben und wie er an seiner Personwerdung mitgearbeitet hat. Interessant können auch die Wertungen sein, die der Autor im Hinblick auf sein Leben formuliert.

Abb. 2.2: Entscheidungsfreiheit?

Aufgaben

1. Skizzieren Sie die Ängste, Wünsche und Pläne, die der Autor (M1) und die Autorin (M2) in diesen Texten erwähnen.

2. Erläutern Sie weitere Schwierigkeiten, mit denen sich junge Menschen heute bei der Planung ihres Lebensweges auseinandersetzen müssen.

3. Jugendliche müssen heute nicht nur Entscheidungen über ihre Schul- und Berufslaufbahnen treffen. Nennen Sie weitere Bereiche, in denen Jugendliche heute Entscheidungen treffen müssen.

4. Erörtern Sie, ob diese Notwendigkeit, Entscheidungen selbst zu treffen, eher als befreiend oder als belastend zu bewerten ist.

5. Arbeiten Sie die Ursachen der Probleme heraus, mit denen sich der Autor und die Autorin auseinandersetzen, indem Sie die Texte auf entsprechende Hinweise untersuchen.

6. ▲ Nennen Sie mögliche weitere Ursachen für die Probleme, die nicht in den Texten genannt werden. Beziehen Sie bei Ihrer Antwort das gesellschaftliche und kulturelle Umfeld mit ein, in dem die beiden schreiben.

7. ▲ Setzen Sie sich mit folgender These auseinander: „Früher war alles einfacher und besser! Es gab klare Vorstellungen darüber, wie man zu leben hatte. Da wusste ein junges Mädchen noch, wie sein Leben verlaufen sollte und würde!"

2.2 Erziehung in vormodernen Gesellschaften

M3 Von nun an muss er mir die Geiß hüten (Ulrich Bräker)

Ulrich Bräker lebte überwiegend in der Schweiz, in der Nähe von St. Gallen. Er war der Sohn eines einfachen Bauern, lernte Lesen und Schreiben und verdiente seinen Lebensunterhalt als Garnhändler. Von ihm stammt einer der wenigen Texte aus dieser Zeit, in denen Bauern von ihrem Leben erzählen.

Abb. 2.3: Ulrich Bräker (1735–1798)

Beschreibung unsers Guts Dreyschlatt

Dreyschlatt ist ein wilder einöder Ort, zuhinterst an den Alpen Schwämle, Kreutzegg und Aueralp; vorzeiten war's eine Sennweid'. Hier gibt's immer kurzen Sommer und lan-
5 gen Winter, während letzterm meist ungeheuern Schnee, der oft noch im Mai ein paar Klafter[1] tief liegt. […] Wir hatten eine gute, nicht gähe[2] Wiese von vierzig bis fünfzig Klafter Heu und eine grasreiche Weide. […]

Der Geißbube

10 Ja! Ja!, sagte jetzt eines Tags mein Vater: Der Bub wächst, wenn er nur nicht so ein Narr wäre, ein verzweifelter Lappe, auch gar kein Hirn. Sobald er an die Arbeit muss, weiß er nicht mehr, was er tut. Aber von nun an muss er mir die Geißen hüten, so kann ich den Geißbub abschaffen. […]
15 Hörst jetzt! Eine Woche musst mir erst mit dem Geißbub

Abb. 2.4: Gut Dreyschlatt

gehen. Dann gib wohl Achtung, wie er's macht, wie er die Geißen alle heißt und ihnen lockt und pfeift, wo er durchfahrt und wo sie die beste Weid' finden.

Ja, ja!, sagt' ich, sprang hoch auf und dacht': Im Kohlwald, 20 da bist du frei, da wird dir der Vater nicht immer pfeifen und dich von einer Arbeit zur andern jagen. […] Anfangs wollten mir die Geißen, deren ich bis dreißig Stück hatte, kein gut tun; das machte mich wild, und ich versucht' es, ihnen mit Steinen und Prügeln den Meister zu zeigen; 25 aber sie zeigten ihn mir; ich musste also die glatten Wort' und das Streicheln und Schmeicheln zur Hand nehmen. Da taten sie, was ich wollte. Auf die vorige Art hingegen verscheucht' ich sie so, dass ich oft nicht mehr wusste, was anfangen, wenn sie alle ins Holz und Gesträuch liefen und 30 ich meist rundum keine Einzige mehr erblicken konnte, halbe Tage herumlaufen, pfeifen und johlen, sie an den Galgen verwünschen, brüllen und lamentieren musste, bis ich sie wieder beieinander hatte. […]

Vergnügen im Hirtenstand

35 Welche Lust, bei angenehmen Sommertagen über die Hügel fahren – durch Schattenwälder streichen – durchs Gebüsch Einhörnchen jagen und Vogelnester ausnehmen! Alle Mittag' lagerten wir uns am Bach; da ruhten meine Geißen zwei bis drei Stunden aus, wann es heiß war, noch 40 mehr. Ich aß mein Mittagbrot, sog mein Geißchen, badete im spiegelhellen Wasser und spielte mit den jungen Gitzen[3]. […]

Verdruss und Ungemach

Nicht, dass lauter Lust beim Hirtenleben wäre. – Potz-45 tausend, nein! Da gibt's Beschwerden genug. Für mich war's lang die empfindlichste, des Morgens so früh mein warmes Bettlin zu verlassen und bloß und barfuß ins kalte Feld zu marschieren, wenn's zumal einen baumstarken Reifen hatte oder ein dicker Nebel über die Berge herab-50 hing. Wenn dann dieser gar so hoch ging, dass ich ihm mit meiner bergansteigenden Herde das Feld nicht abgewinnen und keine Sonn' erreichen konnte, verwünscht' ich denselben in Ägypten hinein und eilte, was ich eilen konnte, aus dieser Finsternis wieder in ein Tälchen hinab. […]

55 Ferner prügelte mich der Vater nicht selten, wenn ich nicht hütete, wo er mir befohlen hatte, und nur hinfuhr, wo ich gern sein mochte, und die Geißen dann nicht das rechte Bauchmaß heimbrachten oder er sonst ein loses Stücklein von mir erfuhr. – Dann hat ein Geißbub überhaupt viel von 60 andern Leuten zu leiden. Wer will aber einen Fasel[4] Geißen immer so in Schranken halten, dass sie nicht etwa einem Nachbar in die Wiesen oder Weid' gucken? […]

Kameradschaft

Mein Vater hatte bisweilen aus der Geißmilch Käse ge-65 macht, bisweilen Kälber gesäugt und seine Wiesen mit dem Mist geäufnet[5]. Dies reizte unsre Nachbarn, dass ihrer vier auch Geißen anschafften und beim Kloster um Erlaubnis baten, ebenfalls im Kohlwald hüten zu dürfen. Da gab's nun Kameradschaft. Unser drei oder vier Geißbuben kamen 70 alle Tag' zusammen. […] Sie waren alle größer und älter als ich – fast aufgeschossene Bengel, bei denen schon alle argen Leidenschaften aufgewacht. Schmutzige Zoten[6] waren alle ihre Reden und unzüchtig alle ihre Lieder, bei deren Anhören ich freilich oft Maul und Augen auftat, oft aber 75 auch aus Schamröte niederschlug. Über meinen bisherigen Zeitvertrieb lachten sie sich die Haut voll. […]
Ich hütete darauf noch eine Weile auf unserm eignen Gut. Dann löste mich mein Bruder ab. Und so nahm mein Hirtenstand ein Ende.

Neue Geschäfte, neue Sorgen (1747)

80 Denn nun hieß es: Eingespannt in den Karrn mit dem Buben, ins Joch – er ist groß genug! – Wirklich tummelte mich mein Vater meisterlich herum; in Holz und Feld sollt' ich ihm statt eines vollkommnen Knechtes dienen. Die meh-85 rern Mal' überlud er mich; ich hatte die Kräfte noch nicht, die er mir nach meiner Größe zutraute, und doch wollt' ich dann stark sein und keine schwere Bürde liegen lassen. In Gesellschaft von ihm oder mit den Taglöhnern arbeitete ich gern; aber sobald er mich allein an ein Geschäft schickte, 90 war ich faul und lässig, staunte Himmel und Erde an und hing, ich weiß selbst nicht mehr was vor allerlei Gedanken und Grillen nach; das freie Geißbubenleben hatte mich halt verwöhnt. Das zog mir dann Scheltwort' oder gar Streiche zu, und diese Strenge war nötig, obschon ich's damals 95 nicht fassen konnte. Im Heuet[7] besonders gab's bisweilen fast unerträgliche Bürden. Oft streckt' ich mich vor Mattigkeit und fast zerschmolzen von Schweiß der Länge nach auf dem Boden und dachte: Ob's wohl auch in der Welt überall so mühselig zugehe? […]

100 Wie? Wenn ich ihnen [den Eltern] ein Stück Boden abhandeln, es bauen, brav Geld daraus ziehen, dann aus der Losung ein Häusgen drauf stellen und so vor mich leben würde? Husch! sagt' ich eines Tags, das muss jetzt sein! – Aber, wenn mir's der Atti abschlägt? – Ei! Frisch gewagt ist 105 halb gewonnen. Ich nahm also das Herz in beide Händ' und bat den Vater noch desselben Abends, dass er mir ein gewisses Stücklein Lands abtreten sollte. Nun sah er freilich meine Narrheit wohl ein, aber er ließ mich's nicht merken und fragte nur: Was ich dann damit anfangen wollte? „Ha!", 110 sagt' ich, „es in Ehren legen, Mattland daraus machen und den Gewinn davon beiseite tun." Ohne ein mehreres

Wort zu verlieren, sprach er dann: „So nimm eben die Zipfelweid'; ich geb sie dir um fünf Gulden." Das war nun spottwohlfeil; hier zu W.[8] wär' so ein Grundstück mehr als
115 hundert Gulden wert. Ich sprang darum vor Freuden hoch auf und fing sogleich die neue Wirtschaft an. Den Tag über arbeitete ich für den Vater, sobald der Feirabend kam, vor mich; sogar beim Mondschein, da macht' ich aus dem noch vor Nacht gehauenen Holz und Stauden kleine Burden[9] von
120 Brennholz zum Verkaufen [...] und machte aufs Neue die Rechnung hinterm Wirt, was ich aus dem Bletz[10] mit der Zeit vor Nutzen ziehen wollte – als eines Tags mir die Kühe in mein Ackerlein brachen, den jungen Samen abfraßen, auch mein Holz eben damals keine Käufer fand und mir
125 fast alles liegenblieb. Sölche gehäufte Unglücksstreiche nahmen mir nun mit eins den Mut; ich überließ den ganzen Plunder wieder dem Vater und bekam von ihm zur Entschädigung ein flanellenes Brusttuch.

O der unseligen Wißbegierde

130 Ich bin in meinen Kinderjahren nur wenige Wochen in die Schule gegangen; bei Hans hingegen mangelte es mir gar nicht an Lust, mich in mancherlei unterweisen zu lassen. Das Auswendiglernen gab mir wenig Müh'. Besonders übt' ich mich fleißig in der Bibel, konnte viele darin enthaltene
135 Geschichten aus dem Stegreif erzählen und gab sonst überhaupt auf alles Achtung, was mein Wissen vermehren konnte. Mein Vater las auch gern etwas Historisches oder Mystisches. Gerad um diese Zeit ging ein Buch aus, der flüchtige Pater genannt. Er und unser Nachbar Hans ver-
140 trieben sich manche liebe Stunde damit und glaubten an den darin prophezeiten Fall des Antichrists und die dem End' der Welt vorgehnden nahen Strafgerichte wie ans Evangelium. Auch ich las viel darin, predigte etlichen unsrer Nachbarn mit einer ängstlich andächtigen Miene, die
145 Hand vor die Stirn gestemmt, halbe Abende aus dem Pater vor und gab ihnen alles vor bare Münz' aus, und dies nach meiner eignen völligsten Überzeugung. [...]

Damalige häusliche Umstände

Unterdessen war unsre Familie bis auf acht Kinder ange-
150 wachsen. Mein Vater stak je länger, je tiefer in Schulden, sodass er oft nicht wusste, wo aus noch an. [...] Endlich entschloss sich mein Vater, alle seine Habe seinen Gläubigern auf Gnad' und Ungnad' zu übergeben. [...] Inzwischen zeigte sich ein Käufer zum Dreyschlatt. Wir waren im
155 Grund alle froh, diese Einöde zu verlassen; aber niemand wie ich, da ich hoffte, das strenge Arbeiten sollt' nun einmal ein End' nehmen. Wie ich mich betrog, wird die Folge lehren. [...]

Jetzt Taglöhner

160 [...] Der damalige Schlossbauer, Weibel K., nahm mich zum Knecht an. Von meiner überstandenen Krankheit war ich noch ziemlich abgemattet; aber mein Meister, als ein vernünftiger und stets aufgeräumter Mann, trug alle Geduld mit mir, um so viel mehr, da er eigne Buben von gleichem
165 Schrot hatte. Die meiste Zeit musst' er seinen Amtsgeschäften nach, dann ging's freilich oft bunt übereck. Indessen gab er mir auch blutwenig Lohn, und die Frau Bäurin ließ uns manchmal bis um zehn Uhr nüchtern. Bei strenger Arbeit aber erhielten wir auch immer bessre Kost. [...]
170 Auch mein Bruder Jakob verrichtete um die nämliche Zeit ähnliche Knechtendienst'. Die Kleinern hingegen mussten in den Stunden neben der Schule spinnen.

Anmerkungen

1 Klafter: ein altes Längenmaß (ein Klafter entspricht etwa 1,80 m)
2 gähe: abschüssige
3 Gitzen: Ziegenjungen
4 Fasel: Schar/Herde junger Zuchttiere
5 geäufnet: gedüngt
6 Zoten: derbe Witze oder Späße
7 Heuet: Heumonat, Juli
8 W.: Wattweil
9 Burden: Bündel
10 Bletz: Stück Land

M4 Es war weder mir noch meinen Eltern jemals eingefallen, dass ich etwas anderes in der Welt werden könne, denn Soldat (Friedrich August Ludwig von der Marwitz)

Friedrich August Ludwig von der Marwitz stammte aus einer preußischen Adelsfamilie, der es als Soldat der preußischen Armee bis zum General brachte. In seiner Autobiografie erzählt er auch von seiner Kindheit und Jugend.

Abb. 2.5: Friedrich August Ludwig von der Marwitz (1777–1837)

Die Vorfahren

Ich, Friedrich August Ludwig v. der Marwitz, bin geboren den 29. Mai 1777 zu Berlin, in der Wilhelmstraße, in dem damals Vossischen Hause, welches jetzt der Palast des Prin-
5 zen August von Preußen ist. Getauft wurde ich von dem berühmten Propst Spalding an der Nikolaikirche. [...] Das Geschlecht derer v. der Marwitz gehört zu den ältesten der Mark Brandenburg und ist von Ursprung in der Neumark und auch in Pommern ansässig gewesen. [...]

10 Kindheit

In meiner ersten Kindheit wuchs ich mit meinen beiden gleich auf mich folgenden Schwestern auf. In Berlin war damals, mehr noch als in anderen deutschen Städten, bei

Hof und unter dem Adel die französische Sprache allge-
15 mein. […]
Ich lernte also von Kindesbeinen an französisch mit dem
Deutschen zugleich, und das eine war mir vollkommen so
geläufig als das andere. In dem Hause meiner Eltern ward
beständig französisch gesprochen, wie in allen andern zu
20 damaliger Zeit, mit denen wir Umgang hatten. […]

Wie ich vier Jahre alt war, also 1781 oder Anfang 1782, be-
kam ich mit meinen Schwestern eine Gouvernante aus der
Kolonie, oder wie man damals sagte: „eine französische
Mamsell". Sie hieß Mamsell Benezet und war ein sehr bö-
25 ses Weib, die uns viel ohrfeigte, im Winter in einem kalten
Winkel einsperrte, im Sommer aber zur Strafe ans Fenster
stellte, mit dem Rücken nach selbigem, sodass uns die
Sonne durch die Scheiben auf den Kopf brennen musste.
Sie war aber fleißig, hielt uns zur Ordnung an, lehrte uns
30 Lesen, Schreiben, Rechnen und auch etwas Geografie.
Meine ersten Erinnerungen sind, wie ich die Mädchenklei-
der ablegte und in Hosen gesteckt wurde. […] Sodann wie
im Frühjahr 1782 mein Vater Besitz von Friedersdorf nahm.
[…] [Seit 1782 lebte der Vater etwa 7 Monate des Jahres,
35 von April bis November, in Friedersdorf, die übrigen 5 Monate in Berlin. Nach seiner Ernennung zum Hofmarschall
des Königs (1786) konnte er nur noch von Mai bis September in Friedersdorf sein.]

Mein Vater, der für einen überaus strengen Mann gehalten
40 wurde, behandelte seine Kinder ruhig und freundlich. Ich
habe nie gesehen, dass er eines gestraft hätte; ein Blick
war hinreichend, uns in Ordnung zu halten. Desto mehr
stach Mlle. Benezet ab. Meine Mutter war liebreicher, aber
auch hitziger, und konnte sich wohl übereilen und den ers-
45 ten besten abstrafen, ohne zu untersuchen, wer Unrecht
hatte. Im Ganzen war die Erziehung dahin gerichtet, dass
wir nie etwas Unrechtes oder gar Böses sehen, erfahren,
noch viel weniger aber denken oder tun durften, sondern
dass wir jederzeit unsere Schuldigkeit tun mussten; dass
50 einer hinter dem Rücken irgend etwas verübt, beim Lernen faul gewesen oder nicht getan hätte, was er sollte,
das konnte gar nicht vorkommen. Aber von dem später
aufgekommenen Bestreben, alles auf das bloße Wissen
zu setzen und den Kindern mit dem Erlernten den Kopf so
55 voll zu pfropfen, dass sie Gott und die ganze Welt darüber
verkehrt ansehen, war damals gottlob noch nicht die Rede.
Lärm vor unsern Eltern zu machen, sich auf Sofas und
Stühlen umherzuwälzen, bei Tisch schmutzig und ungeschickt zu essen u. dgl., wie man jetzt von so vielen Kindern
60 sieht, war gänzlich unerhört. Wenn wir zu unseren Eltern
in das Zimmer kamen, machten wir an der Tür unsere Re-
verenz, näherten uns und küssten sowohl ihnen als jedem
anwesenden Fremden die Hand. […]

Lehrjahre (1785–1790)

65 Mein Hofmeister, Herr Rosa, war ein rechtschaffener Mann,
ein Freund der Ordnung, der an mir nichts Unrechtes litt
und seine Lehrstunden gewissenhaft gab, übrigens aber
ein Ignorant, von dem, nach jetzigen Begriffen, nichts zu
lernen war. Mich allein lehrte er Lateinisch, in der Art, dass

70 er mich die Deklinationen und Konjugationen auswendig
lernen ließ und nachher mit Gedikens Lesebuch (damals
etwas ganz Neues) hingab, damit ich es übersetzte, wobei
ich die Vokabeln mir aufsuchen musste … Wie wir den
Gedike durchhatten, fingen wir den Eutrop an. Da waren
75 sechs Jahre vorbei, ich trat ins Regiment, und die Sache
hatte ein Ende. […]
Religion, Geschichte und Geografie lernte ich von ihm mit
meinen Schwestern gemeinschaftlich. In der Religion ließ
er uns die Bibel lesen, das Neue Testament, die Psalmen,
80 Sprüche Salomonis, Jesus Sirach, und die historischen Bücher stückweise. Er erklärte es recht vernünftig, und war
dies die einzige Stunde, wo er wirklich von dem Seinigen
etwas hinzutat. Ihm habe ich es zu danken, dass ich in der
Bibel so gut Bescheid weiß und später zu einem so gründ-
85 lichen Religions-Unterricht reif war. – In der Geschichte las
er uns Schröckhs allgemeine Weltgeschichte vor, und wenn
er hindurch war, was ungefähr alle Jahr geschah, so fing
er wieder von vorn an. Wir sollten aufschreiben, was wir
gehabt hatten, es war aber nicht möglich, alles zu Papier
90 zu bringen, was aus einem schon so zusammengedrängten
Werke beinahe täglich eine Stunde lang vorgelesen wurde.
Dagegen repetierte er am Sonnabend, sodass wir erzählen
mussten. […] Ich gewann dadurch die Fähigkeit, aus dem
Stegreife zusammenhängend zu reden und kannte den
95 ganzen Abriss der Weltgeschichte auf das vollständigste.
Bei Licht besehen ist seine mühelose Methode gar nicht
schlecht gewesen, denn beinahe alle Schüler, die ich von
weit besseren Lehrern habe examinieren gesehen, wissen
offenbar weniger.
100 In der Geografie machte er es genau ebenso; er legte den
alten Homann'schen Atlas auf den Tisch, nahm Hübners
Geografie und las daraus vor, während wir die Orte aufsuchen mussten. […]
Er ließ uns auch auf der Tafel rechnen. Auch hier verstieg er
105 sich nicht über sein eigenes geringes Wissen. Von Regeln
war nicht die Rede, aber er sah getreulich nach, dass wir
richtig rechneten. […] Meinen Schwestern wurde noch
ein Schreiblehrer gehalten, Mr. Millenet, Organist an der
Friedrichsstädtischen französischen Kirche, der eine sehr
110 schöne Hand schrieb. Ich schrieb auch bei ihm Französisch,
und durch die Regeln der Rechtschreibung bekam ich eine
Ahnung von den Regeln der französischen Sprache. Dass
auch das Deutsche seine Regeln habe, habe ich erst zehn
Jahre später erfahren.
115 Etwa von meinem elften Jahre an hielt mein Vater mir
einen Lehrer der Mathematik. […] Baukunst sollte ich
lernen, damit ich in Zukunft bei ländlichen Bauten nicht
betrogen würde. Der Herr Lange aber diktierte mir eine
Art von wissenschaftlichem Abriss der Baukunst, wobei
120 ich Grundrisse, Aufrisse und Profile von Häusern zeichnen,
römischen Mörtel und die Säulenordnungen kennenlernte,
von dem aber, was bezweckt wurde, nämlich einen An-
schlag beurteilen zu lernen, und die Konstruktion sowie
die Tragbarkeit der Hölzer, davon erfuhr ich nichts. Hiermit,
125 und wie ich dreizehn Jahr alt war, war meine wissenschaftliche Erziehung zu Ende, denn alsdann trat ich in
den Militärdienst. Gleichwohl glaube ich nicht, dass es zu
meinem Schaden war, dass ich so wenig lernte, denn ich

130 sehe täglich, dass ganz anders und besser unterrichtete Schüler alles wieder in wenigen Jahren vergessen und dann auf demselben Punkt stehen, wo ich stand, oder tiefer, da ich nichts vergessen konnte; und dass ihnen ferner der Ordnungs- und Rechtschaffenheitstrieb fehlt, welcher nicht leidet, etwas halb zu tun oder unvollendet liegen zu 135 lassen. Ich halte dafür, dass Goethe vollkommen recht hat, wenn er sagt: „Das Leben erziehet den Mann, und wenig bedeuten die Worte."

Wir hatten außerdem einen Tanzmeister, und da ich mit meinem Körper nicht ungeschickt war, so war ich in der 140 Folge ein guter Tänzer. – Zu den Fechtstunden, die ich etwa von meinem zwölften Jahre an hatte, war ich noch zu schwach; ich lernte passabel auf den Stich fechten, auf den Hieb auch die Paraden genügend, ohne jedoch damals imstande zu sein, einen ordentlichen Hieber zu regieren. 145 So stand die Welt, wie ich in meinem dreizehnten Jahre als Militär in selbige eintrat. [...]

Vom Eintritt ins Heer bis zum Tode Friedrich Wilhelms II. (1790–1797)

Es war weder mir noch meinen Eltern jemals eingefallen, 150 dass ich etwas anderes in der Welt werden könne, denn Soldat. Beinahe alle meine Vorfahren und Seitenverwandte waren es gewesen, und so wurde gar nicht darüber deliberiert, ob ich diesen oder einen anderen Stand ergreifen solle, und ebenso entschieden wurde angenommen, dass 155 es nur im Regiment Gensdarmes sein könne. Seit etwa hundertundvierzig Jahren, dass es (damals) eine brandenburgisch-preußische Militärmacht gab, hatte unsere Familie dem Vaterlande einige hundert Offiziere, und unter diesen sieben Generale gegeben. Es war vom Schicksal 160 beschlossen, dass ich der achte werden sollte. Nur wenige Familien haben dem Vaterlande mehr solcher Kriegsanführer geliefert ...

M5 Pläne eines Mädchens aus dem wohlhabenden Bürgertum (Fanny Lewald)

Fanny Lewald war das älteste von neun Kindern eines wohlhabenden jüdischen Kaufmanns aus Königsberg. Sie wurde eine angesehene Schriftstellerin.

Abb. 2.6: Fanny Lewald (1811–1889)

Königsberg, um 1820 und 1826

Ich war sehr glücklich in der Schule, lernte leicht, kam schnell vorwärts, wurde bei den öffentlichen Schulprüfungen sehr gelobt, und gehörte zu den Kindern, welche

5 wir – denn auch die Mädchenschulen erzeugen sich einen Jargon – die Paradepferde nannten. Bei den Prüfungen vor den Eltern, welche etwa alle anderthalb Jahre einmal stattfanden, konnte dem Ehrgeiz des Einzelnen aber viel weniger ein Genüge getan werden, als bei den Besuchen, 10 welche der in der preußischen Schulgeschichte berühmte Konsistorialrat Dinter, ab und zu unserer Anstalt machte ... Seine Art zu fragen, kam der unseres Lehrers nahe, aber sie war immer mit Heiterkeit gepaart, und wenn Dinter zu loben oder zu tadeln hatte, geschah es stets mit einer gewis-15 sen guten Laune, mit einem Humor, der uns umso besser gefiel, je weniger wir ihn beim Unterrichte sonst gewohnt waren. Als er das erstemal in unsere Anstalt kam, mag ich etwa drei Jahre in derselben gewesen sein. Ich musste ihm meine Rechenkünste vormachen, die vortrefflich gelan-20 gen, wurde viel in der Geografie befragt, in der ich gerade meinen ganz dummen Tag hatte, und mir eigensinnig auch von Herrn Ulrich nicht einhelfen ließ, sodass ich schlecht bestanden, und dann mich erst wieder durch Französisch und Geschichte einigermaßen vor den Augen Dinters zu-25 rechtzusetzen hatte. Herr Ulrich war nicht zufrieden mit mir, Dinter aber klopfte mir auf den Kopf und sagte: „Nu, dein Kopf hätt' auch besser auf 'nem Jungen gesessen!" – Dann aber fügte er freundlich hinzu: „Wenn du aber nur 'n mal eine brave Frau wirst, so ist's auch gut!" –

30 Mit heißen Wangen und höchst aufgeregt kam ich an dem Tage aus der Schule zurück ... denn ohne es zu wissen, was er getan, hatte der treffliche Mann einen meiner geheimen Schmerzen berührt – ich beneidete es schon lange allen Knaben, dass sie Knaben waren und studieren 35 konnten, und ich hatte eine Art von Geringschätzung gegen die Frauen. So töricht das an einem Kinde von neun Jahren erscheinen mag ... lag doch der Ursprung zu diesen Gedanken nicht in mir selbst. Von jeher hatten Fremde, wenn sie meine Fähigkeiten lobten, mit einer Art von 40 Bedauern hinzugefügt: wie schade, dass das kein Knabe ist! – Ich hatte also die Idee gefasst, dass die Knaben etwas Besseres wären als die Mädchen, und dass ich selbst mehr und besser sein müsse, als die andern Mädchen. Als Vorbild war mir auch immer ein Knabe, Eduard Simson, 45 hingestellt worden, und meine Mutter, welche von dieser falschen Richtung meines Wesens später gelitten hat, hatte selbst in der besten Absicht den Gedanken, dass Wissen die Hauptsache und alles andere dagegen gering sei, in mir genährt und gepflegt. Voller Liebe für uns alle, hatte 50 sie große Freude an meiner Begabung und an meinen Fortschritten. Sie war stolz darauf, ein so kluges Kind zu haben, sie setzte mein Wissen vor meinen Onkeln und Tanten gern in ein großes Licht, und weil sie selber ohne alle Kenntnisse war, überschätzte sie das wenige, was ich bis 55 dahin gelernt hatte, über alles Maß. Ich dagegen machte, nachdem ich etwa anderthalb Jahre regelmäßig unterrichtet worden, die Erfahrung, dass ich mir für mein Lernen bei der Mutter gar keinen Rat mehr erholen konnte, und noch ehe ich mein achtes Jahr vollendet hatte, wusste ich 60 tatsächlich auch mehr als meine Mutter. Hätte ich damals den Verstand eines erwachsenen Menschen gehabt, so würde ich eingesehen haben, durch welche vortrefflichen

Eigenschaften dieser Mangel an Kenntnissen in der Mutter überwogen wurde. Weil dieser Mangel aber sie selbst
65 auf das Tiefste drückte, weil sie, um mir zuzuwenden, was ihr fehlte, mir den Besitz von Kenntnissen immer als das Höchste und als das größte Glück hinstellte, so konnte es geschehen, dass ich meine Mutter unterschätzte, wie ich von ihr überschätzt wurde.

70 Lieb hatte ich dabei die Mutter von ganzem Herzen, aber ich hatte den Vater noch lieber, bei dem ich immer Rat und Hilfe, wenn auch viel häufigern und strengern Tadel als bei der Mutter fand. Der Vater las mit mir, der Vater spielte mit uns, und, obschon die Mutter ihr Leben für uns hergegeben
75 hätte, so hatte sie nicht jene sich nach außen kundgebende Zärtlichkeit, welche mein Vater besaß, und die, obschon sie immer gemessen blieb, und er sich ihr nicht oft überließ, für mich etwas Bezauberndes hatte, und die mir als Entgegnung meiner eignen Zärtlichkeit ein Bedürfnis war.
80 Lobte meine Mutter meine Fortschritte, so dachte ich, sie verstehe es doch im Grunde nicht recht. Tadelte sie mich über einen Hang zur Unordnung, der sich bei mir einstellte, oder über meine Heftigkeit, so meinte ich, sie tue mir Unrecht, und das sei auch alles ganz gleichgültig, wenn man
85 nur recht viel lerne und wisse. Und da die Mehrzahl der Frauen, welche ich damals kannte, auch nicht viel unterrichteter waren als meine Mutter, so setzte sich eben die Vorstellung in mir feste, die Frauen seien geringer als die Männer, und für sie sei es ganz gut, dass sie auf Ordnung
90 sähen und Haus hielten. Ich aber wollte lernen wie ein Mann, und ordentlich zu sein, hätte ich gar nicht nötig. Eine unklare Erinnerung an eine Frau, die, wie ich hatte erzählen hören, damals Professor in Bologna gewesen war, schwebte mir dabei vor, und trug noch dazu bei, mich voll-
95 ends zu verwirren …
Mich in meinen Grillen für das Studieren und gegen die weiblichen Beschäftigungen zu bestärken, war mein Vater übrigens gar nicht der Mann […].

Mein Vater hatte unter den Goethe'schen Dramen eine be-
100 sondere Vorliebe für die „Natürliche Tochter"[1]. Es war daher auch eines der ersten, welche ich gelesen, und zwar ihm selbst zum großen Teil vorgelesen hatte. Er hatte mich die hohe und einfache Schönheit der Sprache bewundern lassen, die ich selbst empfand, aber er hatte meine Aufmerk-
105 samkeit auch bei dem Stoffe und bei dem Ausgang der Dichtung festgehalten, und mir den Charakter Eugeniens als einen solchen gerühmt, der sich zu entscheiden und zu bescheiden wisse, was für Frauen doppelt unerlässliche Eigenschaften, und recht eigentlich Tugenden wären.
110 Mich ließ das Drama damals gänzlich kalt. Die langen Gespräche, bei denen nach meiner Meinung alles nur darauf hinauslief, dass ein unglückliches Mädchen sich ohne Neigung verheiratete, zogen mich nicht an, und da die Jugend und das reife Alter sehr verschiedene Ideale haben, und
115 die Jugend sich glücklicherweise noch nicht auf sittliches Transigieren[2] versteht, so flößte mir meines Vaters Ideal von Weiblichkeit, so flößte mir Eugenie mit ihrer Resignation eigentlich nur Widerwillen ein. Ich hätte es viel natürlicher gefunden, dass sie ihr Vaterland verließ, als dass sie

120 sich ohne Liebe verheiratete, und zwar auf die ungewisse Möglichkeit hin, einmal im Vaterlande den Verwandten nützen zu können, welche sie verstoßen hatten.
Als ich das gegen meinen Vater aussprach, tadelte er mich, indem er mir sagte, er bedaure es, dass er mich das Drama
125 habe lesen lassen, ich verstände es offenbar noch nicht … Er hatte offenbar damit die Absicht gehabt, meine Wissbegier anzuregen, und mich zu wiederholtem Lesen der Dichtung zu veranlassen. Indes sie missfiel mir so gründlich, dass seine Absicht fehlschlug. Und der heimliche Gedanke,
130 meines Vaters Vorliebe für Eugenie rühre hauptsächlich von seiner Ansicht her, dass jede Frau sich verheiraten müsse, und dass eine Frau, je gebildeter sie sei, sich auch um so würdiger in eine ihr nicht angemessene, ja unerwünschte Ehe schicken könne, machte mir die Resignation
135 der natürlichen Tochter noch viel widerwärtiger.

Eines Tages, als ich bei meiner Tante war, brachte ich das Gespräch auf Eugenie, und darauf, dass der Vater sie und ihren Entschluss so erhaben fände. Die Tante hörte mir mit ihrem freundlichen und traurigen Gesichte zu, und sagte
140 dann ganz kurz: „Lass dir doch nichts einreden! Das sagen sie so, weil es ihnen bequem ist!"
Das hatte ich eigentlich zu hören erwartet, aber die Tante brach plötzlich ab, als ihr Mann hereintrat, der, in Erscheinung, Sprache und Manier gleich unangenehm, irgendet-
145 was von ihr begehrte. Als er fortgegangen war, sagte sie: „Es ist Unsinn zu behaupten, dass eine Frau sich an etwas gewöhnen könne, was ihr abstoßend ist. Habe ich mich denn an mein Los gewöhnt? Ich wusste, dass ich mein Todesurteil unterzeichnete, als ich mich verheiratete, und ich
150 habe es ihnen gesagt. Aber sie haben mir alle zugeredet, alle – nun bedauern sie mich alle!" Sie hatte das mit einer ihr ganz fremden Bitterkeit gesprochen, und die Anklage, welche sie mit ihren Worten gegen ihre von ihr sehr geliebten Brüder, gegen den verstorbenen Onkel und gegen mei-
160 nen Vater aussprach … fiel mir schwer auf das Herz. Mehr noch erschreckte mich der plötzliche deutliche Blick auf das Unglück meiner Tante … und der Gedanke, dass man mir einst Ähnliches zumuten könne, bestürzte mich vollends. An jenem Tage aber, in meinem fünfzehnten Jahre, fasste
165 ich den Entschluss, mich nie zu einer Heirat überreden zu lassen, und mich nie anders als aus voller Überzeugung und Liebe zu verheiraten. An jenem Tage entwickelte sich mir zum ersten Male ganz vollständig die Vorstellung, dass das Kind auch seinen Eltern gegenüber Rechte habe, es
170 entwickelte sich in mir der Begriff meiner angeborenen Selbstständigkeit auch meinem Vater gegenüber, den ich vorher nie zu denken gewagt haben würde …

Anmerkungen
1 In Goethes Trauerspiel „Die natürliche Tochter" (1803) geht es um Eugenie, die uneheliche Tochter eines Herzogs. Der Vater möchte, dass die Tochter vom König öffentlich anerkannt wird. Das misslingt wegen einer Intrige. Am Ende muss sich die Tochter entscheiden, ob sie einen Bürgerlichen heiratet oder auf eine einsame Insel verschleppt wird. Sie entscheidet sich für die Ehe mit dem ungeliebten Mann.
2   transigieren: verhandeln

M6 Ich will auch gar nicht Bauer werden (Friedrich Paulsen)

Friedrich Paulsen wuchs als einziges Kind eines Bauern in einer abgelegenen Gegend in der Nähe von Husum in Nordfriesland auf. Er besuchte als Jugendlicher das Gymnasium in Altona, studierte und wurde Professor für Philosophie und Pädagogik in Berlin. Paulsen selbst hat rückblickend von seinem nicht leichten Weg bis zum Besuch des Gymnasiums und der Universität erzählt.

Abb. 2.7: Friedrich Paulsen (1846–1908)

Die Folge von alledem war eine Abgeschlossenheit des Lebens, von der man sich heutzutage kaum eine Vorstellung zu machen imstande ist. Das Dorf oder vielmehr die Kirchgemeinde, die mehrere über etwa zwei Stunden
5 zerstreute Dörfer zur Einheit zusammenfasste, bildete einen durchaus in sich geschlossenen Lebenskreis. Die Erwachsenen kannten noch die größeren Bauern aus den friesischen Nachbardörfern im Süden und Norden, die Jugend sah nicht über die Grenzen der Heimatsgemeinde,
10 wie sie allsonntäglich um die Kirche sich sammelte, hinaus. Fremde kamen selten ins Dorf; war einer städtisch gekleidet, erkennbar an weißem Halskragen und offener Weste, hatte er ‚Weiß vor der Brust', so wurde er mit einiger Scheu von uns betrachtet und durch Abziehen der Mütze geehrt,
15 denn er hatte die Vermutung für sich, ein Pastor aus einem Nachbardorf oder ein Beamter aus der Stadt zu sein; die Einheimischen trugen die Weste geschlossen und ein Tuch um den Hals. […]

Abb. 2.8: Friedrich Paulsens Geburtshaus in Langenhorn, etwa 1900

Die Sprache in meinem Elternhause war die friesische; ich
20 habe sie mit meinen Eltern und Verwandten gesprochen, solange sie lebten; es macht mir noch heute keine Mühe,

wenn ich in die Heimat komme, friesisch zu sprechen, wenn auch hie und da ein selteneres Wort sich nicht gleich einstellen will. Daneben gewöhnte sich das Ohr und die Zunge
25 von klein auf an das Plattdeutsche; es war in nicht wenigen Familien Haussprache; wo eine plattdeutsche Mutter einzog, verschwand das Friesische alsbald als Umgangssprache; natürlich, jeder Friese kann auch platt, aber nicht umgekehrt: […] die friesische Sprache ist wirklich eine
30 arme Sprache; das heißt, sie ist reich an Ausdrücken für alle sinnlichen Dinge, die in dem Umkreis des bäuerlichen Lebens liegen; für Tätigkeiten und Zustände, Dinge und Geräte aus jener Anschauungswelt hat sie einen sehr reich entwickelten Wortschatz, sodass man bei der Übersetzung
35 in die deutsche Buchsprache beständig zu Umschreibungen genötigt ist. Aber für die geistige Welt ist man immerfort genötigt, Anlehen beim Deutschen zu machen, wie es denn ja auch das Plattdeutsche nicht vermeiden kann. […]

Abb. 2.9: Friedrich Paulsen mit seinen Eltern, um 1860

Der Vorstellungskreis des Elternhauses, wie er in der Unter-
40 haltung zutage trat, bewegte sich natürlich zunächst um die Angelegenheiten des häuslichen und wirtschaftlichen Lebens. Mit Besuchern, die sich nicht selten einstellten, mit den Verwandten, mit denen man öfters am Sonntagnachmittag zusammenkam, wurden vor allem die Verhält-
45 nisse der Landwirtschaft, des Viehsandes, der Aussichten für Korn- und Heuernte durchgesprochen, selbstverständlich auch das Wetter, das für den Landbewohner und gar für den Landwirt eine so unermesslich große Bedeutung hat. […]

50 Nach dem Bisherigen könnte der Leser fast auf die Vorstellung kommen, dass ich so ziemlich wie ein zweiter Rousseau'scher Emil ohne Schule aufgewachsen sei. Dem war aber gar nicht so. Im Gegenteil, meine Schulzeit hat ungewöhnlich früh begonnen, schon in meinem fünften
55 Lebensjahre wurde ich von der Mutter dem ersten Lehrer zugeführt. Die Ursache war, dass es ihr allzu schwer wurde, mich zu Hause zu hüten. Ein Kindermädchen zur ständigen Begleitung und Beaufsichtigung war nicht vorhanden; war nun die Mutter im Sommer oft allein zu Hause und durch
60 die Wirtschaft ganz in Anspruch genommen, so konnte sie mich nicht immer im Auge behalten, und das umso weniger, als ich auf alle Weise strebte, ihrer Wachsamkeit

mich zu entziehen, um die gewonnene Freiheit zu allerlei
Freuden, vor allem jenen untersagten Wasserfreuden zu
65 verwerten. […]
Dem wurde nun also dadurch vorgebeugt, dass ich seit Os-
tern 51 wenigstens für sechs Stunden des Tages der Schule
in Verwahrung gegeben wurde; denn der Anfang mit be-
schränkter Stundenzahl war damals noch nicht erfunden,
70 wie man denn auch von Hygiene und Überbürdung noch
nichts wusste. Ich hab während meiner ganzen Schulzeit
von diesen Dingen nichts gehört. […]

Ich konnte schon lesen, als ich zur Schule kam, und so fiel
mir bald die Rolle des Untergehülfen zu: ich hab manche
75 Stunde Jungen, die doppelt so alt waren, auf der Tabelle,
mit dem Stab da- und dorthin zeigend, buchstabieren und
syllabieren lassen, nicht immer ein dankbares oder angenehmes Geschäft: ein wenig Missstimmung gegen den
jugendlichen Besserwisser regte sich nicht selten […].
80 [Sieben Jahre besuchte Friedrich Paulsen diese erste
Schule.]
Es war hohe Zeit, dass ich eine Schule verließ, die mir gar
nichts mehr zu bieten hatte; ich hatte längst alles gelernt,
was hier zu lernen war. […]

85 Da trat zu meinem Glück die Erledigung der Küsterstelle
und ihre Besetzung durch einen Lehrer ein, dem ich vielleicht von allen meinen Lehrern am meisten verdanke:
Küster Brodersen. […]
Ich bin vier Jahre sein Schüler gewesen; und diese Jahre
90 sind von entscheidender Bedeutung für meine geistige
Entwicklung geworden. In ihnen hat sich der Erkennt-
nistrieb in mir entzündet, sind die Erkenntniskräfte so
gewachsen, dass das Verlangen zu studieren, als die natürliche Folge sich einstellte. […]
95 Was dem neuen Unterricht seinen Charakter gab, das war,
dass er sich nicht bloß an das Gedächtnis, sondern an den
Verstand wendete. In jeder Stunde wurde das Nachdenken
herausgefordert, man bemächtigte sich der Sache innerlich, und so behielt man sie als dauerndes Eigentum. […]

100 Die gegebene und von den Eltern als selbstverständlich
angesehene Bestimmung des einzigen Sohnes war natürlich: dass ich einmal ihr Nachfolger auf dem Bauernhof
werden solle. Dass meine Natur und Begabung gerade
hierauf gerichtet sei, ließ sich freilich nicht behaupten. Und
105 auch meine Eltern täuschten sich darüber nicht; ich zeigte
für Bücher seit Langem ein lebhafteres Interesse, als es für
einen Bauern sich zu schicken schien; dagegen war meine
Teilnahme für Ochsen und Schafe und ihre Preise, meine
Fähigkeit, die einzelnen zu erkennen und ihre Qualitäten
110 zu würdigen, auch hinter mäßigen Erwartungen vielfach
zurückgeblieben, sodass ich oft hatte in tadelndem Sinne
hören müssen: aus dir wird im Leben kein rechter Bauer.
[…] So geschah es denn eines Tages, es wird in meinem
14. Lebensjahr gewesen sein, dass mir, als ich mit den El-
115 tern beim Abendtee saß, wieder Vorhaltungen in jenem
Sinne: ich werde nie ein tüchtiger Bauer werden, gemacht
wurden. Mit unvermuteter, aber nicht unüberlegter Antwort sagte ich rasch dazwischen: Ich will auch gar nicht

Bauer werden. Nun, was willst du denn werden?, fragte die
120 Mutter. Ich will studieren.
Damit war denn auf lange Zeit das Thema für unsere
Gespräche gegeben. Im ersten Erstaunen wurde meine
Äußerung wohl kaum ernst genommen. Als ich aber be-
harrlich darauf zurückkam und mich mehr und mehr mit
125 der der Jugend eigenen Hartnäckigkeit darauf versteifte,
stieß ich auf nicht minder entschiedenen Widerstand. Vor
allem war es die Mutter, die, mit rascherer Zunge begabt,
alle möglichen Gründe solchem Vorhaben entgegenstellte,
sie wusste die Vorzüge des Landlebens sehr lebendig dar-
130 zustellen; vor allem kam sie immer wieder auf einen Punkt
zurück: der Bauer ist der einzige freie Mann im Lande. […]
Ich hielt ihnen vor allem eines entgegen: wenn ich nun
gezwungen würde, wider meinen Willen Bauer zu werden,
was wird die Folge sein? Offenbar die, und ich wusste
135 durch Hinweisungen auf konkrete Fälle die Sache sehr
einleuchtend und dringlich zu machen, dass ich einmal als
mein eigener Herr mich dem Müßiggang hingebe, mit der
langen Pfeife im Mund Zeitungen und Bücher lese und bes-
tenfalls einmal einen Spaziergang über die Felder mache,
140 wie H. oder L. euch dies Ärgernis alle Tage vormachen. Ob
sie, so tätige Menschen, wünschen könnten, dass ich einmal ein so unnützes Dasein führe?

Allmählich gewöhnten sich so die Eltern an den Gedanken,
und die Frage wurde erwogen: was ich denn studieren
145 wolle? Nur eines nicht, meinte die Mutter: Advokat, das
seien die schlechtesten Menschen, die von anderer Leute
Unglück lebten. Und als ich mich nun ohne große Schwie-
rigkeit bereitfinden ließ, die Theologie zu wählen, da
begann die Aussicht, ihren Sohn einmal auf der Kanzel zu
150 sehen, auf das Mutterherz ihren Zauber auszuüben. Auch
ihr Gewissen begann sich zu regen: wenn ich nun vielleicht
berufen sei, ein auserwähltes Rüstzeug Gottes zu werden,
ob es dann nicht Schuldigkeit sei, die eigenen Wünsche
zurückzustellen? […] Zureden vonseiten meines Lehrers
155 Brodersen tat ein Übriges, und so gewann ich im Sommer
1861 eine bedingte Gewährung meines Wunsches: er wolle
mit Pastor Thomsen über mich sprechen, und wenn dieser
bereit sei, mit mir einen Versuch zu machen, so wolle er
einer Probe, ob ich die nötigen Fähigkeiten zum Studieren
160 habe, nicht länger entgegensein. Pastor Thomsen, der
schon mehrere junge Leute aus dem Ort und der Umgebung für das Gymnasium vorbereitet hatte, ließ sich bereitfinden, und so wurde der Beginn des Unterrichts auf den
Anfang des Herbstes verabredet.

165 Wie groß das Opfer war, das meine Eltern mir brachten,
habe ich damals nicht empfunden. Ich war voll Freude
und Dank und dachte an mich und die nunmehr erlangte
Freiheit, meiner Neigung zu den Büchern zu folgen; an die
Eltern, und was für sie dieser Schritt bedeutete, dachte ich
170 überhaupt kaum. Es war die naive Selbstsucht der Jugend;
geschieht ihr der Wille, so ist alles in Ordnung. Dass für die
Eltern die Einwilligung zum Studium den Verzicht auf lange
gehegte Hoffnungen, die Übernahme langer und schwerer
Sorgen, Sorgen um das innere und äußere Gedeihen des
175 einzigen Sohnes, sie haben über zehn lange Jahre gedau-

ert, endlich die Aussicht auf ein einsames Alter bedeute, das alles sind mir damals, wenn nicht ganz fremde, so doch unwirksame Vorstellungen geblieben. Jugend kennt kein Mitleid. […]

180 Auch das halte ich noch für der Erwähnung wert, dass ich zu Hause ganz und gar in der alten Stellung blieb; es wurden keinerlei Umstände mit mir gemacht. Von einer „Studierstube", wie sie jetzt schon der Sextaner braucht, um nicht in seinem tiefen Nachdenken gestört zu wer-
185 den, war keine Rede, es gab sie einfach nicht im Hause. Im Sommer hatte ich freilich die Wohnstube in der Regel allein; im Winter aber wurde sie, da hier allein geheizt wurde, von den übrigen Bewohnern, namentlich den weib-

lichen, mitbenutzt. Am Abend sammelte sich die ganze
190 Hausgenossenschaft um den großen Tisch und ein Licht, und ich präparierte meinen Virgil oder Homer unter dem Gespräch der arbeitenden, spinnenden, plaudernden Gesellschaft. Da niemand eine Ahnung davon hatte, dass es anders sein könne, so ging die Sache ohne allen Anstoß.
195 Ebenso war es selbstverständlich, dass ich, wenn Not an den Mann ging, bei der Erntearbeit oder wo sonst ein paar Hände gebraucht wurden, mit zugriff: dass es hierfür als für das erste Notwendige an Zeit fehlen könne, kam wieder niemand in den Sinn. Auch mit den alten Schul- und
200 Spielkameraden wurde die Gemeinschaft fortgesetzt, ohne dass es ihnen oder mir eingefallen wäre, dass es anders sein könne. […]

Zugang zu

Historische Texte

Im Alltag verstehen wir sprachliche Äußerungen unserer Mitmenschen zumeist intuitiv ohne große Probleme. Wenn uns etwas irritiert, können wir durch Nachfragen schnell Klarheit herstellen. Oft verstehen wir die Äußerungen von anderen „subjektiv", unvollständig und verzerrt, ohne dass das Probleme verursachen würde.

Wissenschaftliches Verstehen hat den Anspruch, das Verstehen durch nachvollziehbare Methoden von subjektiven Verzerrungen frei zu machen. Es soll objektiv und damit für andere nachvollziehbar und kritisierbar werden. „Hermeneutik" nennt man die wissenschaftliche Lehre vom Verstehen der Texte. Hier sind einige Grundsätze einer hermeneutischen Untersuchung.

Beim Umgang mit Texten aus vergangenen Epochen (aber nicht bei ihnen) ist zu beachten, dass wir sie immer mit einem Vorverständnis betrachten. Kein Verstehen ist voraussetzungslos. Wenn wir z. B. Erzählungen über eine Kindheit vor 200 Jahren lesen, gehen wir unvermeidlich von unseren Erfahrungen aus. Unser Vorverständnis müssen wir uns bewusst machen. So standen z. B. viele für uns heute selbstverständliche äußere Erleichterungen des Lebens damals nicht zur Verfügung. Wer die Welt entdecken wollte, konnte damals z. B. wählen zwischen dem Lesen eines Buches oder einer beschwerlichen Reise zu Fuß oder mit dem Pferd.

Unser Vorverständnis ist auch die Grundlage für die Fragestellungen, mit denen wir an den Text herangehen.

Wichtig ist, Vorverständnis und Fragestellungen bei der Arbeit am Text immer wieder zu überprüfen. Oft führen bestimmte Informationen im Text dazu, dass wir unsere Ausgangsposition verändern müssen. Das ist ein prinzipiell unendlicher Prozess. Je genauer wir den Text analysieren, desto höher die Wahrscheinlichkeit, dass wir Vorverständnis und Fragestellungen verändern müssen.

Auch Informationen über den historisch-sozialen Kontext, in dem der Text produziert und gelesen wurde, können zu einer Revision unseres Textverständnisses führen. Denn die Adressaten des historischen Textes sind ja nicht wir. Der Autor von damals kann z. B. Absichten gehabt haben, die wir heute zunächst gar nicht nachvollziehen können. Auch können für damalige Autoren und Leser Wörter eine andere Bedeutung haben, als wir sie ihnen heute zuschreiben.

Das Verstehen von historischen Texten ist somit immer ein Dialog zwischen zwei Epochen: Wir heutigen Leser blicken zurück auf einen Text der Vergangenheit. Geschichtlich bedingt ist also nicht nur dieser Text. Auch wir selbst erfahren uns beim Lesen als geschichtliche Wesen, die in den Erfahrungen und im Denken einer bestimmten Zeit verhaftet sind.

Aufgaben

1. Arbeiten Sie aus den Texten (M3 bis M6) heraus,

a) unter welchen äußeren Bedingungen die Kinder heranwuchsen, indem Sie die entsprechenden Informationen geordnet zusammenstellen. Achten Sie besonders auf die Familienverhältnisse sowie die ökonomischen und gesellschaftlichen Umstände.

b) was die Kinder lernten und wie das geschah.

c) wie die Eltern und andere Bezugspersonen aus ihrem sozialen Umfeld dabei mit ihnen umgingen.

d) welche gesellschaftlichen Einflüsse bei ihren Lernerfahrungen und Entscheidungen über ihren Lebensweg eine Rolle spielten.

e) inwiefern die Kinder Einfluss auf ihre Entwicklung nehmen konnten.

f) wie die Autoren selbst ihre Entwicklung rückblickend beurteilen.

2. Stellen Sie Ihre Beobachtungen in einer Tabelle zusammen.

Kriterien	Bräker	Marwitz	Lewald	Paulsen
Lebenszeit				
Stand				
Eltern				
Erzieher				
…				

3. Recherchieren Sie im Internet. Welche weiteren Informationen über die Autorin und Autoren finden Sie, die für das Verständnis der Texte hilfreich sind?

4. Setzen Sie sich erneut mit der These auseinander, dass früher alles einfacher und besser war, weil man bei den Entscheidungen über seinen Lebensweg weniger Möglichkeiten und Schwierigkeiten hatte.

5. ▲ Analysieren und vergleichen Sie U. Bräkers M3 , F. von der Marwitz' M4 und F. Lewalds M5 Haltung zu ihrem Lebenslauf mit der Haltung F. Paulsens M6 einerseits und den Haltungen der Autorin von M1 und S. Plath M2 andererseits.

6. ▲ Erörtern Sie die Motive der Autorinnen und Autoren für ihre jeweilige Einstellung.

2.3 Erziehung im Zeitalter der Individualisierung

M7 Chancen und Zwänge des „eigenen Lebens" in der Moderne (Elisabeth Beck-Gernsheim)

Die Autorin ist Soziologin und hat zahlreiche Beiträge zur Familien- und Frauenforschung veröffentlicht. Sie untersucht vor allem, wie sich die sogenannte „Moderne" auf Kinder, Familien oder auf Lebensentwürfe von Menschen auswirkt.

Abb. 2.10: Elisabeth Beck-Gernsheim (* 1946)

Wenn wir Berichte lesen, die die Lebensformen früherer Epochen beschreiben, dann ist für unsere heutigen Augen immer wieder erstaunlich, wie stark das Leben der Menschen früher von traditionellen Bindungen bestimmt war –
5 z. B. durch Familienverband und Dorfgemeinschaft, Heimat und Religion, Stand und Geschlechtszugehörigkeit. Solche Bindungen haben stets ein Doppelgesicht. Auf der einen Seite schränken sie die Wahlmöglichkeiten des Einzelnen rigoros ein. Auf der anderen Seite bieten sie auch Vertraut-
10 heit und Schutz, eine Grundlage der Stabilität und inneren Identität. Wo es sie gibt, ist der Mensch nie allein, sondern stets aufgehoben in einem größeren Ganzen.
Aus anderen Berichten, die den Übergang zur Moderne beschreiben, wissen wir auch, wie diese alte Welt sich all-

Abb. 2.11: Entscheidungschancen – Entscheidungszwänge

15 mählich verändert hat. Die beginnende Industrialisierung, das Anwachsen der Städte, die zunehmende Mobilität – mit solchen und ähnlichen Entwicklungen entstehen neue Formen des Lebenslaufs, neue Denk- und Verhaltensweisen, neue Anforderungen, Erwartungen, Ziele. Ihnen allen

20 ist ein Grundmerkmal gemeinsam: Sie leiten eine Herauslösung des Menschen aus traditionell gewachsenen Bindungen, Glaubenssystemen, Sozialbeziehungen ein. […]
Dabei hat dieser Umbruch, der den Übergang zur Moderne kennzeichnet, wiederum ein Doppelgesicht. Auf der einen

25 Seite ist darin eine Befreiung aus traditionellen Kontrollen enthalten: „Die Modernität hat in der Tat eine befreiende Wirkung gehabt. Sie hat die Menschen von den einengenden Kontrollen der Familie, der Sippe, des Stammes oder der kleinen Gemeinschaft befreit. Sie hat dem Individuum

30 vorher ungekannte Wahlmöglichkeiten und Bahnen der Mobilität eröffnet."
Aber damit verbunden sind auch neue Risiken, Konflikte und Brüche im Lebenslauf. Wo die Familie als Wirtschaftsgemeinschaft sich auflöst, wird der Einzelne dem Ar-

35 beitsmarkt und seinen Anforderungen unterworfen, vom Konjunkturverlauf abhängig, durch Wirtschaftskrisen bedroht. Wo Herkunft und Stand an Bedeutung verlieren, da wächst die soziale Mobilität, aber auch Konkurrenzdruck und Abstiegsgefahr. Wo die Einbindung in Nachbarschaft

40 und Verwandtschaft verblasst, da wird der Horizont weiter, aber oft fehlt auch ein soziales Netz, Isolation und Entwurzelung drohen. Kurz: „Die Befreiungen hatten … einen hohen Preis." […]
Verschiedene Auswege bieten sich an. Manche suchen

45 Halt bei noch mehr Arbeit und noch mehr Konsum. Manche schließen sich religiösen oder politischen Sekten an, die Heil und Heimat versprechen. Viele wählen den Weg ins Private, die Liebe als Zuflucht, die Familie als „Hafen in einer herzlosen Welt". Solche Formen der Suche, so un-

50 terschiedlich sie im Einzelnen sind, weisen doch auf einen gemeinsamen Kern: Das Spannungsverhältnis zwischen Freiheit und Bindung wird zu einem Grundthema der Moderne. Und eine paradoxe Bewegung deutet sich an: Die Moderne, die die Menschen aus traditionellen Bindungen

55 herauskatapultiert, erzeugt eben dadurch auch die Sehnsucht nach neuer Bindung.

Der Lebenslauf als persönliche Aufgabe

Wo traditionelle Bindungen mit ihren rigorosen Verhaltensregeln und Vorschriften aufgelöst werden, da wird eine Er-
60 weiterung des Lebensradius möglich, ein Gewinn an Handlungsspielraum und Wahlmöglichkeiten. Der Lebenslauf wird an vielen Punkten offener und gestaltbarer. Jedoch: auf der Kehrseite der neuen Gestaltbarkeit kommen auch neue Anforderungen und Zwänge auf. So sind die Planun-
65 gen und Entscheidungen zwar in bestimmtem Sinne „frei", aber gleichzeitig strukturell von der Logik der (Arbeits-)Marktgesellschaft bestimmt, die jetzt in den Lebenslauf eingreift. Denn mit der Auflösung der Familie als Arbeits- und Wirtschaftsgemeinschaft entstehen neue Formen der
70 Existenzsicherung, die über den Arbeitsmarkt vermittelt und auf die Einzelperson bezogen sind. Dabei wird das Verhalten des Berufstätigen den Gesetzen des Marktes unterstellt – z. B. Mobilität und Flexibilität, Konkurrenz und Karriere –, die kaum Rücksicht nehmen auf private
75 Bindungen. Wer aber diesen Gesetzen nicht folgt, riskiert Arbeitsplatz, Einkommen und soziale Stellung. Idealtypisch wird das Ich hier zum Mittelpunkt eines komplizierten Koordinatensystems, das viele Dimensionen umfasst, von Ausbildung und Stellenmarkt bis zu Krankenversicherung
80 und Altersvorsorge. […]
Dabei umfasst diese äußere Beschreibung nur einen Teil der Veränderungen. Denn die Logik der (Arbeits-)Marktgesellschaft, die die prinzipielle Gestaltbarkeit des Lebenslaufs in Richtung bestimmter Entscheidungen und
85 Handlungen lenkt, hat auch innere Folgen für die beteiligten Personen. Sie führt in einen Kampf um „eigenen Raum", im wörtlichen und im übertragenen Sinn, in die Suche nach dem Selbst, ins Ringen um Selbstverwirklichung.

Aufgaben

1. Skizzieren Sie die Kennzeichen der Moderne, die E. Beck-Gernsheim (M7) auflistet und erarbeiten Sie, welche Folgen für Lebensentwürfe und Lebensgestaltung nach ihr daraus resultieren.

2. Stellen Sie in einer Skizze die Möglichkeiten sowie die möglichen Schwierigkeiten des Menschen der Moderne gegenüber.

3. Setzen Sie sich kritisch mit E. Beck-Gernsheims These zur Bedeutung des Arbeitsmarktes auseinander, indem Sie auch nach möglichen Konsequenzen für die Erziehung fragen.

4. ▲ Fassen Sie zusammen, welche Unterschiede zwischen der Erziehung unter vormodernen und modernen gesellschaftlichen Verhältnissen bestehen.

5. ▲ Erörtern Sie, welche besonderen Herausforderungen Erziehung unter heutigen, modernen Verhältnissen zu bewältigen hat.

3. Was sind Erziehungsstile?

 006017-028

Früher war das Erziehen einfacher. In vormodernen, vor-industriellen Gesellschaften muss-te man nicht viel nachdenken und diskutieren. Der Sohn des Bauern wurde Bauer, der des Adligen übernahm die Güter und Privilegien des Vaters. Frauen konnten nur in Ausnahme-fällen ein eigenständiges Leben führen. Sie mussten in Haus und Hof mitarbeiten und blieben auf eine Rolle als Hausfrau und Mutter festgelegt. Die Erziehung bestand darin, die Menschen auf eine vorhersehbare individuelle und gesellschaftliche Zukunft vorzubereiten. Das geschah vor allem durch Vormachen und Nachahmung im alltäglichen Umgang. Seit dem Ende des 18. Jahrhunderts verändern sich diese Verhältnisse zunächst in den westli-chen Gesellschaften immer mehr.

Heute ist das Erziehen schwieriger geworden. Wir leben in einer komplexen, unübersicht-lichen Welt, die Zukunft ist kaum vorhersehbar, unser Lebenslauf ist durch Traditionen bei Weitem nicht mehr so vorgeprägt wie in vormodernen Zeiten. Jugendliche können sich nicht mehr darauf verlassen, dass sie im Beruf ihres Vaters in Zukunft den Lebensunterhalt verdienen können. Sie müssen sich z. B. fragen: Welcher Beruf passt zu mir und gibt es ihn noch in 10 oder 20 Jahren? Mädchen und Jungen haben heute vielfältige Wahlmöglichkei-ten, wie sie ihr Leben gestalten können. Das bedeutet: mehr Freiheit, aber mehr offene Fragen. Soll ich heiraten? Kinder bekommen? Oder eher eine berufliche Karriere beginnen? Oder soll ich das alles anstreben? Und in welcher Reihenfolge? Den Entscheidungen kann man nicht ausweichen. Darüber hinaus wissen wir nicht einmal, vor welchen Entscheidun-gen Kinder, die heute geboren werden, später einmal stehen werden. Niemand kann sicher prognostizieren, wie die soziale und gesellschaftliche Wirklichkeit in zwanzig oder dreißig Jahren sein wird.

Wie kann ich mein Kind am besten fördern, damit es den kommenden Anforderungen und nicht vorhersehbaren Herausforderungen gewachsen ist? Wie kann ich erreichen, dass es intelligent und leistungsfähig wird? Und sozial engagiert, tolerant, gesund …

Wie soll man Kinder angesichts solcher Fragen und Herausforderungen erziehen? Es ist nicht erstaunlich, dass über die Frage in den Massenmedien und in privaten Kreisen viel diskutiert wird. Es gibt viele verwirrende und widersprüchliche Ratschläge. Im ersten Teil dieses Kapitels finden Sie Texte, die einige der gegenwärtigen Schwierigkeiten und Pro-bleme mit dem Erziehen vorstellen.

3.1 Erziehung ist schwierig

M1 Verweigerte Erziehung – Teil 1 (Heike Schmoll)

Moderne Eltern sind verunsichert. Sie wollen nicht so erzie-hen, wie sie von ihren eigenen Eltern erzogen worden sind. Sie haben eingesehen, dass die antiautoritäre Erziehung nicht halten konnte, was sie versprochen hat, und sie wol-
5 len ihren Kindern vor allem keinen Schaden zufügen. Sie werden bombardiert mit schnellen Lösungsvorschlägen und Forderungen aus Wirtschaft und Wissenschaft. Sie sind verwirrt vom sogenannten Expertenrat und wissen weni-ger denn je, was richtig und falsch ist. Die jeweils aktuelle
10 Pädagogik hat ihnen alle Erziehungsmittel aus der Hand genommen, ohne ihnen Ersatzstrategien zu bieten. Also erziehen viele Eltern gar nicht. Denn wer gar nicht erzieht, kann auch nichts falsch machen, oder?

Abb. 3.1: Erziehung ist schwierig

15 Es ist kein Zufall, dass der Lehrerverband vor Kurzem die Eltern an ihre Erziehungspflichten erinnert hat. Dabei ging es eigentlich um Selbstverständlichkeiten: Eltern sollen ihre Kinder dazu anhalten, Hausaufgaben zu machen, anstatt dass sie kräftezehrenden Jobs nachgehen, mit denen sie Designerklamotten und das Handy finanzieren; und sie

20 sollen ihre Kinder nicht vor den Schulferien krankschreiben, um auf diese Weise einen billigeren Urlaub buchen zu können. Es ist ein Appell der Lehrer an die Eltern, durch ihr eigenes Verhalten vorzuleben, was diese sich von der Erziehungskompetenz der Lehrer erwarten.

25 Der Ruf nach Ganztagsschule, Ganztagsbetreuung oder Grundschule mit festen Öffnungszeiten zeigt, dass viele Eltern aus Verunsicherung ihre Erziehungsverantwortung lieber dem Staat überantworten wollen. Die Schulen sollen wettmachen, was zu Hause versäumt wurde. Sie sollen

30 nicht nur Wissen und Lernfähigkeit lehren, sondern auch die übrigen nützlichen Sekundärtugenden wie Verlässlichkeit, Pünktlichkeit, Disziplin. Damit sind sie jedoch hoffnungslos überfordert.

Das ständige Weiterreichen der Kinder in vielen Familien

35 ist nicht auf die Schule beschränkt und beginnt lange vor der Einschulung. Krabbelstuben mit Tagesverpflegung, Kinderhorte mit Lernhilfen, Grundschulen mit Frühstück und Ferienbetreuung mit Kinderanimation sind begehrt. Mehrfachbelastete oder gar alleinerziehende Mütter und

40 chronisch erziehungsabstinente Väter scheinen keine andere Wahl zu haben, als ihren Kindern daheim allenfalls einen „Boxenstopp" zu gewähren. Ein Mittagessen aus der Mikrowelle, Kleiderwechsel, schneller Informationsaustausch, über den weiteren Tagesablauf – und dann hetzt jeder, vom

45 Kleinsten bis zum Erziehungsberechtigten, zu seinem nächsten Termin. Abends töten Fernsehen und Computer das Gespräch. Muße zum Zuhören und Erzählen gibt es nicht. […] Schlimmstenfalls beschränkt Erziehung sich auf nervtötende Verhandlungen über das Fernsehen, Ausgehens- und

50 Schlafenszeiten, Süßigkeitenkonsum, Markenartikel, unerwünschte Freunde und (misslungene) Schulleistungen. Viele Eltern wagen es nicht, Grenzen zu ziehen, weil sie Angst vor vermeintlich entwicklungshemmender Autorität haben. Die Kinder sind dann unaufhörlich mit wohlmeinen-

55 der Leere konfrontiert, sie werden manipuliert, aber nicht wirklich ernst genommen. Und sie werden unter Zeitdruck gesetzt und damit des vielleicht Wertvollsten der Kindheit beraubt. Lehrer berichten von kleinen Tyrannen im Klassenraum, die am Montagmorgen nicht unterrichtsfähig sind,

60 weil sie der Wochenend-Aktionismus überanstrengt hat; sie beherrschten selbstverständliche Umgangsformen nicht und seien verhaltensauffälliger denn je.

Jetzt, so scheint mancher erleichtert zu denken, wendet sich das Blatt. Die erfolgreich abgeschafften Kopfnoten für

65 Ordnung, Mitarbeit, Betragen und Fleiß kehren wieder auf die Schulzeugnisse zurück. Von Tugenden und Werten, die eine generationenübergreifende gesellschaftliche Grundlage festigen sollen, sprechen ausgerechnet diejenigen, von denen man es am wenigsten erwartet hätte. Nach

70 dem grenzenlosen Laisser-faire erfreut sich der Ruf nach

Abb. 3.2: Mutter streitet mit Kind

Strenge und Härte neuer Zustimmung. Er verrät jedoch nicht ein gewachsenes Selbstvertrauen der Eltern in ihre Erziehungsfähigkeit, sondern die Flucht in ein einseitiges Autoritätsideal. Auf diese Weise versuchen Eltern, ihre

75 eigene Unsicherheit und die unbewusste Erziehungsverweigerung zu bewältigen. Sie fliehen aus der falsch verstandenen Liberalität in jene unreflektierte Selbstzweck-Geradlinigkeit, die Kindern genauso angst macht, weil sie tatsächlich einengt und Entwicklungen hemmt. […]

Aufgaben

1. Arbeiten Sie heraus, mit welchen Beobachtungen H. Schmoll ihre These einer Erziehungsverweigerung bei vielen Menschen stützt (**M1**). Klären Sie dazu einige der angesprochenen Aspekte genauer. Wählen Sie dazu eine der folgenden Fragen oder Anregungen aus:
   a) Was heißt: antiautoritäre Erziehung? Wieso hat sie die in sie gesetzten Erwartungen nicht erfüllt?
   b) Kennen Sie „Experten" für Erziehung, die in den Massenmedien auftreten? Recherchieren Sie und stellen Sie einige solcher Experten und ihre Angebote vor.
   c) „Die Schulen sollen wettmachen, was zu Hause versäumt wurde." (Zeile 28–29). Erläutern Sie diese Behauptung.
   d) „Nach dem grenzenlosen Laisser-faire erfreut sich der Ruf nach Strenge und Härte neuer Zustimmung." (Zeile 70–72) Klären Sie die unbekannten Begriffe und erläutern Sie diesen Satz mithilfe von passenden Beispielen.
   e) Die Eltern „fliehen aus der falsch verstandenen Liberalität in jene unreflektierte Selbstzweck-Geradlinigkeit, die Kindern genauso angst macht, weil sie tatsächlich einengt und Entwicklungen hemmt". (Zeile 76–79) Erklären Sie den Gegensatz, den die Autorin aufbaut. Untersuchen Sie dazu vor allem die Begriffe: Was bedeutet hier „falsch verstandene Liberalität", was „unreflektierte Selbstzweck-Geradlinigkeit"?

2. ▲ Haben Sie gleiche oder ähnliche Beobachtungen gemacht? Prüfen Sie, inwiefern Sie H. Schmolls Auffassung zustimmen können.

M2 Hannes, der Morgenmuffel (Jan-Uwe Rogge)

Hannes ist ein „Morgenmuffel", ein richtiger „Melancholiker", wie seine Mutter sagt.

Der sitzt gegen Viertel vor sieben vor seinem Kakao und sieht den Blasen nach, die entstehen und zerplatzen. Han-
5 nes würde bis in alle Ewigkeit da sitzen, gäbe es nicht eine Person, seine Mutter, Marion Weber, die ihn mit immer heftiger werdender Stimme umkreist. „Du kommst zu spät, Hannes!" oder: „Beeil dich doch, Hannes!" oder: „Hannes, du verpasst den Bus!" oder: „Hannes, heut fahr ich dich
10 aber nicht!"

Aber je schriller der Hubschrauber, der ihn umkreist, umso ruhiger wird Hannes. Und es scheint fast, als habe er die „Fünf Tibeter" gelesen – so ruhig, in sich gekehrt sitzt er da, den Hubschrauber, der ihn mit ständig klapperndem Ge-
15 räusch umkreist, völlig ignorierend.

Bis er um kurz vor halb acht aufspringt, „Mist!" fluchend, seine Sachen im Eiltempo zusammensuchend, und dann, die Jacke im Laufen anziehend, zur Bushaltestelle rennt. „Pass auf!", ruft die Mutter hinterher. Doch dafür hat Han-
20 nes kein Ohr. Außer Atem erreicht er die Bushaltestelle: „Mist! Verdammter Mist!" Er stampft mit den Füßen auf, schmeißt seinen Rucksack auf die Erde.

„Mist!" In der Ferne sieht er die Rücklichter des Busses entschwinden. Aber Hannes kommt nicht in Panik, weil fast
25 in dem Moment, in dem er ein letztes Mal „Mist!" denkt, links neben ihm auf der Straßenseite, wie von unsichtbarer Geisterhand gesteuert – ein Mini-Van auftaucht, der Familien-Van. Die Beifahrertür geht auf, und eine wachsweiche Stimme säuselt: „Steig ein, Schatz, du kommst sonst zu
30 spät!"

Hannes wäre ja blöd, würde er das nicht tun. Also setzt er sich auf den Beifahrersitz und knurrt: „Nun fahr schon los und überhol den Bus, Mensch!"

M3 Willi im Spielzeugladen (Jürg Frick)

Der dreijährige Willi stand jammernd vor einem Regal im Spielzeugladen. „Was möchtest du denn, Willi?" „Das!" Willi wies auf ein Spielzeugakkordeon, das er versuchte zu erreichen. „Nein, Willi, das macht zuviel Lärm. Du kannst
5 das nicht haben. Ich kaufe dir ein kleines Auto." Das Kind quengelte: „Ich möchte kein Auto, ich möchte das!" Die Mutter ignorierte es und schaute sich andere Sachen an dem gegenüberliegenden Regal an. Willi hing sich an das Bein seiner Mutter und schrie: „Ich will es, ich will es, ich
10 will es!" „Hör um Gottes Willen endlich auf damit. Also von mir aus kannst du es haben!" Als die Verkäuferin das Paket der Mutter gab, wollte der Junge es sofort haben. „Wenn wir heimkommen, bekommst du es. Hier ist es zu laut." Willi schrie heftig: „Jetzt, jetzt, jetzt!" „Gut, du kannst es tragen,
15 aber nimm es nicht aus dem Paket heraus." Willi riss sofort das Papier auf. Die Mutter sah hilflos um sich. Er setzte das Akkordeon in Bewegung und machte damit einen unglaublichen Lärm. „Ist gut Willi, du weißt jetzt, wie es tut. Warte, bis wir heimkommen, sonst muss ich es dir wegnehmen."
20 Wieder betätigte er das Instrument. Die Mutter nahm es ihm weg. Er schrie wie am Spieß, bis sie es ihm zurückgab. Abermals ließ er alle Register erschallen. Die Mutter wurde wild. „Willst du jetzt warten, bis wir hier heraus sind?" Auf Willi machte dies keinerlei Eindruck. Schließlich schob die
25 Mutter ihren Sohn aus dem Laden. „Du machst mich noch wild. Warum konntest du nicht wenigstens warten, bis wir draußen waren?"

Abb. 3.3: Kinder in der Spielzeugabteilung

M4 Claudia und der Muffin (Michael Winterhoff)

Claudia ist fünf Jahre alt, sie wird in der Regel von ihrer Mutter morgens in den Städtischen Kindergarten gebracht und mittags wieder abgeholt.

Eines Tages spielt sich folgendes Szenario ab: Claudias
5 Mutter kommt mittags zum Kindergarten, um ihre Tochter zu holen. Ihr erster Weg führt zur Erzieherin, um sich zu erkundigen, ob sie rechtzeitig da sei. Claudia hat sich nämlich bereits zweimal beim Kindergarten-Personal über zu spätes Abholen beschwert. Doch die Erzieherin kann die
10 Mutter beruhigen: Claudia befindet sich noch im Gruppenraum, aus dieser Richtung droht also kein Ungemach. Die Tür öffnet sich, Claudia kommt als eines der ersten Kinder aus dem Gruppenraum gestürzt und entdeckt sofort zu ihrer erkennbaren Freude, dass ihre Mutter bereits
15 eingetroffen ist. Sofort entspinnt sich ein Spiel: Claudia läuft auf die Mutter zu und hält ihr den ausgestreckten

Arm entgegen, um ihr damit einen imaginären Muffin zu servieren, den sie nach stolzem Bekunden extra für die Mama gebacken hat.

Die Mutter geht auf das Spiel ihrer Tochter ein, bückt sich zu ihr nach unten, bedankt sich für den schönen, leckeren Muffin und … beißt rein. Diese Handlung hat dramatische Auswirkungen: Claudia ist einem Schock nahe, denn der Biss in den Muffin gehörte nicht zu ihrem Plan vom Ablauf des Spiels, sie hatte vielmehr ihrer Mutter das Gebäck geben wollen, damit diese es gemütlich daheim vertilgt. Die Reaktion des Kindes hat es in sich: Claudia beginnt nicht nur zu weinen, sie wirft sich gleichzeitig auf den Boden und ruft immer wieder laut, die Mutter habe doch den Muffin auf keinen Fall bereits jetzt anbeißen dürfen. Das Kind ist etwa 15 Minuten lang nicht ansprechbar, übertönt Beschwichtigungsversuche mit lautem Schluchzen und wehrt sich gegen körperliche Annäherung durch Strampeln und Schlagen. Dann hat die Mutter die rettende Idee: Sie kann Claudia glaubhaft machen, dass sie ja nur einmal in das Gebäckstück gebissen habe und folglich den Rest noch in Händen halte. Also könne man diesen ja mit nach Hause nehmen, und zu einem von Claudia festzulegenden Zeitpunkt werde der Muffin dann gegessen. Das Kind akzeptiert zwar diesen Vorschlag, nicht jedoch ohne die Mutter darauf hinzuweisen, dass so etwas aber keinesfalls noch einmal vorkommen dürfe. Als Mutter und Tochter den Kindergarten schließlich verlassen, trägt die Mama sowohl den Rucksack als auch die Jacke ihrer Tochter. Und natürlich auch den imaginären Muffin!

M5 Fernsehen bei Familie Karrer (Jan-Uwe Rogge)

Olaf Karrer, Uwes Vater, war seit sechs Monaten erwerbslos. „Da schaffst du für deinen Chef, dann setzt er dich auf die Straße, weil er dich angeblich nicht mehr braucht", erzählt mir später der arbeitslose Maurerpolier mit Hauptschulabschluss. Er galt als fleißig, pünktlich, zuverlässig. Doris Karrer, seine Frau, 39 Jahre, gelernte Friseurin, ist nach dem Verlust des Arbeitsplatzes ihres Mannes als Verkäuferin tätig und durch die neue Situation „völlig geschafft".

Von den drei Kindern wohnt nur noch Uwe ständig zu Hause. Rolf ist gegenwärtig Zeitsoldat bei der Bundeswehr, Antje lernt Friseurin in der Nachbarstadt und wohnt unter der Woche bei Verwandten. Die Familie lebt im finanziell kaum noch belasteten eigenen Heim, in einer Kleinstadt, wo sie bekannt ist. Bisher gab es einen regen Kontakt zu Freunden und Bekannten. „Aber dies ist jetzt alles anders geworden", so Frau Karrer, „mein Mann isoliert sich immer mehr."

Auch von Uwe haben viele den Eindruck, dass er sich total zurückzieht und deshalb „eben hin und wieder mal durchdreht". In der Schule war er dem Lehrer aufgefallen, weil er „wie aus heiterem Himmel einfach drauflos drischt, im Karatestil. Oder sich manchmal wie ein wildes Tier gebärdet, und dann sitzt er plötzlich wieder still in der Ecke."

Dieses Verhalten wurde von allen fast ausschließlich auf seinen Medienkonsum zurückgeführt, einen Konsum, dessen Vorlieben sich in den letzten Monaten verändert haben. Nun bevorzugt Uwe Actionfilme, James Bond, Bud Spencer, zahllose Fernsehkrimis. Damit setzt er sich gleichzeitig von der Familie ab. Diese Veränderung beunruhigt Frau Karrer, die ihren Uwe, wie sie sagt, nicht mehr versteht. […]

Seit Olaf Karrer ohne Arbeit ist, ist das Zusammenleben der Familie schwieriger geworden. Bis jetzt stand er regelmäßig um fünf Uhr dreißig auf, las während des Frühstücks die Lokalzeitung und hörte nebenbei Radio. […] Nach Arbeitsschluss, gegen sechzehn Uhr, trat er sofort den Heimweg an und hörte dabei Radio, „aber auch das rauschte nur so vorüber". Gegen siebzehn Uhr schaltete er den Fernsehapparat ein: „Ich habe das Kinderprogramm gesehen." Seitdem die Familie einen Videorekorder besitzt, sieht er sich meistens zuerst Kassetten an, „Sachen, die ich aufgezeichnet habe". […] Der Vater traf die Programmwahl, er entschied, wie lange gesehen wurde. Dieses Verhalten übertrug er auch auf die Benutzung des Videorekorders. Am Abend wurde wenig oder kaum geredet. Doris Karrer: „Das ist so, als ob man überhaupt nicht zusammen ist." Hatten die Eltern oder die Kinder andere Auffassungen vom Programm, so benutzten sie den Zweitapparat. Einschränkungen gab es für die Kinder nicht, „obgleich das wohl richtiger wäre, aber das gab immer Streit", so Frau Karrer eher resignierend. […]

Frau Karrer bleibt bei ihrem Mann, „weil er sonst zuviel säuft". Programmwünsche seiner Frau oder der Kinder werden nicht akzeptiert. Olaf Karrer weist sie zurecht: „Wer hat denn hier was zu sagen?" Deshalb verzieht Uwe sich abends oft in sein Zimmer, um zu lesen. Er vermeidet zunehmend die gemeinsame Fernsehsituation, weicht ihr aus, um, auf seinem Bett liegend, Abenteuer- und Actionbücher zu lesen.

Doris Karrer verharrt stumm neben ihrem Mann, den Blick auf den Fernsehapparat gerichtet, „obwohl ich mich für vieles nicht interessiere oder auch nur vor mich hin stiere und manchmal auch heule, vor allem, wenn Uwe rausgeht und ich weiß, jetzt sitzt er in seinem Zimmer und liest wieder diese Horrorsachen und brütet dann was aus". […] Gemeinsame Aktivitäten wie Wochenendausflüge oder Spiele waren schon immer auf ein Minimum beschränkt. Nach Beginn der Arbeitslosigkeit von Olaf Karrer schliefen auch diese völlig ein. Der Vater ging seinen Kindern aus dem Weg, und obgleich sich am Medienkonsum mengenmäßig wenig geändert hat, bildete sich die Gesprächsqualität noch weiter zurück. […]

Olaf Karrer deutet die abendliche Situation völlig anders: „Die gehen mir alle aus dem Weg. Ich weiß, ich muss sie doch zwingen, damit sie wenigstens einmal am Tag am Tisch sitzen. Und wenn sie dann kommen, nörgeln sie oder schauen dumm aus der Wäsche. Das kann einem doch auf den Wecker gehen."

Er achtet jetzt mehr als sonst auf Uwe. „Der Uwe ist abgesackt in der Schule. Der kapiert nicht: Wenn er nichts lernt, wird er nichts. Aber wenn ich was sage, hört er weg, glotzt mich dumm an, als wollte er sagen: ‚Blöder Hund!' Das

merk ich doch. Aber mit mir nicht. Mein Vater hat bei mir
85 Nachsicht gehabt. Wo bin ich gelandet? Hier!" – und zeigt
auf die Bierflasche. „Bei Uwe kenne ich kein Pardon. Wenn
notwendig, wird das reingeprügelt. Im Fernsehen sieht
er nur Krimskrams. Bücher liest er nicht. Er tut so, als ob's
leicht wäre im Leben. Er hört einfach nicht, hört einfach
90 nicht!"
Uwe weiß, dass sein Vater ihn „auf dem Kieker hat. Ich
kann machen, was ich will, er ist nicht zufrieden. Jetzt
kommt er mit Fernsehverbot. Video darf ich auch nicht.
Ich darf dann nur das sehen, was er für mich aufzeichnet.
95 Dabei lern ich viel für die Schule, aber davon hat er keine
Ahnung. […] Früher ließ mein Vater mit sich reden, manchmal jedenfalls. Oder wir hatten den zweiten Apparat. Da
ging ich mit Antje hin, das war okay. Nun gibt's Streit.
Wenn es nicht ums Programm geht, dann, weil der Rekor-
100 der verstellt ist und weil das Fernsehprogramm nicht an
seinem Platz liegt oder weil ich meine Mutter was frage;
dann schreit er: ‚Mir ist das zu blöd, ich geh weg. Antworte
mir.' Neulich hat er mir eine geschossen, da habe ich ihn
angespuckt, als er aus der Tür war."

Aufgaben

1. Bei der Erschließung der Fallbeispiele (M2 bis M5)
können Sie in folgenden Schritten vorangehen:
   a) Stellen Sie die jeweiligen Verhaltensweisen der Kinder
   und der Erwachsenen zueinander in Beziehung. Überlegen Sie, welches Verhalten jeweils welche Reaktionen nach sich zieht. Visualisieren Sie Ihre Beobachtungen gegebenenfalls in einer Skizze.
   b) Beurteilen Sie die jeweiligen Verhaltensweisen:
   Verhalten sich die Eltern pädagogisch angemessen,
   „richtig"?
   c) Diskutieren Sie, inwiefern nach Ihrer Auffassung in
   diesen Familien „Erziehung" stattfindet.

2. Setzen Sie die Fallbeispiele (M2 bis M5) zu dem Text
von H. Schmoll (M1) in Beziehung. Ergänzen Sie, wenn
es notwendig sein sollte, die von H. Schmoll beschriebenen Schwierigkeiten, die Eltern heute beim Erziehen
haben.

3. ▲ Entwickeln Sie pädagogisch verantwortete Alterna-
tiven zu den Handlungsweisen der Eltern in den Fallbeispielen.

4. ▲ Begründen Sie, warum Ihre Lösungsvarianten besser
sind als das Verhalten der Eltern in den Fallbeispielen.

Abb. 3.4: Tyrann oder Vollidiot?

3.2 Erziehungsstilforschung: eine Lösung?

Sie sind der Frage nachgegangen, welche Erziehungs-schwierigkeiten Eltern heute besonders beschäftigen. Viele Eltern und professionelle Erzieher sind heute verunsichert. Sie fragen: Wie erziehe ich „richtig"? Gibt es besonders erfolgreiche „Methoden", „Verfahren", „Techniken"? Stimmt das, was man in Ratgebern und den Massenmedien hören, sehen und lesen kann?

Kann hier die Wissenschaft weiterhelfen? Haben Wissenschaftler Antworten auf die drängenden Fragen gefunden? Was antwortet die pädagogische Wissenschaft, wenn man wissen möchte, wie man heute Kinder so erziehen kann, dass sie ein selbstbestimmtes und moralisch verantwortetes Leben führen können? Welche Erkenntnisse liegen über die Beziehungen zwischen dem Verhalten der Erzieher und dem der Kinder vor? Kann man die Auswirkungen von erzieherischen Verhaltensweisen auf Kinder und Jugendliche überhaupt beobachten, „messen"?

Sie lernen im Folgenden einen wissenschaftlichen Forschungsbereich kennen, der genau diese Fragen beantworten möchte: die Erziehungsstilforschung.

Fragen und Anregungen zum Einstieg

1. Überlegen Sie zunächst selbst: Was ist „Stil"? In welchen Bedeutungsvarianten taucht der Begriff im Alltag auf? Was ist ein „Erziehungsstil"?

2. Was erwarten Sie von einem wissenschaftlichen Forschungsbereich, der „Erziehungsstilforschung" genannt wird? Formulieren Sie Anfragen.

3.2.1 Das Typenkonzept von Kurt Lewin

Kurt Lewin ist besonders durch seine sozialpsychologischen Experimente bekannt geworden, die er in den Dreißigerjahren in den USA durchführte. Seine Forschungsergebnisse haben die Diskussion um „Erziehungsstile" in den folgenden Jahrzehnten maßgeblich mitbestimmt.

Abb. 3.5: Kurt Lewin (1890–1947)

M6 Das Typenkonzept von Kurt Lewin (Ursula Walz)

Lewin und seine Mitarbeiter interessierte die Wechselwirkung zwischen dem Führungsstil des erwachsenen Leiters einer Jugendgruppe und dem Verhalten der Gruppe zu dem Gruppenleiter und den Gruppenmitgliedern.

5 In einem der Experimente wurden aus zwei Schulklassen aufgrund freiwilliger Meldungen vier Gruppen von je fünf zehn- bis elfjährigen Schülern zusammengestellt. Dabei wurde darauf geachtet, dass die Gruppen in Bezug auf Intelligenz, Schulleistungen, Körperkräfte, Beliebtheit usw.

10 möglichst gleichartig zusammengesetzt waren. Hauptziel dieses Versuches war es, zu beobachten, wie sich verschiedene Führungs- und Erziehungsstile, die auch verschiedene soziale Atmosphären erzeugen, auf das Verhalten der Gruppe und des Einzelnen auswirken. [...] Die Leiter der

15 vier Gruppen erklärten den Jungen bei der ersten Zusammenkunft, dass das Zusammenleben und Zusammenarbeiten in Jugendklubs untersucht werden sollte, erweckten Interesse an den geplanten Arbeiten, gaben bereitwillig auf alle ihre Fragen Auskunft und erreichten dadurch ein

20 natürliches Interesse der Kinder für diesen Versuch. Die Teilnehmer waren stolz darauf, bei dem Versuch mitwirken zu dürfen. [...]
In einem großen Raum, den man in der Mitte durch einen Vorhang abgeteilt hatte, kamen immer zwei Gruppen

25 gleichzeitig zusammen. Jede der vier Gruppen wurde in drei Etappen von jeweils sechs Wochen mindestens nach zwei verschiedenen Führungsstilen geführt. [...]

Name des Klubs (Gruppe)	Zeitraum I (6 Wochen)	Zeitraum II (6 Wochen)	Zeitraum III (6 Wochen)
Sherlock Holmes	Leitungsstil 1 unter Leiter A	Leitungsstil 3 unter Leiter C	Leitungsstil 2 unter Leiter D
Dick Tracy	Leitungsstil 1 unter Leiter B	Leitungsstil 2 unter Leiter A	Leitungsstil 1 unter Leiter C
Charlie Chan	Leitungsstil 3 unter Leiter D	Leitungsstil 1 unter Leiter B	Leitungsstil 2 unter Leiter A
Secret Agents	Leitungsstil 2 unter Leiter C	Leitungsstil 1 unter Leiter D	Leitungsstil 2 unter Leiter B

Abb. 3.6: Zeit- und Ordnungsplan

Abb. 3.7: Kurt Lewins Wohnhaus in Berlin

Im Verlauf von 18 Versuchswochen durften sich die Gruppen mit verschiedenen Arbeiten beschäftigen. Die Jungen
30 konnten dabei wählen zwischen Basteln, Werken und Tischlern, der Anfertigung von schriftlichen Arbeiten (Satzung u.a.), sie durften kleine Möbelstücke, Wandschmuck, Gipsmodelle, Spielzeug und Flugzeugmodelle herstellen und waren als ausgewählte und freiwillige Klubmitglieder
35 eifrig bei der Sache. […]
Tatsächlich wurden die Gruppen so streng wie möglich in Hinsicht auf folgende Faktoren parallelisiert: in jeder Gruppe sollten gleichviel körperlich starke und körperlich schwache Jungen, gleichviel beliebte und unbeliebte
40 (nach Ergebnissen des Soziogramms), gleichviel passive und aktive, brave und aggressive, sich unterordnende und dominierende, begabte und unbegabte Kinder (nach den Schätzungen der Lehrer), an derartigen Freizeitbeschäftigungen interessierte und uninteressierte Kinder (nach
45 Beobachtungen des Freizeitverhaltens) sein. […] Die angebotenen Beschäftigungsarten mussten gewechselt werden, weil ihre Anziehungskraft und ihr Aufforderungscharakter ja verschieden stark sein konnten, sodass z.B. die Arbeitsintensität mehr von der Beschäftigungsart als
50 vom Führungsstil abhängen konnte. Andererseits mussten die Beschäftigungsarten in allen Gruppen vergleichbar oft auftreten. Auch der Raum musste für alle der gleiche sein. Beim Wechsel der Führungsstile musste jede mögliche Reihenfolge geplant und berücksichtigt werden. […]
55 Zur weiteren Erprobung der Auswirkungen der Führungsstile wurden drei vergleichbare Testsituationen in allen Gruppen geplant, die gleichzeitig von hervorragender Bedeutung für die Beurteilung einer guten Schulatmosphäre sind:
60 1. Der Leiter war angewiesen, je einmal zu spät zu kommen. Das jeweilige Verhalten der Gruppe und der einzelnen Gruppenmitglieder in Abwesenheit des Leiters versprach besonders aufschlussreich zu sein.
2. Der Leiter wurde für eine Viertelstunde abberufen.
65 3. Ein Fremder sollte im Klubraum erscheinen und die Arbeiten Einzelner und die der ganzen Gruppe kritisieren. Besonders sorgfältig wurde die Verhaltensbeobachtung ausgebaut. Es standen insgesamt bis zu elf Beobachter zur Verfügung, von denen meist fünf im Raum anwesend

70 waren. Sie fungierten für die Kinder als interessierte Gäste, die diese Art der Freizeitbeschäftigung kennenlernen wollten. Die Beobachter wurden, soweit sie nicht selbst am Experiment beteiligt waren, in den Beobachtungskategorien geschult. Sie hatten nicht etwa je ein Kind zu beobachten,
75 sondern in wechselnder Arbeitseinteilung folgende Aufgaben zu erfüllen. (Sie waren für die Kinder nach der ersten Sitzung so gut wie nicht mehr anwesend):
1. Mithilfe von Symbolen jedes soziale Verhalten des Leiters oder der Kinder nach Kategorien wie „dirigierend",
80 „nachgiebig", „sachlich", „freundlich", „feindlich" usw. aufzunotieren und auszuzählen.
2. Jede Minute die Gliederung der Gruppe in Untergruppen zu notieren, das Arbeitsziel der Untergruppe festzustellen und ob vom Leiter veranlasst oder spontan usw.
85 3. Laufende Beobachtungen und Interpretationen zu den Handlungen Einzelner und zu den Änderungen des Gruppenklimas im Ganzen zu geben.
4. Fortlaufende stenografische Protokolle sämtlicher Gespräche anzufertigen.

90 Diese Aufgaben waren auf Minutenintervalle synchronisiert. Nach jedem Wechsel im Führungsstil wurde durch Beobachter, die nicht mitgewirkt hatten – durch einen „freundlichen Unbekannten" – jedes Kind über seine Erlebnisse und Eindrücke befragt. Es sollte Vergleiche zwischen
95 den verschiedenen Leitern, dem Lehrer in der Schule und den Eltern zu Hause ziehen und sich über die Mitarbeit der anderen Klubmitglieder äußern, es wurde über den „idealen Klubleiter" gesprochen, und Verbesserungsvorschläge wurden erbeten. Diese Gespräche wurden später, nachdem
100 der Versuch längst vorüber war, noch einmal aufgenommen. Ein Elterninterview sollte über den Führungs- und Erziehungsstil und das Verhalten der Jungen zu Hause aufklären, über ihre Rolle, die sie zu Hause spielen, und wie sie über die Schule und den Klub urteilen. Außerdem fand eine
105 Besprechung mit den Lehrern statt, in der geklärt wurde, ob sie mit der Teilnahme am Klubleben Veränderungen an den Kindern bemerkt hätten; gleichzeitig wurde festgestellt, ob das Verhalten im Klub mit dem Schulverhalten übereinstimmte und dergleichen. Schließlich wurde jedes
110 Klubmitglied mit dem Rorschach-Test untersucht, und gelegentlich durchgeführte Filmaufnahmen wurden ausgewertet.
Alle diese Aussagen wurden durch geschulte Beobachter und Interviewer nach standardisierten Beobachtungskate-
115 gorien und Fragebogen gewonnen. […]

Aufgaben

1. Erklären Sie Ziele und Versuchsplan (auch „Design") des Experiments (M6).

2. Begründen Sie den Sinn des gewählten Designs.

3.2.2 Dokumentationen von Kurt Lewin

M7 Protokolle von Gruppensitzungen (Ursula Walz)

1. Protokoll:

Die Gruppe kommt herein, bevor der Leiter da ist. Während seiner Abwesenheit zeigen die Jungen nur geringes Interesse an ihrer Arbeit.

5 Der Leiter (W.) kommt schnell herein. Er beginnt sofort, ihnen die Arbeit zuzuweisen: „Das Erste, was wir jetzt tun werden, ist, Fußstapfen in den Gipsmörtel drücken. Nehmt eure Schürzen um. Vinni, hilf Ben … Jetzt brauchen wir etwas Gips. Das sollte ungefähr zwei Drittel voll

10 sein …"
Die Jungen binden ihre Schürzen um, wie befohlen, und beginnen zu arbeiten. Ben fragt: „Hab ich das richtig gemacht?" Er sucht nach einer Bestätigung jedes seiner Schritte bei der Arbeit. „Ist das hoch genug, Herr W.?"

15 W. antwortet: „Es müsste tiefer sein."
Sie arbeiten alle nun stetig unter W.'s Leitung. Beaumont scheint jetzt der Einzige zu sein, der nicht wirklich ganz dabei ist.
W. sagt: „Ray, mach deine Abdrücke hier hinein, während

20 Beaumont am Rühren bleibt! Und du, Vinni, du schüttest den Sand dicht um seinen Fuß herum! Drück ihn fest an. Mach einen guten Abdruck!"
Ray fragt: „Wie gefällt Ihnen dies, Herr W.? Glauben Sie, dass ich noch ein bisschen mehr nehmen muss?" W. ant-

25 wortet: „Ein ganzes Teil mehr! Gib noch etwas mehr Gipsmörtel rein!" Ray: „Wird es jetzt dicker?" W.: „Noch mehr – gut – das ist reichlich."
(Diese Situation des Verhaltens bleibt fortbestehen, bis nach mehr als einer halben Stunde der Leiter hinausgeht.)

30 Innerhalb einer Minute, nachdem der Leiter fort ist, haben alle Jungen aufgehört zu arbeiten. Ray und Ben fangen an, sich ungezwungen miteinander zu unterhalten. Die anderen sitzen noch still.
Nach fünf Minuten geht es mit Neckereien zwischen bei-

35 den Gruppen los. Ray übernimmt die Führung. Er brüllt: „Baby Reilly spielt im Sand …"
Reilly aus der anderen Gruppe wirft eine kleine Gipskugel zur anderen Gruppe hinüber. Ray ruft: „Gib es ihm!", und wirft sie zurück. Ben steht ihm bei: „Los, gib es ihm jetzt …

40 Mach, dass du fortkommst, du Nudel." *(Der Beobachter schreibt: „Hier geht der Kampf los!")*
Der Kampf lässt jedoch nach und wird hauptsächlich mit Worten ausgetragen. Leonard aus der anderen Gruppe […] versucht einen Ausfall in den Raum der anderen Gruppe.

45 Ray sagt: „He, Leonard, was suchst du hier? Hör nur, du Überläufer – dein Rückgrat gleicht einer Schlange." Ben steht ihm wieder bei: „Was hast du hier verloren, du schieläugiger Überläufer?"
(Die Feindseligkeiten bleiben auf dieser verbalen Ebene,

50 *bis der Leiter zurückkommt. Die Gruppe wendet sich dann sofort wieder derselben stumpfen, aber emsigen und arbeitsbeflissenen Verhaltensweise zu, die sie gezeigt hatte, bevor er hinausgegangen war.)*

2. Protokoll:

55 Gleich, als die Jungen hereingekommen sind, entdecken sie irgendeinen geringfügigen Schaden an ihrem Werkstück, der von der Montag-Gruppe angerichtet worden war. Sam macht seinem Groll am lautesten Luft: „Guckt euch um und seht nach, ob sie irgend etwas geschaffen haben, was

60 wir entzweimachen können. Wir werden's ihnen diesmal zeigen." M. (der […] Leiter) verhindert einen Angriff auf das Eigentum der Montag-Gruppe, indem er das Tagespensum sehr fest umreißt: „Heute müssen wir malen und das Schild zeichnen." Sam unterbricht: „Ich übernehme das Malen." M.

65 fährt fort: „Bevor wir beginnen, gibt es noch etwas zu tun, nämlich Arbeitsschürzen anzufertigen." Sam unterbricht wieder: „Wo ist die Schürze, die hierher gehört?" M. spricht weiter: „Ihr macht jeder eine Schürze und malt euren Namen drauf. Fangt damit an, ehe ihr eine der anderen

70 Farben mischt!" Leonard fordert: „Ich kriege was von diesem Stoff." Sam warnt die anderen: „Nimm nicht die rote Farbe, Reilly, … und vermanscht mir nicht die rote Farbe, Jungens!"
Fred, Leonard und Sam kommen in Fahrt. Reilly protestiert

75 und sagt, er wolle die Farbe zuerst zurechtmachen. M. sagt: „Nein, zuerst die Schürze."
(Nach der achten Minute hat sich die Gruppe beruhigt und ist tüchtig an der Arbeit.
Der Beobachter schreibt: „Es bietet sich ein Bild indivi-

80 *duellen Fleißes, das ich vorher bei dieser Gruppe nicht entdecken konnte. Etwas von der Bockigkeit ist seit ihrer Ankunft verschwunden, aber ich fürchte, das hält auf die Dauer nicht an.")*
In der vierzehnten Minute kommt die andere Gruppe her-

85 ein und wird mit spöttischen Bemerkungen begrüßt. Leonard sagt: „Ich dachte mir doch, ich hörte diese ‚Beklopp-ten' heraufkommen." Reilly sagt: „Da kommen die Stinker." – „Ich dachte mir doch, ich rieche so etwas." Sam sagt: „Gebt uns eine Gasmaske. Da kommt die andere Bande."

90 M. fragt, wer die Schere auf dem Fußboden liegen gelassen hat. Fred sagt, Lyman hätte sie zuletzt gebraucht. Lyman sagt, er hätte sie Leonard gegeben. Leonard streitet es ab: „Nein, du hast sie mir nicht gegeben." Lyman wird rot vor Wut, aber er sagt nichts weiter als: „Doch, ich hab' sie

95 dir gegeben."
(Der Beobachter schreibt: „Ich habe niemals eine größere Routine gesehen, die Fehler jedes anderen herauszustellen.")
Fred ist typisch eigensinnig und antwortet M. (dem […]

100 Leiter), indem er vor sich hin murmelt … Er wird immer widerspenstiger und stößt die Sachen herum. Er gibt dem Schemel einen Stoß … Auf einmal brüllt jeder los, und es geht ziemlich durcheinander, aber der Schlimmste ist Fred dabei.

3. Protokoll:

Die Jungen kommen herein und drängen sich sofort um eine Werkzeichnung auf dem Tisch. Ihr erwachsener Leiter A. steht abseits von der Gruppe an einen Pfosten gelehnt. Die Gruppe beachtet ihn gar nicht. Van sagt: „Kommt, lasst uns Pläne machen, Jungens." Bill (der bei dem letzten Gruppentreffen zum „Käpt'n" gewählt worden war) antwortet: „Wir wollen irgend etwas zeichnen. Ich weiß zwar noch nicht, was …, aber vielleicht zeichnen wir ein Schiff, ja? Oder wir machen Entwürfe für eine Pistole oder ein Gebäude oder sonst was." Finn verspottet Bill: „Allzu viel scheint dir nicht einzufallen." Bill antwortet: „Na, was schlägst du denn vor?" Finn macht nur eine großspurige Bemerkung und beginnt, an einem kleinen Holzstückchen zu arbeiten. Ed, aus Sympathie zu Bill, drängt: „Wir müssen nun überlegen, was wir machen wollen."

Bill fährt fort: „Wir sollten eine Landkarte oder sonst irgend etwas anfertigen! Irgendwelche Vorschläge? … Dies ist der Schlupfwinkel der Räuber, und wir müssen uns überlegen, wie wir hineinkommen können … Wir müssen ihn jetzt nach dieser Seite hin abschirmen. In den Büschen sind elektrische Drähte." Alle, außer Finn, sind am Überlegen und Planen. Finn ist unruhig. Er legt sich auf den Tisch. *(Das Gespräch wird auf einer wirklich produktiven Ebene ungefähr zwölf Minuten lang fortgesetzt.)*

Finn fühlt sich ausgeschaltet. Er macht eine heftige Bewegung mit seinem Schemel und sagt: „Nun kommt meine Idee." Bill hat ihm dabei keinerlei Beachtung geschenkt. Plötzlich bricht der Tisch, auf den sie sich gestützt haben, zusammen. Finn ist äußerst begeistert. Die anderen scheinen bestürzt zu sein, aber sie gehen sofort, wenn auch etwas wie von ungefähr, daran, den Tisch wieder aufzustellen. *(Nach drei Minuten scheint die Aussicht, dass der Tisch wieder aufgestellt wird, vergebens zu sein. Die Gruppe gerät fast völlig in Auflösung. Sie kommt im Verlauf dieser Sitzung nicht wieder richtig zusammen. […] Natürlich tut der erwachsene Leiter nichts, um eine Neugestaltung der Gruppe zu fördern.)*

Finn ist sehr forsch, aber er bekommt keine Antwort. Eddi macht Punkte auf Bills Hosen. Finn sagt: „Oh je, ich glaube, ich mache ein Pünktchenmuster." Eddi drückt seine Unruhe dadurch aus, dass er Pfeile abschießt. Sie fangen an, über allgemeine Dinge zu sprechen, gerade so wie vorher, als der Zustand anarchisch wurde.

Die Gruppe befindet sich jetzt auf dem Höhepunkt der heutigen Desorganisation. Bill hat vorgeschlagen, „nichts zu tun", aber auch darüber besteht noch kein Plan. Eddi pfeift, Van malt, Hamil hämmert, Bill spielt mit einem Brett als Schießgewehr. Finn versucht, es ihm wegzuschnappen. Eddi und Finn beginnen deswegen ein Kampfspiel um das Holzgewehr. Das dauert ungefähr eine halbe Minute. *(Nach einer halben Stunde der Unruhe, der Langeweile und der sich steigernden Spannung wird das Spiel noch aktiver.)*

Hinter dem Vorhang entsteht ein Geräusch – ein Winseln wie das eines Hundes. Finn und Hamil fertigen Gewehre an und bemalen sie …

Ein Maschinengewehrspiel hinter dem Vorhang. Dauerndes Schnarren von Gewehren. Finn richtet das Gewehr gegen Dave (aus der anderen Gruppe) und sagt: „Wir haben jetzt mal Krieg …" Viel Pistolenknallerei. Die meisten Jungen der anderen Gruppe […] schenken dem keine Beachtung. Eddi brüllt: „Sie ziehen sich zurück." Bill sitzt gedankenverloren auf einem Schemel und schaut zur anderen Gruppe, als ob er neidisch über ihren Zusammenhalt und ihre Leistungskraft wäre. Eddi brüllt: „Gib ihm die Folter ersten Grades!"

4. Protokoll:

Van und Finn kommen zusammen herein. Van findet einen Riegel Seife und sagt: „Schau, hier ist die Seife für die Seifenschnitzerei, für die wir uns entschieden haben." Bill und Eddi kommen herein, und Bill ruft begeistert: „Das ist eine prima Sorte Seife." Finn fragt den Leiter: „Wofür ist das?" Der Leiter W. antwortet: „Das ist ein Stock aus Orangenholz, und das flache Ende dient zum Glätten – so!" Finn: „Na ja, und was ist mit diesem flachen Ende? Sicher ist es dazu da, um Ausbuchtungen zu machen."

Bill hält sein Werkstück lachend hoch: „Schauen Sie, Herr W., ich könnte daraus ein Bett machen." Finn bewundert es: „Fein, das wird prima, Bill …" Bill erwidert das Kompliment: „Oh, das ist gut, Finn. Eine gute Idee. Meine taugt nicht viel."

Eddi, Bill und Finn sind mit ihren Vorhaben beschäftigt, aber Van schlägt sich noch mit einer Art Boot herum, das er schnitzen möchte. Er sieht sich Bilder in einem Buch an. W. schaut mit ihm hinein. W. ruft dann aus: „Oh, Junge, guck einmal, dies Modell eines Renners!" Van sagt unschlüssig: „Ich dachte eigentlich an ein Kanu." W. stimmt ihm zu: „Ich glaube, ein Kanu ist wahrscheinlich die beste Idee … Kannst du da sehen, wie lange es in der Mitte geradlinig bleibt?"

W. erwähnt, dass es nun Zeit wäre, damit zu beginnen, wenn sie noch „Räuber" spielen wollten, wie sie es das letzte Mal beschlossen hätten. Van sagt: „Ich würde gern meine Schnitzerei fertigmachen." W. fragt die Gruppe: „Sollen wir diese Arbeit fertigmachen und nächstes Mal Räuber spielen? Wer von euch ist dafür?" Bill: „Ja, ich bin dafür." Die anderen willigen auch ein. Van: „Na, ich denke, ich werde keineswegs dagegen stimmen." W.: „Gut, das ist dann also einstimmig." Finn: „Was heißt das?" Van: „Das bedeutet, mit keiner Gegenstimme. (An W. gewendet): Stimmt doch, nicht wahr?" W. nickt. Bill: „Wir sollten diese Regeln über Abstimmung lernen und regelmäßig so was durchnehmen."

Van (der das unsicherste und wohl auch kindlichste Gruppenmitglied ist) hält sein Motorboot jedem zur Ansicht hoch, aber niemand scheint Notiz von ihm zu nehmen. Er trägt das Boot zu einem Wassereimer und schiebt es rundherum auf der Wasserfläche, indem er das Motorgeräusch nachahmt. Noch immer schaut keiner zu ihm, bis W. sich umdreht und zu ihm geht, um mitzumachen und seinen „guten Motor" lobt. Van scheint zufrieden zu sein und setzt sich sofort wieder ruhig an die Arbeit.

Nach einer vollen Stunde sagt Bill zur Gruppe: „Wir wollen uns fertig machen zum Nachhausegehen." Er beginnt

aufzuräumen. W., der einen Besen holt, sagt: „Heute haben wir nicht viel sauber zu machen." Finn (der einen großen
220 Klumpen Seife vom Fußboden aufhebt): „Hier ist noch et-was, das wir vielleicht brauchen können." W. fegt, und Van hält ein Stück Papier vor seinen Besen, worauf der Kehricht gefegt wird.

Aufgaben

Die Protokolle (M7) wurden während der Gruppensitzungen aufgenommen.

1. Beschreiben Sie genau das Verhalten der Gruppenleiter.

2. Beschreiben Sie genau das Verhalten der Gruppenmitglieder untereinander und gegenüber dem Gruppenleiter.

3. Setzen Sie das Verhalten der Gruppenleiter und der Gruppenmitglieder zueinander in Beziehung, und entwickeln Sie Begründungen für die Zusammenhänge.

4. Visualisieren Sie Ihre Arbeitsergebnisse möglichst anschaulich.

5. Lewin bildete drei idealtypische Modelle des Erzieherverhaltens. Er nannte sie autoritärer, Laisser-faire-, demokratischer Erziehungsstil.
   Entwickeln Sie eigene Definitionen dieser Begriffe. Gehen Sie dabei von den Wortbedeutungen aus, die diese Begriffe im Deutschen haben.

6. Ordnen Sie das Verhalten der Erzieher in den Protokollen einem dieser „Typen" zu. Beachten Sie, dass Lewin einen der drei Erziehungsstile durch zwei Versuchsleiter realisieren ließ, wobei allerdings im Kontext des Verhaltens dieser beiden Leiter unterschiedliche Reaktionen seitens der Gruppenmitglieder beobachtet werden konnten.

Erziehungsstil				
Begriff und Definition des Erziehungsstils				
Verhalten des Leiters				
Reaktionen der Gruppen-mitglieder				

7. Lewin nannte seinen Ansatz auch „Typenkonzept".
   a) In welchen Bedeutungen wird „Typ" im alltäglichen Sprachgebrauch verwendet?
   b) Was bedeutet der Begriff „Typ" in Bezug auf Lewins wissenschaftliches Konzept?

8. ▲ Entwickeln Sie weitere Fallbeispiele für erzieherisches Verhalten, das den „Typen" zugeordnet werden kann.

9. ▲ Erörtern Sie Leistungen und Grenzen des Lewin'schen Typenkonzepts.
   Beachten Sie dabei vor allem das Verhältnis von „Typ" und Einzelfall.

3.2.3 Das Dimensionenkonzept von Tausch

Reinhard und Anne-Marie Tausch haben sich seit den 60er-Jahren kritisch mit den Untersuchungen Lewins auseinandergesetzt und ein eigenes Konzept zur Erfassung und Bewertung erzieherischen Verhaltens vorgelegt.

Abb. 3.8: Reinhard Tausch (*1921)

M8 Das Dimensionenkonzept (Reinhard und Anne-Marie Tausch)

Überblick über förderliche Dimensionen

Die zentrale Frage vieler Erzieher, Lehrer, Eltern, Kindergärtnerinnen und Dozenten ist: Durch welches Verhalten unserer Person fördern wir in der alltäglichen Erziehung diejenigen

5 seelischen Grundvorgänge und geeigneten Erfahrungen bei Kindern, Jugendlichen und Studenten, die sehr bedeutsam für ihre Persönlichkeitsentwicklung und für ihr bedeutsames Lernen sind? Durch welche komplexen Haltungen und alltäglichen Aktivitäten von uns fördern wir Selbstachtung, offene

10 Auseinandersetzung mit dem eigenen Erleben sowie günstiges Wahrnehmungslernen bei anderen? Wie können wir diese Vorgänge fördern und befriedigend mit ihnen zusammenleben, mit den Grundwerten Selbstbestimmung, Achtung der Person, soziale Ordnung sowie seelische und körperliche

15 Funktionsfähigkeit? Womit befähigen wir andere, später als Erwachsene einen sinnvollen Gebrauch ihrer Freiheiten zu machen und soziales Verhalten, Engagement und Selbstdisziplin zu leben, die bei der Mehrheit der Bürger vorhanden sein müssen, damit nicht diktatorische Gesellschaften lebensfähig

20 sind? Die Suche nach wissenschaftlich geprüften Antworten auf diese Fragen war in den vergangenen 20 Jahren Hauptinhalt unserer Forschungsarbeit. Wir können heute […] geordnete, geprüfte und zuversichtliche Antworten geben. […]

Was sind Dimensionen in der Begegnung von Person zu
25 **Person, wie wurden sie gewonnen?**
Hierzu einige Informationen:
- Eine Dimension ist eine Zusammenfassung ähnlicher, einander entsprechender Haltungen, Reaktionsweisen und komplexer Aktivitäten. Sie unterscheidet sich von
30 den Haltungen, Reaktionsweisen und Aktivitäten anderer Dimensionen.
- Jede Dimension ist definiert durch die Angabe von Haltungen, Reaktionsweisen und Aktivitäten. Mithilfe von Skalen können diese im alltäglichen Leben von Personen
35 wahrgenommen werden und – wenn gewünscht – eingeschätzt, „gemessen" werden.

- Die Dimensionen wurden unter dem beherrschenden Gesichtspunkt (Konzept) entwickelt: Welche Haltungen und Aktivitäten von Personen fördern und erleichtern
40 in zwischenmenschlichen Beziehungen bei anderen bedeutsame seelische Vorgänge und ihre konstruktive Persönlichkeitsentwicklung? Es sind sog. konzeptorientierte Dimensionen. Das Konzept ist: Haltungen und komplexe Aktivitäten in zwischenmenschlichen Beziehungen, die
45 bedeutsam die seelischen Grundvorgänge beim anderen, seine konstruktive Persönlichkeitsentwicklung fördern und ein gemeinsames befriedigendes Zusammenleben mit den Lebenswerten Selbstbestimmung, Achtung der Person, soziale Ordnung und Förderung der
50 Funktionsfähigkeit ermöglichen.

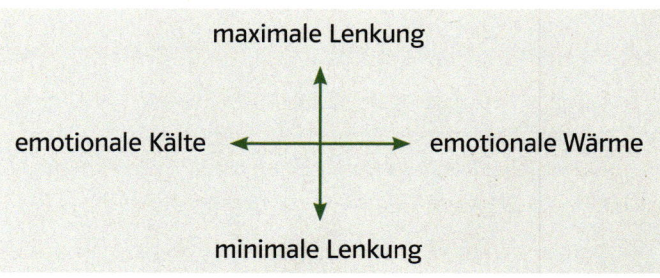

Abb. 3.9: Für erzieherisches Verhalten bedeutsame Dimensionen

Aufgaben

1. R. und A. Tausch führen eine Reihe von Formulierungen an, die Persönlichkeitseigenschaften benennen, welche als Ziel und Ergebnis des erzieherischen Verhaltens erreicht werden sollen. Stellen Sie die entsprechenden Begriffe zusammen, wählen Sie einige aus und versuchen Sie, deren Bedeutung zu bestimmen (M8).

2. Wie definieren die Autoren „Dimension"? Erläutern Sie das Gemeinte mithilfe von anschaulichen Beispielen.

3. Was sind „konzeptorientierte Dimensionen"? Erläutern Sie die Erklärung der Autoren.

4. Jede Dimension kann „mit Hilfe von Skalen" im alltäglichen Leben von Personen wahrgenommen, eingeschätzt, „gemessen" werden. Wie kann das funktionieren? Entwickeln Sie passende Beispiele. Warum setzen die Autoren „gemessen" in Anführungszeichen?

5. Erläutern Sie dieses in Koordinaten angeordnete Dimensionenkonzept (▲ Abb. 3.9). Beachten Sie dabei besonders, wie es zur Einschätzung und „Messung" von konkretem Verhalten eingesetzt werden kann.

6. Setzen Sie dieses Konzept zur Analyse der Protokolle ein, die Sie im Zusammenhang mit Lewins Ansatz kennen gelernt haben. Sie können auch eine der Erziehungssituationen in diesem Buch auswählen. Gehen Sie arbeitsteilig vor, indem Sie jeweils eines der Protokolle auf Kleingruppen verteilen und die Ergebnisse im Kurs vorstellen.

7. Vergleichen Sie diesen Zugriff von R. und A. Tausch mit dem Ansatz von Lewin (M6 , M7).

R. Tausch und A. Tausch haben selber einen solchen Vergleich mit dem Ansatz von Lewin vorgenommen.

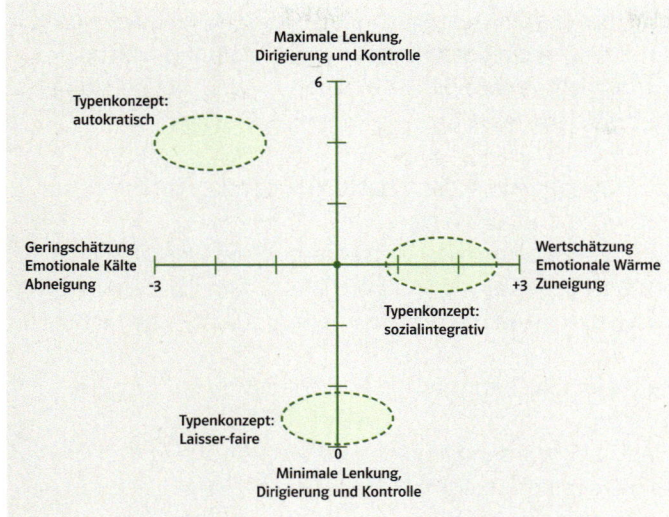

Abb. 3.10: Einordnung von typologischen Verhaltensformen in das Koordinatensystem der Hauptdimension Geringschätzung vs. Wertschätzung sowie minimale Lenkung vs. maximale Lenkung

M9 Kritik der Typenkonzepte (Reinhard und Anne-Marie Tausch)

Bevor das Lehrer-/Erzieherverhalten in den letzten Jahren nach zahlreichen Einzelmerkmalen eingeschätzt und durch eine Faktorenanalyse Verhaltensdimensionen gewonnen wurden, wurde in früheren Jahren das Verhalten von Leh-
5 rern/Erziehern überwiegend in komplexe typologische Verhaltenskonzepte eingeordnet. Es handelt sich dabei meist um jeweils zwei bis drei gegensätzliche, extreme Typen, die aufgrund von Intuition und Einzelbeobachtungen entworfen wurden. Die wesentlichsten, am häufigsten verwende-
10 ten Typenkonzepte sind die folgenden, wobei sie sich auf zum Teil ähnliche Sachverhalte beziehen: autokratisch vs. nonautokratisch, autoritär vs. antiautoritär, dominant vs. integrativ, autoritär vs. demokratisch, autoritär vs. equalitär, lehrerzentriert vs. schülerzentriert, lenkend vs. nicht-
15 lenkend, direktiv vs. nicht-direktiv.
Die Nachteile der Verwendung von Typenkonzepten, die zur Zeit ihrer Erstellung dem Stand der damaligen Forschung entsprachen, sind folgende:
• Die Einzelmerkmale werden dem jeweiligen Typenkon-
20 zept in relativ subjektiver Weise zugeordnet, ohne dass sie vorher einer kontrollierten empirischen Beobachtung unterzogen und ohne dass die Korrelation der Merkmale mit dem Typenkonzept oder mit anderen Merkmalen des Konzepts bestimmt wurde.
25 • Die jeweiligen Typenkonzepte werden meistens nicht präzise durch Merkmale und das Ausmaß deren Ausprägung definiert. Dieses ermöglicht keine genaue Verständigung und insbesondere in der Forschung keine Vergleichbarkeit.
30 • Die Einschätzung des Verhaltens von Lehrern in Typenkonzepte ist aufgrund fehlender präziser Merkmalsangaben wenig verlässlich und objektiv.

• Das Lehrerverhalten wird durch eine Einordnung in zwei, höchstens drei Typenkonzepte zu wenig differenziert
35 erfasst. Häufig beziehen sich Typen nur auf extreme Ausprägungen von Verhaltensweisen. Personen im Mittelbereich lassen sich nicht einordnen bzw. nur verzerrt charakterisieren. Auch ist eine quantitativ abgestufte Erfassung des Verhaltens unmöglich.
40 • Aus diesen Gründen erscheint sowohl in der Forschung als auch in der alltäglichen Berufspraxis eine Erfassung des Lehrer-/Erzieherverhaltens mithilfe eines Bezugssystems von zwei quantitativ abgestuften Hauptdimensionen wesentlich günstiger; es ermöglicht größere Präzi-
45 sion, Objektivität und vor allem bessere Vergleichbarkeit.

Jedoch ist anzuerkennen, dass auch mithilfe der Typenkonzepte, dem früheren Stand der Forschung entsprechend, gewisse wertvolle Befunde gewonnen wurden, denen noch heute eine begrenzte Bedeutung zukommt. […]

Der folgende Text informiert über einige Voraussetzungen und Merkmale empirischer Forschungsmethoden.

Aufgaben

1. Erläutern Sie, welche Kritik R. und A. Tausch an den Typenkonzepten üben (M9).

2. Erörtern Sie Leistungen und Grenzen des Dimensionenkonzepts von R. und A. Tausch.

3. Vergleichen Sie die beiden Konzepte im Hinblick auf ihre Leistungen und Grenzen miteinander.

Zugang zu

Empirische Forschungsmethoden

Die Forschungen von Lewin u.a. erfolgten mithilfe „empirischer" Forschungsmethoden. Zu ihnen zählt man vor allem das Beobachten, das Befragen und das Experimentieren. Ziel dieses Forschungsansatzes ist es, systematisch Erfahrungen über die Wirklichkeit zu sammeln, um die Geltung von Aussagen über sie abzusichern, zu prüfen oder zu kritisieren.

Systematisch heißt: möglichst alle Aspekte des Forschungsprozesses werden bewusst gemacht, damit nachvollziehbar und kritisierbar. Das bezieht sich z. B. auf die Fragestellungen und Hypothesen, die eingesetzten Methoden, die theoretischen Annahmen, die die Entscheidungen über Auswahl des Gegenstandes, Fragestellung und Methoden leiten.

M10 Die empirischen Forschungs- methoden (Farsin Banki/ Friedrich Karl Rothe)

Empirisch (vom griechischen empeiria = Erfahrung) for-
schen heißt, unmittelbar auf die Erfahrung der sichtbaren,
mess- und zählbaren Fakten einer Situation oder eines
Geschehens zurückzugehen und daraus nachprüfbare
5 Gesetzlichkeiten abzuleiten.
Die empirische Forschung sieht ihr Vorbild in den exakten
Naturwissenschaften. Jahrhundertelang trachtete man
danach, die pädagogischen Tatbestände beobachtend,
verstehend oder philosophisch spekulierend in den Griff zu
10 bekommen. Da das stets nur unvollkommen gelang, wurde
in den letzten Jahrzehnten der Wunsch immer lauter, auch
die Erziehungswissenschaft solle sich naturwissenschaftli-
cher Methoden bedienen, um so zu exakteren Ergebnissen
zu gelangen. Als erste empirische Erhebungen können die
15 Schulstatistiken angesehen werden, die die Unterrichtsmi-
nisterien als Planungsunterlagen bereits im vergangenen
Jahrhundert erstellen ließen. In neuer Zeit begann man
dann beispielsweise Untersuchungen anzustellen über:
• die Wirksamkeit von Unterrichtsmethoden,
20 • die Arbeitsbelastung von Lehrern und Schülern,
• die soziale Herkunft der Schüler auf verschiedenen
  Schulstufen,
• die Durchfallquoten in den Schulen,
• die Zahl der Schüler und Studenten, die ihre Ausbildung
25 frühzeitig abbrechen.

Diese empirischen Untersuchungen mit ihrem genauen
Zahlenmaterial haben zu Ergebnissen geführt, die zu neu-
en bedeutenden Einsichten verhalfen und entscheidenden
Einfluss auf bildungspolitische Entscheidungen genommen
30 haben.
Wir […] wollen […] nun die einzelnen Schritte einer empirischen Untersuchung* an einem Beispiel aus der Verglei-
chenden Pädagogik skizzenhaft aufzeigen.
Das Thema der Untersuchung soll sein: „Mögliche Zusam-
35 menhänge zwischen Schulerziehung und Landflucht in
einem lateinamerikanischen Land."
Die Untersuchungsphasen könnten in diesem Fall wie folgt
aussehen:

1. Problemstellung
40 – Beobachtung oder Kenntnisnahme von „Landflucht –
Urbanisierung (Verstädterung) – Anwachsen der Groß-
stadtselendsviertel" – Frage: Welche Faktoren begünstigen
die festgestellte Landflucht?

2. Lösungshypothese
45 – Vermutung – Präzisierung der „Frage an die Wirklichkeit" – Formulierung einer Behauptung, die durch empirisch erhobene Fakten widerlegt (falsifiziert) oder bestätigt
(verifiziert) werden muss.
– Hypothese (Annahme): „Die Landflucht wird durch die
50 Schulerziehung begünstigt."

3. Forschungsplan
a) Daten sammeln und ordnen, Statistiken erstellen
Beispiele: Wie viele Personen sind weggezogen? Wann
sind besonders viele Personen gegangen? Mit welchen
55 Ereignissen hing das zusammen? Wie alt und welchen
Geschlechtes waren die Abwanderer? Wohin sind sie gezogen? Welche Schulbildung haben die Abwanderer?

b) Fragebogen und Strichlisten (check-lists) aufstellen,
austeilen und auswerten.
60 *Beispiele:* Warum sind sie fortgegangen? Wann haben sie
ihr Dorf verlassen? Wie alt waren sie damals? Kam ihnen
der Gedanke, in die Stadt zu ziehen, zuerst in der Schule?

c) Interview; informelle, d. h. nicht genau festgelegte
Fragen
65 *Beispiele:* Würden Sie gern zurückgehen, wenn sich im Dorf
einiges ändern würde? Haben Sie Ihre Schulbildung in der
Großstadt brauchen können? Wie denkt Ihre Mutter über
den Wegzug? Wie hat Ihr Vater reagiert?

d) Schätzskalen (rating scales): Eintragung erfasster Daten
70 in grafische oder numerische Skalen, die es ermöglichen,
eine differenzierte Aussage festzuhalten.
Beispiele:
Die Abwanderer würden:
gar nicht – ungern – gern – sehr gern
75 heimkehren. (Die zutreffende Antwort wird unterstrichen.)
Die Schulbildung von XY ist:
gering – ausreichend – mittelmäßig – gut – ausgezeichnet.

e) Protokolle von Beobachtungen, Zeitabläufen, Einzel-
schicksalen.
80 *Beispiele:* Die Lebensweise im Dorf Z. Die Lebensweise im
Großstadtslum U. Das Schicksal der Familie M in den Jahren 1965–1968. Der Tagesablauf der Frau B.

f) Tests
• subjektive Tests (Selbsteinschätzung)
85 *Beispiel:* Ein Schüler auf dem Land wird gefragt: Gesetzt
den Fall, du würdest in der Stadt ein Gehalt von x Dollar an-
geboten bekommen, würdest du dann dein Dorf verlassen?
• objektive Tests (Beurteilung von außen)
Beispiel: Die Leistung schulischer und beruflicher Art eines
90 in die Stadt Gewanderten wird geprüft und gemessen. […]

g) Experimente:
Beispiel: Anstelle der bisherigen abstrakten und dem Dorf-
kind wenig nützlichen dörflichen Schulerziehung wird eine
anders geartete „dorffreundliche" Schulerziehung einge-
95 richtet, d. h. ein Unterricht, der auf die aktuellen Bedürfnisse
der Dorfbewohner und insbesondere der Kinder ausgerichtet ist. Das Experiment kann zeigen, ob auch bei einer neu-
en besseren Erziehung die Zahl der Abwanderer gleich hoch
bleibt oder durch den Wandel der Schule rückläufig wird.

---

* In Anlehnung an die Ausführungen des niederländischen Forschers
  Gilbert de Landsheere in seinem Buch „Einführung in die pädagogische Forschung" Weinheim 1969

100 **4. Interpretation (Deutung und Einordnung) der erhobenen Daten**

Die in Ausführung des oben genannten Forschungsplans erhaltenen Ergebnisse sagen für sich alleine noch nichts Wesentliches aus. […] Wir müssen die Ergebnisse auf ihre
105 Bedeutung hin befragen und sie in die allgemeine Problemstellung einordnen. Dabei können wir uns von folgenden Fragen leiten lassen:

• Wird die von uns eingangs aufgestellte Hypothese durch die erhobenen Daten bestätigt oder widerlegt?
110 • Was bedeutet die neue Erkenntnis für die zukünftige Gestaltung der Erziehung?
• Wie lässt sich die neue Erkenntnis in unser bisheriges Wissen einordnen?
• Welchen Stellenwert nimmt sie ein?
115 *Beispiel:* Die Erhebung und die Interpretation der erhobenen Daten könnte (aber muss nicht!) zu folgender Erkenntnis führen:

Die gegenwärtige Schulerziehung auf dem Land begünstigt die Abwanderung der Bevölkerung in die Großstädte.
120 Dort führen die Abwanderer ein elendes Dasein. Wenn also die Landflucht vermieden werden soll, muss die Dorfschulerziehung geändert oder abgeschafft werden.

Wir haben oben den Ablauf einer empirischen Untersuchung skizzenartig und anhand eines Beispiels dargestellt.
125 Es ist wichtig, zum Abschluss dieser Darstellung noch

auf eine wichtige Tatsache hinzuweisen. Das empirisch gewonnene Untersuchungsergebnis, das durch die Interpretation zur Erkenntnis geworden ist, kann stets nur eine Entscheidungshilfe für unser Handeln darstellen, denn
130 es zeigt nur eine „wenn-dann"-Verbindung auf, stellt aber noch nicht die Entscheidung selbst dar. So muss z. B. die Entscheidung im oben angeführten Beispiel, also ob die Landflucht bejaht oder abgelehnt oder in Kauf genommen wird, außerhalb der Wissenschaft gefällt werden. Die Wis-
135 senschaft kann nur einen möglichen Zusammenhang zwischen Landflucht und Schulerziehung aufzeigen, die Entscheidung aber muss in eigener Verantwortung auf dem Hintergrund religiöser oder weltanschaulich moralischer Überzeugungen gefällt werden.

Aufgaben

1. Klären Sie unbekannte Begriffe (M 10).

2. Skizzieren Sie den Ablauf einer empirischen Untersuchung mithilfe eines anschaulichen Flussdiagramms.

3. Beziehen Sie das Schema auf die Forschungen von Lewin (M 6 , M 7).

3.3 Veränderungen und neue Schwierigkeiten

3.3.1 Veränderungen im Umgang mit Kindern und Jugendlichen

Die Erziehungsstilforschung hatte weitreichende Einflüsse auf die Diskussionen über das „richtige" erzieherische Verhalten von Lehrerinnen und Lehrern, von Erzieherinnen und Erziehern und insbesondere auch von Eltern. Sie trug zu einem Wertewandel in der Erziehung und zu veränderten erzieherischen Verhaltensweisen bei. Die folgenden Tabellen dokumentieren Ergebnisse von Befragungen über Erziehung, die im Jahre 2009 an Menschen verschiedener Altersstufen gerichtet wurden.

Generationen-Barometer 2009 **Andere Kindheitserfahrungen**	16- bis 29-Jährige %	30- bis 44-Jährige %	45- bis 59-Jährige %	60-Jährige und Ältere %
Ich hatte eine glückliche Kindheit	67	64	55	49
Ich habe von meinen Eltern viel Aufmerksamkeit bekommen	61	56	39	34
Meine Eltern waren immer sehr liebevoll zu mir	60	48	37	35
Meine Eltern haben respektiert, dass ich meine eigenen Bereiche hatte	64	51	35	25
Meine Eltern haben mir viel geboten	53	37	26	18
Meine Eltern haben meine Interessen stark gefördert	51	36	25	20
Ich wurde als Kind von meinen Eltern oft gelobt	49	41	24	19
Ich durfte schon als Kind vieles selbst entscheiden	43	28	26	15

Basis: Bundesrepublik Deutschland, Bevölkerung ab 16 Jahre
Quelle: Allensbacher Archiv, IfD-Umfrage 5256, Februar/März 2009
© IfD-Allensbach

Abb. 3.11: Andere Kindheitserfahrungen (1)

Generationen-Barometer 2009 **Andere Kindheitserfahrungen**	16- bis 29-Jährige %	30- bis 44-Jährige %	45- bis 59-Jährige %	60-Jährige und Ältere %
Für meine Eltern war es sehr wichtig, dass wir Kinder bei anderen Leuten einen guten Eindruck machten	42	55	68	66
Bei uns zu Hause war es nötig, dass ich als Kind richtig mithelfen musste	26	41	53	69
Ich bin ziemlich streng erzogen worden	23	34	50	64

Basis: Bundesrepublik Deutschland, Bevölkerung ab 16 Jahre
Quelle: Allensbacher Archiv, IfD-Umfrage 5256, Februar/März 2009
© IfD-Allensbach

Abb. 3.12: Andere Kindheitserfahrungen (2)

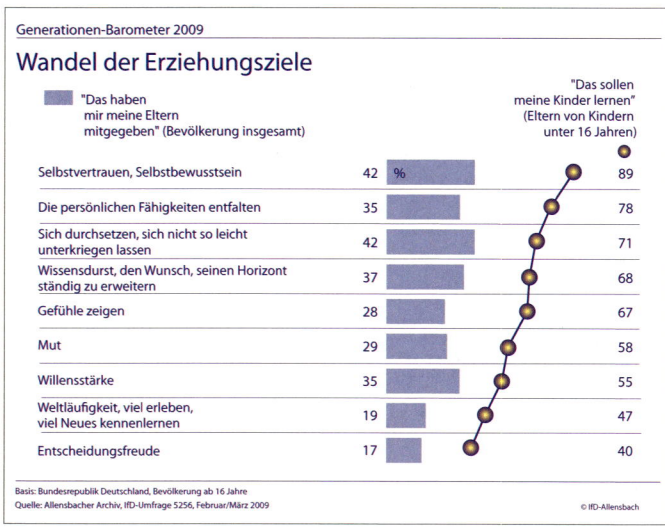

Abb. 3.13: Wandel der Erziehungsziele (1)

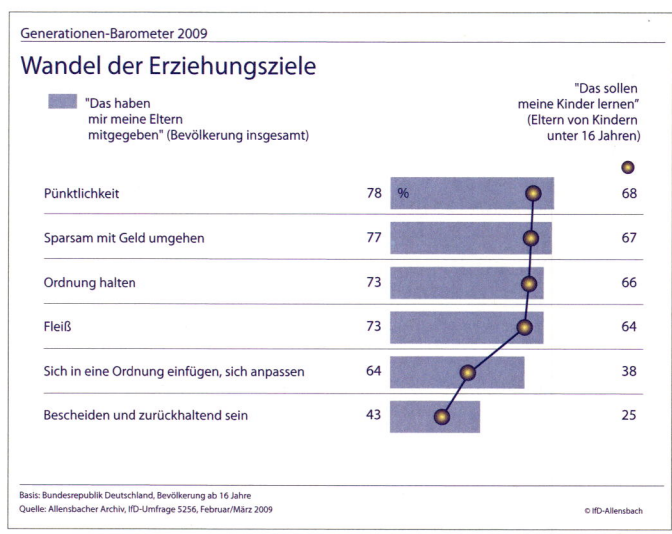

Abb. 3.14: Wandel der Erziehungsziele (2)

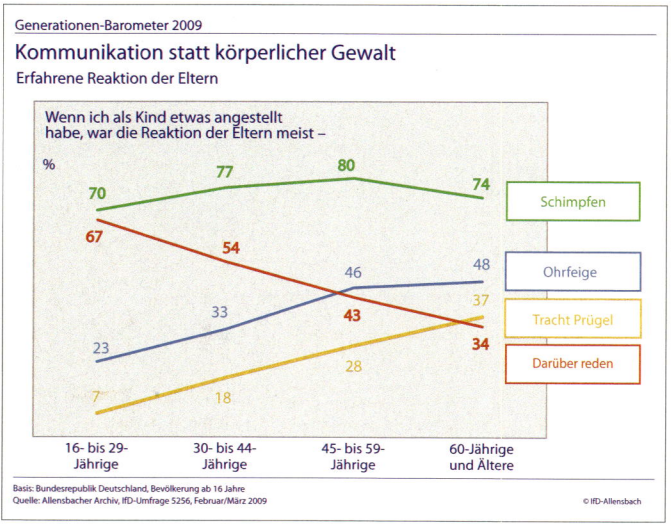

Abb. 3.15: Kommunikation statt körperlicher Gewalt

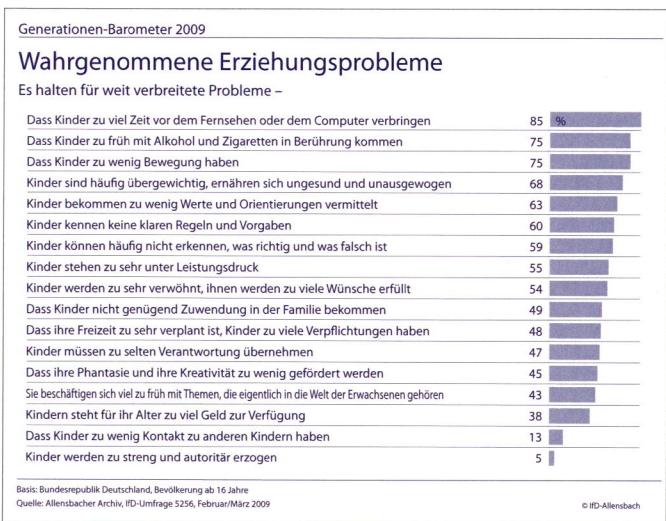

Abb. 3.16: Wahrgenommene Erziehungsprobleme

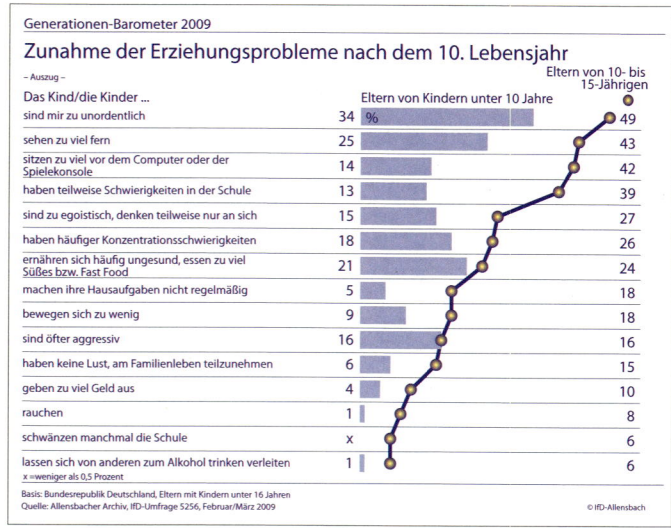

Abb. 3.17: Zunahme der Erziehungsprobleme

Aufgaben

1. Untersuchen, beschreiben, interpretieren und bewerten Sie die Tabellen und Schaubilder.

2. Stellen Sie Bezüge zu den Arbeitsergebnissen über Erziehungsstile her.

Zugang zu

Informationen aus Tabellen

Untersuchung der formalen Aspekte
- Wie lauten Thema, Überschrift und Untertitel der Tabelle?
- Wer ist der Verfasser?
- Welche Interessen verfolgt der Verfasser im Hinblick auf die in der Tabelle dargestellte Sache?
- Wer hat die dargestellten Daten erhoben? (Das muss nicht der Verfasser der Tabelle sein.)
- Aus welcher Quelle stammt das Material?
- Ist die Quelle als glaubwürdig (seriös, wissenschaftlich) einzuschätzen?
- Wann ist die Tabelle erschienen?
- Wann sind die in der Tabelle dargestellten Daten erhoben worden?
- Erfolgte die Datenerhebung nach wissenschaftlichen Grundsätzen und Verfahren?
- Aus welcher Zeit/aus welchen Jahren stammen die erhobenen Daten?
- Gibt es Anmerkungen/Erläuterungen zur Tabelle?

Beschreibung des dargebotenen Datenmaterials
- Welche Bedeutung haben die unbekannten Begriffe sowie die Abkürzungen (→ Lexikon, Wörterbuch)?
- Aus welchen Spalten besteht die Kopfzeile?
- Nach welchen Kriterien ist die Vorspalte (= Randspalte; in der Regel links) untergliedert?
- Welche Bezüge werden zwischen den Elementen der Kopfzeile und den Elementen der Randspalte hergestellt?
- Welche Beziehungen, Verläufe und/oder Entwicklungen werden dargestellt?
- Auf welchen Ort/Raum beziehen sich die Daten?
- Auf welche Zeit/welchen Zeitraum beziehen sich die Daten?
- Werden absolute Zahlen (die uneingeschränkt Mengen, Größen, Häufigkeiten angeben) verwendet?
- Oder werden relative Zahlen (die einen Zusammenhang zwischen einem Zahlenwert zu einer anderen Größe angeben) verwendet?
- Liegen z. B. aussagekräftige Prozentwerte vor?
- Gibt es Auffälligkeiten bei der Verteilung der Werte (Kontinuitäten, Diskontinuitäten, Abweichungen von der regelmäßigen Verteilung der Daten)?
- Gibt es darstellerische Mängel (z. B. im Hinblick auf Übersichtlichkeit)?
- Welche Hauptaussagen ergeben sich aus dem Material?
- Durch welche genauen Belege (Zeilenangaben!) im tabellarisch dargebotenen Datenmaterial können sie gestützt werden?
- Stimmen die Hauptaussagen mit der Überschrift überein?

Grafische Darstellung der Daten in der Tabelle
- Wie lässt sich das tabellarische Datenmaterial grafisch gestalten (Stab-, Balken-, Kreis-, Linien-, Flächen-, Flussdiagramm etc.)?

Interpretation der Daten
- Welche neuen Erkenntnisse sind zu gewinnen?
- Welche Kontinuitäten, Diskontinuitäten, Widersprüche lässt das Datenmaterial erkennen? Welche Entwicklungstrends gibt es?
- Wie lassen sie sich erklären?
- Welches Vorwissen lässt sich bestätigend, differenzierend, modifizierend zu den dargestellten Daten in Beziehung setzen?
- Welche Bezüge zu anderen Daten/Thesen/Theorien lassen sich herstellen?
- Welche privaten Meinungen/wissenschaftlichen Theorien lassen sich durch das Datenmaterial bestätigen? Welche werden widerlegt? Welche müssen verändert, erweitert, eingeschränkt werden?
- Welche möglichen Ursachen bzw. Folgen lassen sich aus den beschriebenen Aspekten/Entwicklungen/Widersprüchen ableiten?
- Wie können die vernetzten Interpretationen grafisch (Schaubild, Strukturdiagramm, Zeitleiste etc.) dargestellt werden?

Bewertung und Kritik der Tabellen und ihrer Interpretation
- Ist das Material logisch und widerspruchsfrei?
- Wird sachlich informiert oder versucht, den Leser der Tabelle zu manipulieren?
- Wo liegen die Aussagegrenzen des Materials?
- Welche Interpretationen beruhen auf Vermutungen?
- Welche weiteren empirischen Erhebungen müssten erfolgen, um zu wissenschaftlich abgesicherten Aussagen zu gelangen?

3.3.2 Neue Schwierigkeiten

Alle Befragungen und Beobachtungen zu Erziehungszielen und zu dem Verhalten von Erziehern weisen darauf hin, dass sich etwa seit den Sechzigerjahren des letzten Jahrhunderts viel geändert hat. Eltern und Erzieher behandeln Kinder und Jugendliche weniger autoritär, weniger unterdrückend, unbedingten Gehorsam einfordernd. Es wird weniger kontrolliert und geschlagen. Sind damit die Erziehungsschwierigkeiten verschwunden? Keineswegs. Vielfach praktizieren Eltern heute einen Erziehungsstil, den sie als „partnerschaftlich" oder „demokratisch" bezeichnen. Eltern sind in der jüngeren Vergangenheit und der Gegenwart gegenüber ihren Kindern zumeist tolerant und liberal eingestellt. Sie wollen Partner der Kinder sein. Die Gründe dafür liegen auch in vielfältigen gesellschaftlichen und kulturellen Veränderungen. So hat der leichte Zugang zu den Massenmedien das Heranwachsen von Kindern und Jugendlichen in den letzten Jahrzehnten verändert. Auch der Wandel der Rollen von Frauen und Männern in den Familien oder die Tatsache, dass es immer mehr Alleinerziehende oder sogenannte „Patchwork-Familien" gibt, haben Folgen für den Umgang mit Kindern und Jugendlichen.

Welche neuen Erziehungsschwierigkeiten lassen sich beobachten? Sie werden zunächst anhand von Fallbeispielen einige kennenlernen. Danach werden Sie ein neueres Konzept der Erziehungsstilforschung erarbeiten, das in aktuellen Erziehungsratgebern und in wissenschaftlichen Veröffentlichungen vorgestellt und in Elternkursen eingesetzt wird, um die aktuell beobachteten Erziehungsschwierigkeiten zu bearbeiten. Im Zentrum dieses Konzepts steht der „autoritative Erziehungsstil". Sie werden vor allem erkennen, wodurch er sich vom autoritären Erziehungsstil unterscheidet. Ihre Aufgabe wird es schließlich sein, kritisch zu prüfen, inwiefern der „autoritative Erziehungsstil" geeignet ist, erfolgreich die aktuell beobachteten Erziehungsschwierigkeiten zu vermeiden.

Abb. 3.18: Ich will aber nicht!

M11 Sven und der Chemiebaukasten (Michael Winterhoff)

Sven (10 Jahre) sitzt vor seinem Chemiebaukasten. Um ihn herum sind die Utensilien verteilt, er hat den gesamten Esstisch und vier der sechs Stühle beschlagnahmt. Auf einem Stuhl sitzt er, auf einem stehen seine Colaflasche und
5 sein Glas, die beiden anderen hat er mit Reagenzgläsern, Teststreifen etc. zugestellt.
Die Mutter hat Sven bereits vor 15 Minuten darauf aufmerksam gemacht, dass sie den Tisch für das Abendessen decken möchte. Sven hat nicht darauf reagiert.
10 Sie steht nun wieder vor dem Esstisch und sagt: „Sven, kannst du jetzt bitte deine Sachen wegräumen, ich möchte den Tisch decken. Es ist bereits 19.15 Uhr und du musst noch duschen."
Sven reagiert ungehalten: „Gleich. Siehst du nicht, dass ich
15 gerade etwas teste? Ich kann nicht einfach unterbrechen, weil du den Tisch decken willst." Verständnisvolle Frage der Mutter: „Was für einen Test machst du denn da gerade?" – „Das verstehst du ja doch nicht", murmelt Sven und wendet sich wieder seinem Mikroskop zu.
20 Svens Mutter geht daraufhin kommentarlos in die Küche und stellt alles auf der Anrichte bereit, was sie für das Abendessen benötigt. Ihre Freundin, die zu Besuch ist, findet Svens Verhalten unverschämt und fragt sie, warum sie sich ein solches Verhalten von einem Zehnjährigen bieten
25 lässt. Svens Mutter versteht jedoch nicht, was ihre Freundin meint. Sie empfindet das Verhalten ihres Sohnes nicht als unangemessen, sondern ist stolz auf seine Intelligenz.

M12 Manuel, der Partner (Michael Winterhoff)

Manuels Mutter hat Post vom Jugendamt bekommen. Diese liegt offen auf dem Esstisch, während Manuels Mutter sich mit einer Bekannten unterhält, die zum Kaffee zu Besuch gekommen ist. Während dieses Gesprächs der beiden
5 Frauen betritt Manuel den Raum, spricht seine Mutter an, um ihr zu sagen, er gehe nun nach draußen. Die Anwesenheit der Bekannten ignoriert er und nimmt sich gleichzeitig das Schreiben vom Amt, um es zu lesen.
Die Mutter möchte nun gerne wissen, wo ihr Sohn hinge-
10 hen will, und fragt ihn danach. Manuel jedoch überhört die Frage und kommentiert stattdessen den Inhalt des Schreibens. Als er sich schließlich anschickt, den Raum zu verlassen, ohne die Frage der Mutter nach seinem Ziel beantwortet zu haben, wiederholt diese die Frage. Erst jetzt,
15 sichtlich genervt, reagiert er mit einer unwirschen Antwort und verlässt schließlich den Raum, ohne die Türe zu schließen.
Während dieser ganzen Szene sitzt immer noch die Bekannte der Mutter im Zimmer, scheint jedoch vor allem für
20 Manuel gar nicht existent zu sein.

Interessant ist die Reaktion der Mutter, als sie auf das Verhalten ihres Sohnes angesprochen wird. Sie habe gar nicht registriert, dass Manuel ein an sie gerichtetes Schreiben gelesen habe, ohne sie um Erlaubnis zu fragen. Der Grund
25 ist schlicht, dass es häufig vorkommt, dass der Sohn die Post der Mutter öffnet, liest und auch noch kommentiert. Ohnehin, so die Mutter, bespräche sie oft wichtige Belange mit Manuel, empfinde ihn als „pfiffig" und habe das Gefühl, er „treffe oft den Nagel auf den Kopf".
30 Selbst das abweisende und unfreundliche Verhalten beim Verlassen des Zimmers und die Reaktion auf ihre Frage nach seinem Ziel kommen der Mutter nicht ungewöhnlich vor und stimmen sie nicht ärgerlich.
Gleichzeitig allerdings macht sie sich Sorgen um seine
35 nachlassenden schulischen Leistungen und beschwert sich, dass er sich hinsichtlich der Hausaufgaben von ihr gar nichts mehr sagen lasse.
Auf die Frage, wie sie ihr Verhältnis zu ihrem Sohn definieren würde, antwortet sie [...]: Der Umgang mit Manuel sei
40 „partnerschaftlich".

M13 Lena kann nicht verlieren (Klaus A. Schneewind/Beate Böhmert)

Lena und Tim spielen zusammen mit ihren Eltern „Mensch ärgere dich nicht". Die Mutter würfelt und Lena muss mit ansehen, dass ihre Spielfigur aus dem Spiel fliegt. Darüber ärgert sie sich. Nun ist Tim an der Reihe. Er würfelt eine
5 Sechs und verstärkt damit Lenas schlechte Laune. Als Tim zum zweiten Mal eine Sechs würfelt und damit zum Sieger der Spielrunde wird, reagiert Lena zunehmend gereizter. Es macht sie wütend, dass Tim anscheinend immer der Gewinner ist. Der genießt seinen Sieg und lässt dies seine
10 Schwester auch deutlich spüren, indem er sie triumphierend angrinst. Das ist zu viel für Lena. Mit einer vulgären Bemerkung zu Tim wischt sie die Spielfiguren vom Tisch und macht sich davon. Auf Zuruf der Eltern bleibt sie stehen. [...]
15 Lena hat sich auf demonstrative Weise vom gemeinsamen Brettspiel entfernt. Per Blickkontakt verständigen sich die Eltern kurz, was zu tun ist. Der Vater übernimmt den Fall und fordert Lena bestimmt aber freundlich auf, mit ihm auf ihr Zimmer zu gehen. Während die Mutter und Tim allein
20 weiterspielen, sitzen Vater und Tochter auf Lenas Bett und der Vater bringt mit klaren Worten seine Kritik an Lenas ordinärem Schimpfwort zum Ausdruck. Er erinnert sie an die bestehende Auszeit-Regel, die für unzulässige körperliche Aggressionen gilt, und weitet diese Regel nun auch
25 auf rüpelhaften Sprachgebrauch aus. Lena rechtfertigt sich, indem sie ihren Vater auf die Probe stellt. Zunächst erwidert sie, Tim würde dieselben Ausdrücke verwenden wie sie. Der Vater betont daraufhin ausdrücklich, dass die Auszeit-Regel natürlich auch für Tim gilt. Nun versucht
30 Lena mit einem anderen Einwand, ihr Verhalten zu verteidigen und verweist auf den Unterschied zwischen verbalen und körperlichen Aggressionen. Dieses Argument nutzt der Vater geschickt, um Lena klarzumachen, dass Worte

kränken können und dass seelische Kränkungen manchmal
35 schwerer heilen als körperliche Wunden. Dann bringt er die Sprache auf Tims Glückssträhne beim Würfeln und gewinnt dabei einen ersten Eindruck von Lenas verborgenen Problemen: für sie ist Tim immer der Sieger, sie selbst erlebt sich als Verliererin.

40 Als Lena verstummt, spürt der Vater, dass ihr noch etwas auf der Seele liegt. Behutsam fragt er nach und auf einmal bricht aus Lena heraus, was sie bedrückt: sie glaubt, dass ihr Bruder bevorzugt wird. Liebevoll nimmt sie der Vater nun in den Arm und versucht, ihr mit einer bildhaften
45 Umschreibung zu erklären, dass beide Eltern in ihrer Liebe zu ihr und ihrem Bruder keinen Unterschied machen. Lena bleibt skeptisch und stellt ihren Vater erneut auf die Probe, indem sie ihn daran erinnert, wie begeistert er von Tims Turnkünsten ist. Der Vater streitet dies nicht ab, zeigt
50 aber jetzt auf Lenas Bilder und bewundert im Einzelnen ihre kreativen Malideen. Nun endlich ist Lena überzeugt, dass die Sonne auch auf sie scheint und sie kuschelt sich zufrieden an ihren Vater. Er drückt sie herzlich an sich und überlässt ihr die Wahl, ob sie lieber weiterspielen oder in
55 ihrem Zimmer bleiben möchte. Lena entscheidet sich fürs Weiterspielen und beide gehen wieder ins Wohnzimmer zurück. Neugierig fragt Tim, was sie in Lenas Zimmer gemacht hätten, doch der Vater gibt das intime Zweiergespräch nicht preis und lenkt die Aufmerksamkeit auf ein
60 neues Spiel. Tims Glückssträhne ist offenbar vorbei. Lena gewinnt die Wahl ums erste Würfeln und beinahe wäre Tim ein Vulgärausdruck entschlüpft, doch er kann sich gerade noch bremsen. Lena jedenfalls ist begeistert wieder mit von der Partie.

Aufgaben

1. Geben Sie das Verhalten der beiden Mütter (M11 , M12) wieder und arbeiten Sie die Auswirkungen des jeweiligen Verhaltens heraus.

2. Bewerten Sie das elterliche Verhalten, indem Sie besonders berücksichtigen, dass beide Mütter partnerschaftlich erziehen wollen.

3. Erläutern Sie, inwieweit sich das Verhalten von Lenas Vater (M13) vom erzieherischen Verhalten der Eltern in den bisherigen Fallbeispielen unterscheidet. Versuchen Sie, so präzise wie möglich das „Andere" im Verhalten dieses Vaters zu erfassen.

4. Beurteilen Sie das erzieherische Verhalten des Vaters.

5. ▲ Erörtern Sie, warum Bücher, die erzieherisches Verhalten wie in diesen beiden Beispielen kritisieren, gegenwärtig besonders hohe Auflagen erreichen.

6. ▲ Entwerfen Sie für diese Eltern Perspektiven eines erzieherischen Handelns, in welchem sie nicht Gefahr laufen, sich zu häufig ihren Kindern unterwerfen zu müssen.

3.4 Autoritativer Erziehungsstil

In den folgenden beiden Texten (M14 , M15) wird der autoritative Erziehungsstil vorgestellt. Der Text M14 unterscheidet und bewertet vier elterliche Erziehungsstile. Im Text M15 wird der vom Autor U. Fuhrer bevorzugte autoritative Erziehungsstil weiter entfaltet.

3.4.1 Grundlegende Betrachtungen

M14 Der autoritative Erziehungsstil (Urs Fuhrer)

Urs Fuhrer, Professor für Entwicklungspsychologie und Pädagogische Psychologie, hat das Konzept der autoritativen Erziehung in einer differenzierten wissenschaftlichen Sichtweise beschrieben. Fuhrer fragt nach den pädagogischen Zielen und Aufgaben des Konzepts und bezieht wissenschaftliche Untersuchungen ein, die die Wirkungen der autoritativen Erziehung erforschen.

Abb. 3.19: Urs Fuhrer (* 1950)

Die Eltern als Erzieher. Eltern als Erzieher setzen bestimmte Handlungen ein, von denen sie mehr oder weniger überzeugt sind, dass sie im Hinblick auf ihre erzieherischen Absichten wirksam sind. Problematisch für Mütter und
5 Väter ist, dass sich viele Erziehungsvorstellungen aus der Vergangenheit als falsch erwiesen haben. Eine Pädagogik mit Zwang und Strenge hat ebenso wenig funktioniert wie eine mit völliger Freiheit, wie sie viele Eltern erlebt haben, die während der 1960er-Jahre aufgewachsen sind. Viele
10 Kinder wurden damals wie kleine Erwachsene behandelt. Sie durften tun und lassen, was sie wollten. Diese antiautoritären Eltern hatten die Hoffnung, ohne jede Einschränkung würden sich ihre Kinder wie von selbst zu reifen Persönlichkeiten entwickeln. Das hat sich leider als falsch
15 herausgestellt. Kinder sind nämlich keine kleinen Erwachsenen, denn sie müssen sich erst entwickeln und dafür müssen sie lernen und nochmals lernen. Dazu benötigen sie die Unterstützung durch Erwachsene.

- Sie brauchen vor allem Halt und Geborgenheit in der
20 Familie,
- sie brauchen klare Regeln und eindeutige Grenzen,
- gleichzeitig aber auch Freiräume und Freiheiten.
- Und sie brauchen das Gefühl, geliebt zu werden und wichtig zu sein.

25 Nur so können sie sich moralische Werte aneignen, selbstkompetent werden und schließlich eigenverantwortliche Entscheidungen treffen.

Vier Aspekte elterlichen Verhaltens. Berühmt geworden sind die Studien der amerikanischen Psychologin Diana
30 Baumrind [...]. In ihrer ersten Studie hatte sie Eltern von drei nach Persönlichkeitsmerkmalen und Sozialverhalten stark unterschiedliche Gruppen von Vorschulkindern verglichen. In die erste Gruppe wurden die kompetenten Kinder eingeordnet, die bei Beobachtungen und Interviews hohe
35 Werte in den Bereichen Selbstständigkeit, geistige und soziale Reife, Selbstvertrauen, Exploration, Freundlichkeit und Leistungsorientierung erreicht hatten (Muster 1). Mäßig selbstbewusste, aber unzufriedene, zurückgezogene und misstrauische Kinder (Muster 2) bildeten die zweite
40 Gruppe. Kinder mit geringen Werten für Selbstbewusstsein, Neugier und Selbstbeherrschung (Muster 3) kamen in die dritte Gruppe. Das Elternverhalten wurde mit verschiedenen Verfahren beurteilt, zu denen unter anderem Hausbesuche, Beobachtungen in vorstrukturierten Situationen
45 und Interviews gehörten. Bewertet wurden vier Aspekte des elterlichen Verhaltens (vgl. Abb. 3.21):

Kontrolle. Darunter fielen die elterlichen Bemühungen, das kindliche Handeln zu beeinflussen, und die Verinnerlichung elterlicher Standards zu fördern.

50 **Anforderungen an die Reife.** Vom Kind wird ein hohes intellektuelles, soziales oder emotionales Leistungsniveau erwartet.

Klarheit der Eltern-Kind-Kommunikation. Die Eltern wollen ihr Kind mit Argumenten zum Gehorsam erziehen und be-
55 rücksichtigen seine Meinungen und Gefühle.

Emotionale Zuwendung. Darunter fallen elterliche Verhaltensweisen, die sich durch Wärme (Liebe, Fürsorge und Mitgefühl) und Anteilnahme (Lob und Freude über die Leistungen des Kindes) auszeichnen.
60 Abbildung 3.20 zeigt, welche Prozentwerte die Eltern der drei Gruppen von Kindern in den vier Dimensionen der Kindererziehung erzielt hatten.

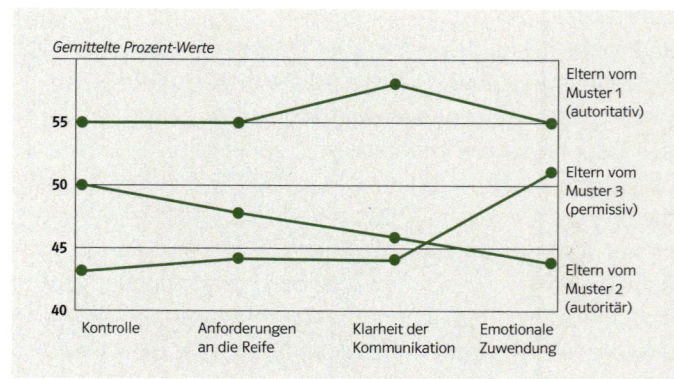

Abb. 3.20: Prozentwerte für die vier Aspekte elterlichen Verhaltens

Methode

Reziprokes Lesen

Um die folgenden Texte im Detail durchzuarbeiten und zu erschließen, können Sie die Methode des „Reziproken Lesens" (des wechselseitigen, abwechselnden Lesens) einsetzen.

Das funktioniert so:

1. Es arbeiten zwei, drei oder vier Kursteilnehmer zusammen. Zunächst stellen die Mitglieder der Gruppe Fragen an den Text und formulieren Erwartungen. Dabei gehen sie vor allem von den Überschriften aus.
2. Nun liest jeder leise einen zuvor festgelegten Abschnitt.
3. Danach stellt A Fragen zum Abschnitt, die B beantwortet. C und D können weitere Nachfragen zum vertieften Verständnis (z. B. der wichtigen Begriffe) stellen. C oder D überlegen dann, welche Informationen der Text im nächsten Abschnitt beinhalten könnte und müsste.
4. Die Erkenntnisse, aber auch die offen gebliebenen Fragen, können nun schriftlich festgehalten werden.
5. Im Anschluss daran wird der nächste Abschnitt nach dem gleichen Verfahren, aber mit verteilten Rollen gelesen. Mit ihrem Textverständnis, aber auch mit den Fragen geht die Gruppe dann in den Kursunterricht.

Die Eltern von reifen und kompetenten Kindern (Muster 1) hatten in allen vier Dimensionen hohe Werte. Sie waren im Vergleich zu den anderen Eltern warmherziger, liebevoller, unterstützender und stärker ihrer Elternrolle verpflichtet. Sie kannten die Persönlichkeitsmerkmale, Perspektiven, Interessen und Motive ihrer Kinder. Es gab keine Unklarheiten in der Eltern-Kind-Kommunikation, und sie förderten offene Gespräche über ihre Entscheidungen. Gleichzeitig kontrollierten sie die Kinder und blieben in der Regel konsequent bei ihrem Standpunkt, den sie klar begründen konnten. Sie respektierten aber auch das kindliche Streben nach Autonomie und die Meinungen des Kindes. Diese Kombination von emotionaler Wärme, konsequenter Kontrolle und positiver Förderung kindlicher Autonomie wird als *autoritativer Erziehungsstil* bezeichnet.

Bei Eltern von mäßig selbstbewussten und zurückgezogenen Kindern (Muster 2) war die rationale Kontrolle weniger ausgeprägt. Sie stützten sich stärker auf ihre Machtposition und setzten Disziplin mit Zwang durch. Ihr Verhalten gegenüber den Kindern war weniger stark von Wärme, Unterstützung, Liebe und Mitgefühl geprägt. Diskussionen über Entscheidungen und Vorschriften wurden ungern akzeptiert. Dieser Erziehungsstil, der von enger Kontrolle und Macht geprägt ist und den Schwerpunkt auf Werte wie Respekt vor Autorität, Fleiß, Gesetz und Ordnung legte, wird als *autoritärer Erziehungsstil* bezeichnet.

Die Eltern der am wenigsten reifen Kinder (Muster 3) waren warmherzig, permissiv (nachgiebig) und kontrollierten ihre Kinder kaum. Sie gingen nachlässig mit Strafen und Belohnungen um, stellten kaum Anforderungen an reifes Verhalten, erlaubten den Kindern, ihre eigenen Aktivitäten so weit wie möglich selbst zu regulieren, vermieden es, Macht auszuüben und bestanden nicht auf Gehorsam. Dieses Elternverhalten wird als permissiver oder nachgiebiger Erziehungsstil bezeichnet und erinnert an die Laisser-faire-Erziehung.

Als diese Kinder neun Jahre alt waren, wurde eine Nachfolgeuntersuchung durchgeführt […]. Im Zentrum des Interesses stand die Kombination der beiden Erziehungsdimensionen: Forderung/Kontrolle und emotionale Wärme.

Daraus wurden vier prototypische Erziehungsstile abgeleitet: autoritativ, autoritär, permissiv-verwöhnend und ablehnend-vernachlässigend (vgl. Abb. 3.21).

Forderungen/Kontrolle	Emotionale Wärme	
	akzeptierend, sensibel, kindzentriert	ablehnend, wenig sensibel, elternzentriert
fordernd kontrollierend	autoritativ, kommunikativ	autoritär, machtbetont
keine Anforderungen, geringe Kontrollen	permissiv nachgiebig	vernachlässigend, gleichgültig, unbeteiligt

Abb. 3.21: Klassifizierung von Erziehungsstilen

Die Konsequenzen der unterschiedlichen Erziehungsstile für die 9-Jährigen waren im Wesentlichen dieselben wie in der Vorschulzeit. Die positivsten Wirkungen hatte der autoritative Erziehungsstil. Die autoritativ erzogenen Kinder schnitten in den Bereichen soziale Kompetenz, Reaktionsbereitschaft und intellektuelle Leistungsfähigkeit am besten ab, waren leistungsorientierter und zielgerichteter als die Kinder aus den anderen Gruppen. Töchter autoritärer Eltern mit sehr hohen Anforderungen und geringer emotionaler Unterstützung konnten sich zwar sozial durchsetzen, wohingegen sich bei Töchtern permissiver und ablehnend vernachlässigender Eltern ein Mangel an sozialer Kompetenz zeigte, und bei den Söhnen ablehnender Eltern eine Tendenz zur Dominanz bei geringen Führungsqualitäten und sozialen Kompetenzen. […]

Aufgabe

1. Unterscheiden SIe zunächst genau nach dem Verständnis U. Fuhrers M 14:
   - Aspekte elterlichen Verhaltens (4)
   - Muster kindlichen Verhaltens (3)
   - Eriehungsstile (4)
2. Erläutern Sie den Zusammenhang zwischen Erziehungsstilen und Mustern kindlichen Verhaltens.

M15 Drei Dimensionen autoritativer Erziehung (Urs Fuhrer)

In den folgenden Abschnitten werden die drei grundlegenden Dimensionen einer autoritativen Erziehung detailliert dargestellt.

Dimension 1: Kindern Liebe und Wertschätzung geben

Kinder benötigen eine ganze Menge: Liebe, Anerkennung, Zuwendung, Sicherheit, Freunde, Freiräume, Verständnis, Geduld und Zeit. Diese Liste könnte beliebig verlängert werden. Aber für Eltern ist das kein Grund zur Sorge. Kin-
5 der brauchen nicht alles auf einmal, und sie wünschen sich auf keinen Fall Eltern, die sich dauernd unter Druck setzen, um ihren Kindern „etwas bieten" zu müssen. Eltern können ihren Kindern nur geben, was sie haben. Und meist reicht das auch. Vor allem brauchen Kinder die vielen materiel-
10 len Dinge nicht. So ist es doch vielfach so, dass Kinder zu wenig von dem haben, was sie wirklich brauchen, wenn sie zuviel von dem bekommen, was sie wollen. Kinder verkraften nämlich materielle Mängel besser als soziale und emotionale. So wünschen sich Kinder heutzutage am
15 meisten, noch vor Harry Potter und einem eigenen Handy, Liebe. […]

Kinder wollen nicht immer Zuneigung von ihren Eltern. Es kann auch Zeiten geben, wo Zuwendungen der Eltern von den Kindern gar nicht geschätzt werden. Denn Vorstel-
20 lungen von Nähe und Zärtlichkeit und Wünsche danach verändern sich im Laufe der kindlichen Entwicklung. Was für Babys gut ist, kann für Vorschulkinder unangemessen sein, was für diese wiederum passt, empfinden Jugendliche als unangebracht oder gar peinlich. Das können die auf-
25 gedrängten Umarmungen Verwandter sein, aber auch die mütterliche Forderung nach einem Gutenacht-Kuss oder der väterliche Wunsch, seinen Sohn auf dem Schulweg an die Hand zu nehmen. All das mag für Eltern irritierend, gar verletzend sein. Aber sie sollten die neue Zurückhaltung
30 ihrer Kinder respektieren, auch wenn ihr eigener Wunsch nach Nähe vielleicht darunter leidet. Letztendlich soll jedes Kind selbst darüber bestimmen können, wo es seine Gren-zen ziehen möchte. Wie viel Nähe, Zuneigung und Zärtlich-keit Kinder brauchen, lässt sich demnach auch nicht pau-
35 schal beantworten. Wenn Eltern ihre Kinder aufmerksam und feinfühlig begleiten, so werden Eltern meist spüren, was ihre Kinder benötigen. Das ist die beste Grundlage dafür, das rechte Maß an Nähe, Zuneigung und Zärtlichkeit zu finden. […]

Dimension 2: Kindern Grenzen setzen

40 **Kinder brauchen Freiheit und Freiraum, aber auch Gren-zen.** Kinder müssen wissen, wie weit sie gehen können, und sie wollen Grenzen. Zu viel Freiheit macht nämlich Angst und kann Kinder leicht überfordern. Doch Grenzen setzen bedeutet nicht, dass Kinder gegängelt werden.
45 Grenzen haben auch nichts mit autoritärer Erziehung, mit Härte, Strenge und Willkür zu tun. Zumindest ist das nicht der Fall, wenn die Grenzen von den Eltern liebevoll und richtig definiert sowie zum Wohle des Kindes gesetzt wer-den. Grenzen sind nämlich für Kinder in vielfacher Weise
50 notwendig: Sie schützen vor Gefahren, sie geben Halt und Orientierung, sie schützen andere davor, dass ihre Gefühle verletzt werden und sie stellen notwendige Reibungs-punkte dar, damit Kinder ihren Weg ins Erwachsenenleben finden lernen.

55 *Grenzen setzen* erfordert, dass Eltern ihre eigene Linie finden. Das bedingt auch Klarheit, Konsequenz und Stand-festigkeit. Gerade aus der verbreiteten Verunsicherung darüber, was angemessen und was unangemessen ist, ist oft unter Eltern eine große Hilflosigkeit zu beobachten. Aus
60 Angst davor, mit Kindern in Konflikte zu geraten oder gar die Liebe der Kinder zu verlieren, im Konkurrenzkampf mit anderen Eltern, was den Besitz von Spielzeug, Markenkla-motten, Handy oder Taschengeld betrifft, oder aus eigener leidvoller Erfahrung mit rigiden, unsinnigen und unange-
65 messenen Grenzen verlieren Eltern oft die nötige Überzeu-gung und vermeiden klare Grenzen da, wo sie angebracht und sinnvoll sind.

Die Bereitschaft, Grenzen zu setzen, und diese auch gegen den Widerstand der Kinder so zu setzen, wie sie Eltern
70 setzen, bedeutet für Eltern eben auch, sich mal bei den Kindern unbeliebt zu machen, deren Wut und Ärger auszu-halten. Zudem haben viele Eltern häufig das Gefühl dafür, was denn richtig oder nicht richtig ist, regelrecht verlernt, weil sie nicht selten auch in ihrer Persönlichkeit und in Fra-
75 gen der Gestaltung ihres Lebensweges verunsichert sind. Eltern müssen deshalb wieder lernen, ein Gespür dafür zu bekommen, was richtig ist. Dazu müssen sie ihrer eigenen erzieherischen Kompetenz vertrauen. Ein Kind, das die Regeln kennt und weiß, welche Konsequenzen ein Verstoß
80 hat, bekommt eine feste Orientierung vermittelt und fühlt sich letztendlich sicher und geborgen. Grenzenlosigkeit hingegen führt zu Unsicherheit. Erst wenn das Kind weiß, wo die Grenzen liegen, kann es sich gelassen dem Spiel, der Erkundung seiner Umwelt oder dem Treffen mit seiner
85 jugendlichen Clique hingeben. […]

Verhaltenskontrolle. Die erziehungspsychologische For-schung zeigt, dass Kinder, die selten oder nicht konsequent genug auf Grenzen aufmerksam gemacht werden, wo die elterliche Verhaltenskontrolle gering oder gar nicht
90 existiert, am meisten Verhaltensauffälligkeiten zeigen. Solche Kinder sind frech, sie schlagen, fluchen oder stellen auf andere Weise jeden in ihrer Umgebung auf eine harte Probe. Sie sind auf der Suche nach Grenzen oder nach einer Person, die ihnen die Verantwortung abnimmt, sich
95 die eigenen Grenzen selbst setzen zu müssen. So erweist sich die elterliche Verhaltenskontrolle durch das Setzen oder eben Unterlassen klarer Grenzen durch die Eltern

immer wieder als der bedeutsamste Erklärungsfaktor, um Problemverhaltensweisen, wie zum Beispiel Aggression
100 oder Gewalt, vorherzusagen […]. So bestätigt sich, dass eine elterliche Erziehung, die Kindern konsequent und beständig klare Grenzen setzt, diese vor der Ausübung sozial abweichendem und Normen verletzendem Verhalten schützt. Denn wenn Kinder zu viele Freiheiten haben, so
105 überfordert sie das. Ein Zuviel an Freiheiten wirkt auf ein Kind beängstigend. Deshalb ist nach der Liebe eine konsequente, aber flexible Verhaltenskontrolle für das Kind das Wertvollste, was Eltern ihrem Kind geben können.

• **Keine Regeln ohne Konsequenzen.** Wer Verhaltensregeln
110 aufstellt, der muss auch die positiven wie negativen Konsequenzen aufzeigen. Ansonsten fehlt sowohl der Anreiz, die Regeln zu beachten, als auch das Risiko, das mit einer Regelübertretung verbunden ist. Gäbe es keinerlei Konsequenzen, dann könnte man alle Regeln und Gren-
115 zen gleich abschaffen. […]
• **Inkonsequenz konsequent vermeiden.** Eltern sollten sich nicht scheuen, gegenüber ihren Kindern auch mal hart zu bleiben. Eine „positive Autorität" zeichnet sich nicht dadurch aus, dass Kinder in ein enges Regelwerk
120 gepresst werden. Vielmehr bedeutet sie, ihnen eine Orientierung entgegenzuhalten, an der sie sich festhalten und ihre Persönlichkeit weiterentwickeln können. Und dazu gehört Konsequenz. Wer als Eltern zaudert, schwach wird, dem Kind immer wieder nachgibt und
125 nicht konsequent auf der Einhaltung der aufgestellten Regeln beharrt, riskiert, laufend in Machtspielchen mit seinen Kindern verwickelt zu werden. Damit untergraben Kinder die elterliche Autorität und gleichzeitig schwächt eine permanente Nachgiebigkeit die kindliche
130 Entwicklung.
• **Umgang mit Regelverstößen.** […] Wer sich konsequent verhält, ist für Kinder berechenbar, gibt Orientierung und sorgt für Klarheit und Sicherheit. Wichtig ist dabei immer Herzenswärme, Liebe, Verständnis, Wertschät-
135 zung, Aufmerksamkeit und Unterstützung. In der Weise zeichnet sich eine autoritative Erziehung, die allgemein als die entwicklungsförderlichste Erziehung gilt […], dadurch aus, dass sie liebevolle Strenge mit fördernder, ermutigender Konsequenz verbindet. Aber wie sollen
140 sich Eltern verhalten, wenn Kinder die Regeln doch nicht einhalten? […]
• **Kinder nicht überwachen, aber informiert sein.** Es waren Steinberg und Mitarbeiter […], die das Konzept der Verhaltenskontrolle um einen weiteren Aspekt ergänz-
145 ten, den sie als Monitoring bezeichneten. Dabei kann darunter zum einen das Ausmaß verstanden werden, mit dem Eltern über Aktivitäten und Aufenthaltsorte ihrer Kinder Bescheid wissen. Zum anderen meint Monitoring all jene elterlichen Verhaltensweisen, die dazu dienen,
150 Kinder zu überwachen. Die erziehungspsychologische Forschung zeigt, dass nur informierendes Monitoring positiv auf die kindliche Entwicklung wirkt, wohingegen überwachendes Monitoring, das die kindliche Autonomie einschränkt, einer positiven Entwicklung, besonders dem
155 kindlichen Selbstvertrauen, abträglich ist.

Dimension 3:
Kinder im Streben nach Autonomie unterstützen

Die dritte Kerndimension eines autoritativen Erziehungsstils ist – neben emotionaler Wärme und klaren Regeln und Grenzen – die Gewährung von Eigenständigkeit und die Unterstützung des Strebens nach Selbstständigkeit.
160 Eine behütete Kindheit ist zwar etwas Wunderbares. Doch Eltern, die ängstlich und übervorsichtig sind und ihre Kinder in Watte packen, stecken die Grenzen so eng, dass ihr Nachwuchs bewusst klein, abhängig und unselbstständig gehalten wird. Mütter und Väter, die in der Weise ihre Kin-
165 der wie eifrige Glucken ständig überwachen, verhindern, dass Kinder ihre persönlichen Grenzen austesten, ihre ganz eigenen Erfahrungen machen und aus ihnen lernen können.

Derart werden kindliche Neugier, Wissensdurst und Bewe-
170 gungsdrang gehemmt. Die Zukunft verlangt jedoch von Kindern, dass sie in der Lage sind, ihren Lebensweg in einer neuartigen, sich permanent verändernden und unvorhersehbaren Lebenswelt zu finden. […] Selbstvertrauen, Selbstsicherheit, Selbstverantwortlichkeit und Selbstach-
175 tung bilden das Rückgrat eines jeden Menschen. […]

Abb. 3.22: Kinder unterstützen

Erziehung zwischen Festhalten und Loslassen. Zentraler Kern jeder guten Erziehung ist es, dass die Eltern im Laufe der kindlichen Entwicklung immer wieder von Neuem das richtige Verhältnis zwischen Pflege, Schutz, Behütung und
180 Fürsorge und der Förderung des fortwährenden Strebens der Kinder nach mehr Eigenständigkeit und Erwachsensein finden. Dabei stellt das „Loslassen der Kinder", das heißt die gelungene elterliche Förderung der wachsenden Autonomie der jugendlichen Kinder gegenüber ihren Eltern bei
185 gleichzeitiger Erhaltung der Bindung aneinander, kein einmaliges Ereignis dar […]. Vielmehr bildet die Ablösung von den Eltern einen Prozess, der aus vielen einzelnen und teils sehr schmerzhaften Entwicklungsschritten – für Kinder und Eltern – besteht. Dieses Loslassen darf nicht zu früh
190 erfolgen, Kinder dürfen nicht zu früh sich selbst überlassen werden, weil sie damit überfordert würden. So gilt es für

Eltern immer wieder, in der Erziehung die richtige Mitte zu finden zwischen einem übertriebenen Festhalten und einem abrupten Ausstoßen der jugendlichen Kinder. Dabei
195 dürfte vermutlich die Zeit der Pubertät, in der die jugendlichen Kinder von sich aus mit Nachdruck mehr emotionale Unabhängigkeit und Eigenständigkeit von ihren Eltern einfordern, eine besonders schwierige Phase sein […]. Wer seine Kinder nicht loslassen kann, der riskiert, dass sich
200 diese zu verunsicherten, ängstlichen Menschen entwickeln, die außerhalb der heimischen Versorgungsumwelt (z. B. mit den Bequemlichkeiten von „Hotel Mama") nur schwer zurechtkommen. […] Kinder, die sich vieles nicht trauen, die sich von anderen bedienen lassen oder lieber andere
205 vorlassen, die erstmal vorsichtig absichern, scheinen für unsere Leistungsgesellschaft ganz schlecht gerüstet. […]

Wie eine Erziehung zur Selbstständigkeit gelingen kann.
Die wichtigste Grundvoraussetzung für eine gelingende Selbstständigkeitserziehung bildet wiederum eine siche-
210 re emotionale Bindung zwischen Eltern und Kind. Dabei muss die Eltern-Kind-Beziehung beständig, aber im Laufe der kindlichen Entwicklung veränderungsfähig sein. Derart müssen Kinder in den allerersten Lebensjahren durch stabile liebevolle Zuwendungen der Eltern ein Urvertrauen
215 entwickeln können, das ihnen die Geborgenheit und Gewissheit vermittelt, dass die Eltern immer für sie da sind, sie versorgen, sie beschützen und sie trösten, wenn sie Kummer haben und sich nicht gut fühlen. Trost zu finden, sich geborgen und sicher zu fühlen, bilden die Vorausset-
220 zung dafür, dass Kinder loslassen, sich fremden Personen zuwenden und unbekannte Situationen aufsuchen. […] Bewähren sich die Kinder in diesen neuen Situationen, dann wächst das Vertrauen der Eltern und bei den Kindern nehmen Selbstvertrauen und -sicherheit zu. In der Weise
225 wächst das Vertrauen zwischen Eltern und Kindern, und das geschieht vor allem dann, wenn Eltern ihren Kindern auch in kritischen Situationen, bei Misserfolgen und Fehlschlägen beistehen, sie ermutigen und unterstützen. Allerdings vermögen nur jene Eltern ihre Kinder in der Weise zu
230 unterstützen, die ihre Kinder nicht als „kleine Erwachsene" sehen, sondern sie als Personen mit einer ihnen eigenen kindlichen Lebenswelt sowie als eigenständige Personen mit eigenen Bedürfnissen, mit eigenen Ausdrucks- und Handlungsformen anerkennen und ihnen gleichzeitig
235 erlauben, dass sie ihren eigenen Weg finden können und gehen müssen. Das gelingt aber nur, wenn die Eltern ihre eigenen Bedürfnisse, Interessen und sozialen Beziehungen nicht vernachlässigen, auch wenn die Erziehung der Kinder viel Zeit und Anstrengung kostet.

240 **Förderung der kindlichen Selbstregulationsfähigkeit.**
Heutige Kinder müssen auf ein wechselhaftes und unsicheres Leben eingestellt sein. Sie werden als Erwachsene, wie es heutzutage bei fast 50 Prozent der Großstädter bereits der Fall ist, von Scheidung betroffen sein, ihren Beruf
245 wechseln, in eine andere Stadt ziehen oder gar ihren Job verlieren. Sie müssen deshalb mit Blick auf ihre Zukunft flexibel sein. Das bedeutet nicht, ständig neue Dinge anzufangen und auf „allen Hochzeiten gleichzeitig zu tanzen".

Flexibilität bedeutet, sich auf Veränderungen einstellen zu
250 können, und dazu müssen Kinder in hohem Maße die Fähigkeit entwickeln, zu lernen, umzulernen und letztendlich müssen sie lernen, sich selbst zu helfen.

• **Selbstvertrauen schaffen durch Ermutigung.** Wer seinem Kind Selbstvertrauen schenken will, muss gar nicht so viel
255 tun. Kinder können aus eigenem Antrieb viel leisten und entwickeln dabei ein gutes Ich-Gefühl – wenn man sie nur lässt! Demgegenüber kann das Selbstvertrauen eines Kindes zerstört werden, indem man ihm ständig sagt, was es falsch macht, statt es zu ermutigen; es durch körperliche
260 und andere brutale Strafen gedemütigt wird; man sich nicht ausreichend um das Kind kümmert, ihm als Person und seinen Bemühungen zu wenig Beachtung schenkt, sodass es das Gefühl hat: ich bin uninteressant, unwichtig und nicht liebenswert; man das Kind ständig hochjubelt
265 und damit seine echten Leistungen herabwürdigt; man das Kind übermäßig behütet und bevormundet, ihm aus Angst wenig zutraut und erlaubt, ihm damit Gelegenheiten (und Chancen) nimmt, körperliche oder soziale Erfolgserlebnisse zu sammeln.

270 • **Aufgaben selbstständig lösen lernen.** Jedes Kind, und besonders das zurückhaltende, braucht viele Gelegenheiten, Aufgaben selbstständig zu erledigen. Der erlebte Erfolg festigt das Selbstvertrauen. Die Aufgaben dürfen jedoch das Kind nicht überfordern, weil das erst recht entmutigt.
275 […] Denn sich anstrengen und dann Erfolg haben, das macht Spaß. Wenn das Kind zur Erledigung einer Aufgabe mal länger braucht, dann sollen die Eltern nicht sofort eingreifen, sondern erstmal Geduld zeigen und unter Umständen durch kleine Hilfestellungen unnötigem Frust
280 vorbeugen. […]

Aufgaben

1. Sie können bei der Erschließung der Dimensionen (M 15) arbeitsteilig vorgehen:
   a) Jeder Kursteilnehmer wählt dazu eine Dimension aus und arbeitet mit einem anderen zusammen, der sich auch für den betreffenden Abschnitt entschieden hat.
   b) Stellen Sie danach Ihre Dimensionen mithilfe geeigneter Visualisierungen Ihren Mitschülerinnen und Mitschülern vor.

2. Der Text enthält Anforderungen einer autoritativen Erziehung. Konkretisieren Sie diese Anforderungen, indem Sie alltägliche Beispiele überlegen,
   a) wie Eltern Kindern Liebe und Zuwendung geben können,
   b) wie Eltern Grenzen richtig aufstellen.

3. Beurteilen Sie die von U. Fuhrer genannten Anforderungen einer autoritativen Erziehung.

3.4.2 Leistungen und Grenzen

Im letzten Teil dieses Kapitels finden Sie Fallbeispiele, populärwissenschaftliche und wissenschaftliche Texte, die geeignet sind, das Konzept der „Erziehungsstile", vor allem das des „autoritativen Erziehungsstils", zu vertiefen, anzuwenden und zu problematisieren.

M16 Tim und das Telefon (Klaus A. Schneewind/Beate Böhmert)

Die Mutter beobachtet, wie Tim den Hörer seines Plastiktelefons in gefährlicher Nähe zu einer Glasvase herumschleudert. Sie fordert ihn mehrfach auf, das zu unterlassen. Doch Tim macht ungerührt weiter. Schließlich nimmt
5 die Mutter ihm das Telefon ab und stellt es unter Tims heftigen Protesten nach oben auf ein Bücherregal, wo er es nicht mehr erreichen kann. Außer sich vor Wut greift Tim nun zu einem Kissen und schlägt auf seine Mutter ein. Gleichzeitig schreit er sie an und hört nicht auf, sie zu
10 beschimpfen. Die Mutter versucht, seinen Attacken auszuweichen und befiehlt ihm schließlich energisch, damit aufzuhören. […]

Als sie sich für einen Augenblick umwendet, fegt Tim mit Schwung den Becher mit Spielchips vom Tisch. Die Mutter
15 bleibt einigermaßen gelassen, aber Tim ist jetzt so erregt, dass er sich erneut das Kissen schnappt, auf die Mutter einprügelt und sie gleichzeitig beschimpft. Wieder geht die Mutter auf Augenhöhe und hält ihn an den Armen fest. Doch anders als zuvor fordert sie ihn jetzt mit entschiede-
20 ner Stimme auf, sich zu beruhigen. Diesmal hat sie mehr Erfolg, wie es zunächst scheint. Sie streicht Tim kurz über den Kopf, deutet auf die Spielchips, die zerstreut auf dem Boden liegen, und fordert ihn auf, alles mit Schaufel und Besen zusammenzukehren. Dazu drückt sie ihm einen klei-
25 nen Besen in die Hand, doch Tim lässt den Besen mit einer demonstrativen Geste fallen. Eine Herausforderung für die Mutter. Trotzdem lässt sie sich nicht provozieren, sondern entwickelt ganz spontan eine kreative Idee.
Sie schaut auf Tims Spieltelefon, behauptet, dass es klin-
30 gelt, geht zum Bücherregal, holt das Telefon herunter und hebt den Hörer ab. Der unbekannte Anrufer würde gern Tim sprechen, sagt die Mutter, und übergibt Tim aus diesem Grund das Telefon – und zwar genau das Telefon, das er zuvor so rigoros zurückhaben wollte und nun auf
35 so seltsame Weise wieder in Händen hält. Sie selbst greift zum nahen schnurlosen Telefon und übernimmt die Rolle des Telefondiensts aus dem Weltall, der Tim wichtige Nachrichten zukommen lassen will. Unter anderem die Nachricht, dass man ein Telefon nicht als Lasso benutzen
40 darf und dass es – falls diese Regel nicht beachtet wird – für zwei Tage im Universum verschwindet. Darüber hinaus erhält Tim auch die Aufforderung aus dem Weltraum, die verstreuten Spielchips auf dem Boden zusammenzukehren. Tim ist völlig verblüfft und geht tatsächlich auf die
45 Anordnungen aus dem Kosmos ein. Er legt das Telefon zur

Seite und beginnt, mit Kehrblech und Besen die Chips zusammenzufegen. Seine Mutter, die inzwischen ihre außerirdischen Telefondienste beendet hat, hilft ihm dabei. Ein dramatischer Wutanfall hat sich in Wohlgefallen aufgelöst.

M17 Tina beim Fernsehen (Klaus A. Schneewind/Beate Böhmert)

Tina ist fünfeinhalb und sie weiß, dass in ihrer Familie die Regel gilt: „Wenn die Mutter zum Essen ruft, heißt das: Aufhören zu spielen, Hände waschen und an den Essenstisch setzen." Tina sitzt vor dem Fernseher und schaut sich
5 einen Zeichentrickfilm an. Die Mutter ruft: „Tina, schalt' den Fernseher aus, wasch' deine Hände und komm' zum Essen." Tinas Antwort ist ein gedehntes „Gleich" und sie verbindet mit dieser vagen Zeitangabe die Hoffnung, noch ein bisschen länger vor dem Fernseher sitzen bleiben zu
10 können. Zugleich startet sie damit den Versuch, die Grenzen der „Zum-Essen-kommen-Regel" zu testen. Und wenn die Mutter nicht aufpasst, entwickelt sich daraus im Nu ein Grenzentestspiel, in dem Tina alle Register zieht, um ihre Mutter doch noch „rumzukriegen". Das kann ungefähr wie
15 folgt ablaufen:

(1) Mutter aus der Küche: „Tina, was hab ich gesagt? Komm' jetzt!" Tina: „Ja, Mama, gleich, ist gleich zu Ende."
Mutter: „Was heißt gleich? Ich möchte, dass du jetzt sofort kommst. Das Essen wird kalt."
20 Tina: „Ja ich weiß, aber das ist gerade so spannend."
Mutter (bewegt sich nun zum Fernseher): „Jetzt mach schon!"
Tina (mit einschmeichelnder Stimme): „Ach, Mama, nur das eine Mal, es dauert wirklich nicht mehr lang."
25 Mutter (in ärgerlichem Tonfall): „Jetzt reicht's. Mach' sofort den Fernseher aus, wasch' dir die Hände und komm'!"
Tina (mit leicht erpresserischem Ton): „Ich will das aber so gern zu Ende sehen. Ich hab' vorhin auch den Mülleimer ausgeleert."
30 Mutter (sichtlich immer mehr genervt): „Mach nicht so lange rum, komm jetzt endlich, sonst werd' ich ungemütlich."
Tina (mit leicht beschuldigendem Ton): „Die anderen Kinder aus dem Kindergarten dürfen zu Hause auch immer ihre Lieblingssendung zu Ende sehen; nur ich nicht."
35 Mutter (in gereiztem Tonfall): „Jetzt komm' mir bloß nicht mit dieser Nummer."
Tina (einen weiteren Treffer landend): „Und als du so klein warst wie ich, hat die Oma dich auch immer zu Ende gucken lassen."
40 Mutter (kopfschüttelnd): „Ich pack's nicht."

(2) Die Mutter geht zu Tina und stellt sich zwischen sie und den Fernseher. Dann sagt sie kurz und bündig: „Du kennst die Regel. Was habe ich gerade gesagt?" Wenn Tina antwortet: „Ich soll den Fernseher ausmachen, Hände
45 waschen und zum Essen kommen", hat die Mutter sich

vergewissert, dass ihre Aufforderung auch wirklich bei Tina angekommen war. Die Mutter kann dann antworten: „Genau!", dann den Fernseher ausschalten und schließlich sagen: „Und jetzt geht's erst mal zum Hände waschen." Sollte
50 Tina nicht antworten und die Regel „vergessen" haben, kann die Mutter zunächst die Regel wiederholen, dann den Fernseher ausschalten und den Weg zum Händewaschen weisen.

Aufgaben

1. Erörtern Sie, inwiefern man das Verhalten der Mutter (**M 16**) als gelungenes Beispiel einer autoritativen Erziehung deuten kann.

2. Es ist leicht ersichtlich, welche der beiden vorgestellten „Lösungen" die Autoren des Fallbeispiels (**M 17**) favorisieren.
   a) Fassen Sie das elterliche Verhalten und Tinas Reaktionen jeweils zusammen.
   b) Formulieren Sie aus Tinas Sicht jeweils eine Erwiderung an die Mutter.
   c) Erörtern Sie, ob Sie den Ausgang der Konfliktsituation in zumindest einem der Fälle für befriedigend halten.

M 18 „Siegen" als Erziehungsziel (Interview von Philip Bethge)

Zu Beginn des Jahres 2011 erschien in Deutschland das Buch der chinesisch-amerikanischen Professorin Amy Chua mit dem
5 provozierenden Titel **„Die Mutter des Erfolgs. Wie ich meinen Kindern das Siegen beibrachte"**. Das Buch hat schon in den USA heftige Kontroversen ausgelöst. Unterdes-
10 sen hat die Autorin erläutert, manche Aussagen im Buch seien ironisch intendiert gewesen. Insofern revidiert sie zumindest teilweise ihre Ansprüche. Dennoch hält sie
15 konsequent an ihrer Forderung einer „straffen" Erziehung fest. In einem Interview erläutert und rechtfertigt sie ihre Thesen.

Abb. 3.23: Die Mutter des Erfolgs

SPIEGEL: Frau Chua, Ihre Töchter Sophia und Louisa durf-
20 ten nie bei Freunden übernachten, nie Freunde mit nach Hause bringen und sich nie ihre Hobbys selbst aussuchen. Werden Sie von Ihren Kindern gehasst?
Chua: Ich hoffe nicht! Mir war es wichtig, dass Sophia und Lulu fließend Mandarin und Englisch lernen und dass sie
25 nur Einsen nach Hause bringen. Sophia konnte mit 18 Monaten das Alphabet. Während andere Kinder lernten, von eins bis zehn zu zählen, habe ich ihr die Grundrechenarten und Dezimalzahlen beigebracht. Als sie drei war, las sie Sartre. Natürlich wollte ich, dass meine Kinder Hobbys
30 haben – aber nicht so etwas wie Handarbeit, die zu nichts führt, sondern etwas Sinnvolles und Schwieriges, mit Potenzial für Tiefe und Virtuosität.
SPIEGEL: Sie verlangten, dass Sophia Klavier lernt und „Lulu" Geige. Klassische Musik sei „das Gegenteil von
35 Niedergang, Trägheit und Verwöhntheit", schreiben Sie in Ihrem soeben erschienenen Erziehungstagebuch. Ist das Ihre Kritik an der Kuschelpädagogik westlicher Eltern?
Chua: Ich habe nicht die Absicht, andere Leute zu belehren. Allerdings glaube ich durchaus, dass westliche Eltern
40 die Dinge manchmal zu leicht nehmen. Sie können einem Sechsjährigen nicht sagen: „Geh heute mal deinen Leidenschaften nach; ich möchte nur, dass du glücklich bist." Das ist zu romantisch. Natürlich hofft jede Mutter, dass das Kind dann die Flöte in die Hand nimmt oder Gedichte
45 schreibt. Aber ich glaube, es wird sich einfach vor den Fernseher setzen oder Computerspiele spielen.
SPIEGEL: „Oh mein Gott, du wirst schlechter und schlechter", haben Sie Sophia einmal beim Klavierüben gesagt, „wenn das beim nächsten Mal nicht perfekt ist, nehme ich
50 dir sämtliche Stofftiere weg und verbrenne sie." Für solche Methoden, Kinder auf Linie zu bringen, werden Sie derzeit in den USA angefeindet.
Chua: Rückblickend mag das Coaching etwas extrem gewesen sein. Andererseits war es effektiv. Mit neun gewann
55 Sophia ihren ersten Klavierwettbewerb.
SPIEGEL: Später spielte sie sogar einmal in der Carnegie Hall in New York …
Chua: Und sie liebte es! Nichts macht Spaß, wenn man nicht gut darin ist. Und dafür muss man hart arbeiten.
60 Doch Kinder wollen von sich selbst aus niemals arbeiten. Darum ist es entscheidend, sich über ihre Vorlieben hinwegzusetzen. Das erfordert Strenge, denn das Kind wird sich widersetzen.
SPIEGEL: Erläutern Sie doch einmal die Rezepte chinesi-
65 scher Elternschaft.
Chua: Liebe und Zuhören, immer jedoch gepaart mit hohen Erwartungen. Chinesische Eltern drillen ihre Kinder jeden Tag. Wenn das Kind keine perfekten Noten nach Hause bringt, hat es einfach nicht hart genug gearbeitet. Westli-
70 che Eltern werden ihr Kind für eine Eins minus loben. Die chinesische Mutter jedoch wird nach Luft schnappen und fragen, was falschgelaufen ist.
SPIEGEL: Warum kann sie sich nicht einfach über eine gute Note freuen?
75 **Chua:** Weil es beim chinesischen Erziehungsstil darum geht, das Beste aus seinem Kind herauszuholen. Es geht darum, an sein Kind zu glauben, und zwar mehr als jeder andere. Hartnäckiges Üben ist ausschlaggebend für Spitzenleistungen. Der Effekt sturer Wiederholung wird in der
80 westlichen Welt weit unterschätzt. Westliche Eltern geben zu früh auf.
SPIEGEL: In einer Szene Ihres Buchs weigert sich Lulu, ein Klavierstück zu üben. Sie drohten Lulu daraufhin, ihr Puppenhaus der Heilsarmee zu spenden und ihre Geburts-

85 tagsparty für mehrere Jahre ausfallen zu lassen. Schließlich üben Sie mit ihr bis spät in die Nacht und lassen sie dabei nicht einmal auf die Toilette gehen. Das klingt fast nach Folter.

Chua: Ja, ich weiß. Es ist lustig, wie die Leute das überhö-
90 hen. Sie sagen: „Oh mein Gott, das ist wie Guantanamo Bay!" In Wahrheit ist diese Episode ein gutes Beispiel dafür, dass Zwang funktioniert. Denn nach all dem Kämpfen fing Lulu plötzlich an, das Stück fehlerfrei zu spielen. Dann strahlte sie und sagte: „Mama, guck, es ist ganz einfach."

95 **SPIEGEL:** Sie kommen aus einer traditionellen chinesischen Einwandererfamilie und wurden offenbar ähnlich erzogen. Einmal hat Ihr Vater sie sogar als „Müll" beschimpft.

Chua: Mein Vater hat mich ein einziges Mal so genannt. Und ich weiß genau, warum. Meine Mutter hatte etwas zu
100 mir gesagt, und ich antwortete: „Halt dein Maul. Ich hasse dich!" Da griff mein Vater ein. Was er wirklich meinte, war: „Schande über dich, dass du so mit deiner Mutter sprichst." Und er hatte recht. Mit meiner Tochter Sophia habe ich Ähnliches erlebt. Ich nannte sie nur ein einziges Mal
105 „Müll" – weil sie mich beleidigt hatte.

SPIEGEL: Sie sagen, das Buch sei eigentlich eine Liebes-geschichte. Wie können Sie von Liebe sprechen, wenn Sie Ihre Kinder den ganzen Tag maßregeln und drillen?

Chua: Ich bin mir sicher, dass meine Kinder zu jeder Zeit
110 wussten, dass ich sie liebe. Die Botschaft an die Kinder darf natürlich nicht lauten: „Wenn du keine Eins nach Hause bringst, liebe ich dich nicht mehr." Die Botschaft muss lau-ten: „Du kannst eine Eins bekommen, weil du ein starkes, schlaues Kind bist." Wenn ein Kind in der Mathematik oder
115 beim Klavierspielen richtig gut ist, bekommt es Anerken-nung. Daraus entsteht Befriedigung – und schließlich Glück.

SPIEGEL: Glauben Sie wirklich, dass Glück nur von schuli-schen Leistungen abhängt?

Chua: Ich halte nichts davon, dem Kind immer wieder zu
120 sagen: „Du bist perfekt, mach dir keine Sorgen", ohne dass es wirklich etwas leistet. Irgendwann nämlich müssen Kin-der in der richtigen Welt klarkommen. [...]

SPIEGEL: Zu hohe Erwartungen können aber auch große psychische Schäden anrichten. Die Selbstmordrate bei
125 asiatisch-amerikanischen jungen Frauen ist überdurch-schnittlich hoch.

Abb. 3.25: Kinder im Sommerlager in Yichang in China

Chua: Wenn das stimmt, ist das natürlich tragisch. Aber mir erscheint das doch sehr anekdotisch. Ich werde von allen Seiten mit solchen Statistiken bombardiert, und ich würde
130 wirklich gern handfeste Daten sehen. Ich glaube nicht, dass westliche Kinder glücklicher sind als asiatische. Gut möglich, dass sogar das Gegenteil der Fall ist. Allerdings ist es natürlich furchtbar, Kinder so unter Druck zu setzen, dass sie die Last nicht mehr tragen können.

135 **SPIEGEL:** Haben Sie selbst auf Ihre Kinder zu viel Druck ausgeübt? Ihre Tochter probte den Aufstand, als sie 13 war ...

Chua: ... ja, dieses Temperament und diese Scharfzüngig-keit hat sie von mir geerbt (lacht).

140 **SPIEGEL:** Sie saßen in einem Restaurant in Moskau und wurden wütend, weil Lulu den Kaviar nicht probieren woll-te.

Chua: Sie schrie: „Ich hasse dich; du bist eine schreckliche Mutter; ich hasse mein Leben; ich hasse die Geige." Und es
145 fühlte sich plötzlich so an, als würde alles auseinanderfal-len. Ich fragte mich: „Habe ich alles falsch gemacht? Werde ich meine Tochter verlieren?" Ich stand auf und rannte davon. Ich heulte Rotz und Wasser. Schließlich kehrte ich zurück und sagte: „Lulu, du hast gewonnen; es ist vorbei;
150 wir geben die Geige auf."

SPIEGEL: Lulu begann dann mit Tennis.

Chua: Ja. Das war schmerzhaft. Wer erst mit 13 anfängt, wird keine großartige Tennisspielerin mehr. Aber ich wuss-te, dass es das Richtige für sie war. Toll finde ich, dass ihr
155 Trainer von ihrer Arbeitsethik schwärmt. „Sie gibt nie auf", sagt er. Sie kämpft. Sie drillt sich selbst.

SPIEGEL: Viele westliche Bildungsforscher gehen davon aus, dass Drill die Kreativität tötet. Als wichtiger gilt es, spielerisch die Fantasie der Kinder zu fördern.

160 **Chua:** Auch ich lege viel Wert auf Kreativität. Doch statt meine Kinder mit Holz spielen zu lassen, setze ich sie lieber den unterschiedlichsten Kulturen und Ideen aus. Wir reisen viel. Wir gehen in Museen.

SPIEGEL: In den USA hat Ihr Buch wütende Proteste ausge-
165 löst. Sie werden als Monstermutter beschimpft.

Abb. 3.24: Jugendliche im Sommerlager in Yichang in China

Chua: Ja. Ich wusste natürlich, dass mein Buch provozieren würde. Aber was jetzt passiert, ist surreal. Die Leute realisieren nicht, dass das Buch die Reise einer Mutter beschreibt. Am Ende stelle ich komplett infrage, wie ich
170 meine Kinder anfangs erzogen habe. Ich vermute, dass die Sache auch eine geopolitische Dimension hat. Shanghai hat ja gerade überragend in der Pisa-Studie abgeschnitten. Die Dominanz der Chinesen macht vielen Menschen im Westen Angst.
175 **SPIEGEL:** Sie sagen, Sie seien mittlerweile viel westlicher geworden. Dürfen Ihre Töchter inzwischen bei Freunden übernachten?
Chua: Ich verrate Ihnen ein Geheimnis: Zufällig ist genau heute Lulus 15. Geburtstag. Und wissen Sie was? Am Samstag
180 haben sieben ihrer Freundinnen bei uns übernachtet.

Aufgaben

1. Erarbeiten Sie, wie A. Chua ihr erzieherisches Verhalten gegenüber ihren Töchtern rechtfertigt (M 18).

2. Prüfen Sie, ob bzw. inwieweit Sie ihre Argumente für legitim halten.

3. A. Chua lebt ein Leben zwischen zwei Kulturen. Sie ist als Chinesin geboren, hat aber in den USA sehr erfolgreich Karriere gemacht. Untersuchen Sie, wie A. Chua chinesische, asiatische und westliche Wertvorstellungen beschreibt und bewertet.

4. ▲ Überlegen Sie, ob erzieherische Ziele kulturübergreifend möglich oder sinnvoll wären.

M19 Erziehungsstil – ein westliches Konzept? (Siegfried Hoppe-Graf)

Angewandt auf das Thema Erziehungsstile liegt […] die Frage nahe, ob die autoritative Erziehung auch in anderen Kulturen als dem westlichen Kulturkreis verbreitet ist und, wenn ja, ob sie dort gleichermaßen überlegen ist.
5 Am Beispiel der chinesisch-stämmigen US-amerikanischen Eltern hat Chao […] mit überzeugenden Argumenten die Angemessenheit der auf Baumrind zurückgehenden Taxonomie der Erziehungsstile und insbesondere der autoritären Erziehung bestritten. […]
10 Chao verweist darauf, dass die Übertragung der kulturell unangemessenen Erziehungsstile zu einem Widerspruch geführt hat. Dies lässt sich am Beispiel einer Studie von Dornbusch et al. […] veranschaulichen. Dornbusch et al. baten Schüler, die die amerikanische Highschool be-
15 suchten, den Erziehungsstil ihrer Eltern als autoritativ, autoritär oder permissiv einzustufen. Schüler asiatischer Herkunft stuften ihre Eltern als autoritärer (etwa im Sinne des Einforderns unbedingten Gehorsams) und als weniger au-

toritativ ein, verglichen mit den Mitschülern europäischer
20 Herkunft. Aber wiederum im Vergleich zu den europäisch-stämmigen Mitschülern schnitten die autoritär erzogenen chinesischen Schüler jedoch keinesfalls schlechter in der Schule ab.

Die Auflösung dieses Widerspruchs besteht darin, den kul-
25 turellen Hintergrund der Erziehung chinesischer Schüler zu berücksichtigen. Kontrolle und Gehorsam haben, im Rahmen des konfuzianischen Wertesystems, für Familien aus Ostasien eine völlig andere Bedeutung als im Westen. Genauer gesagt: Sie haben für Eltern und Kinder eine
30 andere Bedeutung […]. Diese Verhaltensprinzipien sind eingebettet in die konfuzianischen Werte des Anstands und der Dankbarkeit des Kindes gegenüber den Eltern, und sie werden von frühester Kindheit an in einer Vielzahl von kulturellen Routinen vermittelt […].
35 Die klare Unterscheidung von autoritativer und autoritärer Erziehung lässt sich also offenkundig nicht auf den ostasiatischen Kulturkreis übertragen. Viel angemessener wäre es, für die Beschreibung elterlicher Erziehung einen Erziehungsstil einzuführen, der sich in westlichen Begriffen am
40 ehesten als Schulung („training") bezeichnen ließe. Er entspricht konfuzianischen Idealen und ist durch harte Arbeit, Selbstdisziplin und Gehorsam gekennzeichnet […].

Aufgaben

1. Gehen Sie von der Befragung von Schülerinnen und Schülern zu den elterlichen Erziehungsstilen aus, die im Text (M 19) referiert wird.
   a) Was wurde gefragt?
   b) Welche Ergebnisse gab es?

2. Welche These soll mit dieser Untersuchung belegt werden?

3. ▲ Erörtern Sie die Schlussfolgerungen des Autors kritisch. Ist es gerechtfertigt, wenn Kulturen ihre spezifischen Erziehungsstile pflegen? Muss das nicht zur Rechtfertigung von Unterdrückung und Gewalt gegen Kinder führen? Oder ist die Bevorzugung der autoritativen Erziehung ein Versuch, anderen Kulturen westliche Maßstäbe aufzuzwingen?

M 20 Verweigerte Erziehung – Teil 2 (Heike Schmoll)

Ein für jedes Kind gleichermaßen angemessenes Erziehungsrezept gibt es nicht. Vor allem gibt es keine Erziehung, die sich abgelöst von Inhalten vollziehen ließe. Wenn Kinder nicht verstehen, dass sich in der äußeren Ordnung, in der sorgfältigen Formulierung auch das klare Denken widerspiegelt, bleiben alle Appelle an mehr Disziplin nutzlos. Eltern, die sich wirklich Zeit für ihre Kinder nehmen, können sich mit großer Sicherheit auf ihre Intuition verlassen, wenn sie mit sich selbst im Reinen sind. Ihrer Vorbildfunktion können sie wesentlich mehr zutrauen. Das beiläufig Vorgelebte wirkt mehr als alles Diktierte. Von Eltern gesetzte Grenzen machen Kindern Mut, ihre eigenen Grenzen wahrzunehmen. Diese Aufgaben können Lehrer unterstützen, aber niemals alleine bewältigen.

Aufgaben

1. Erläutern Sie H. Schmolls Thesen (M 20), dass es „ein für jedes Kind gleichermaßen angemessenes Erziehungsrezept" nicht gibt und dass es keine Erziehung gibt, die „losgelöst von Inhalten" realisiert werden könnte.

2. ▲ Beurteilen Sie vor dem Hintergrund der in diesem Kapitel erarbeiteten Einsichten die Thesen von H. Schmoll kritisch.

Fragen und Anregungen zum Abschluss

1. Erörtern Sie, inwiefern die erarbeiteten Erziehungsstile geeignet sind, die im letzten Kapitel aufgezeigten Herausforderungen für Erziehung unter den heutigen Bedingungen zu bewältigen.

2. Überlegen Sie dann, welchen Sinn die neu erarbeiteten Erkenntnisse für Sie selbst haben bzw. haben können. Orientieren Sie sich an folgenden Fragen:
   • Inwiefern verändert das neue Wissen und Können Ihre Sicht auf pädagogisches Handeln?
   • Welchen Wert hat dieses Wissen und Können für die Gestaltung einer menschenwürdigen Erziehung?
   • Gibt es gegenwärtige Situationen, zu deren Bewältigung sie nützlich sein können?
   • Kann Ihnen das neu erworbene Wissen und Können in Zukunft helfen?
   • Welchen Zweck kann es für Sie erfüllen?

3. Reflektieren Sie zum Abschluss Ihren Lernprozess in diesem Kapitel. Dabei können Ihnen die folgenden Fragen helfen:
   • Welche Zugänge zu den Themen haben Sie gewählt?
   • Welche besonderen Schwierigkeiten mussten Sie überwinden?
   • Welche Lernschritte sind Ihnen leichtgefallen?
   • Welche Methoden haben Sie bei der Lösung der Aufgaben eingesetzt?
   • Welche Erleichterungen und welche Schwierigkeiten gab es bei der Zusammenarbeit mit anderen Kursteilnehmern?
   • Was würden Sie beibehalten, was ändern, wenn Sie die Aufgaben dieses Kapitels erneut bearbeiten müssten?

4. Welche Formen erzieherischen Handelns gibt es?

Sie haben in den letzten Kapiteln die Herausforderungen kennengelernt, denen sich heute jeder stellen muss, der erzieht. Wir leben in einer unübersichtlichen, sich schnell verändernden sozialen Welt, in der jeder Heranwachsende seine Bestimmung selber finden muss. Wie geht man also so mit Kindern und Jugendlichen um, dass sie lernen, sich selbst zu bestimmen? Wie kann man erreichen, dass ihre Selbstbestimmung nicht auf Kosten anderer betrieben wird, dass sie sozial verantwortet wird? Wie kann man sie dabei unterstützen, die Anforderungen einer sich schnell und nicht vorhersehbar entwickelnden Gesellschaft zu bewältigen?

Sie sind diesen Fragen bereits bei der Arbeit an den Erziehungsstilen nachgegangen. Erziehungsstile sind Muster von elterlichen Einstellungen, Handlungsweisen und Ausdrucksformen, die die Art der Interaktion der Eltern mit ihrem Kind über eine Vielzahl von Situationen kennzeichnen.

In diesem Kapitel erfolgt nun ein weiterer Schritt. Sie werden einige dieser erzieherischen Handlungsweisen genauer kennenlernen. Man bezeichnet sie auch als „Formen", „Wege" oder „Verfahren" pädagogischen Handelns. Sie treten in ganz unterschiedlichen Situationen auf, bei Kindern und Jugendlichen verschiedener Altersstufen, sozialer und kultureller Herkunft. Von „Form" spricht man in diesem Zusammenhang, um das Gemeinsame herauszustellen.

Das Problem ist: Lassen sich erzieherische Formen bestimmen, die wirklich geeignet sind, angesichts der heutigen gesellschaftlichen Herausforderungen die Aufgaben von Erziehung erfüllen zu helfen? Kann man mit Blick auf bestimmte erzieherische Formen sagen, dass sie pädagogisch sinnvoll sind? Behalten Sie diese Fragen während der Arbeit an den Texten und Aufgaben dieses Kapitels und auch bei der Bearbeitung des folgenden Fallbeispiels immer im Auge.

4.1 Beispiel aus dem Erziehungsalltag

M1 **Geschenktes Puzzle oder „ich kann das nicht!"** (Klaus A. Schneewind/Beate Böhmert)

Ausgangssituation

Tim feiert seinen vierten Geburtstag. Begeistert stürmt er in die Küche, wo sein Vater gerade für ihn einen Kuchen backt und zeigt ihm ein noch unausgepacktes Geschenk
5 seiner Oma. Er reißt die Verpackung auf, holt ein Puzzle heraus und hat sofort Lust, es gemeinsam mit seinem Vater auszuprobieren. Der Vater ist allerdings vorläufig noch mit dem Kuchen beschäftigt, also versucht Tim zunächst mal alleine, die ersten Puzzlestücke zusammenzufügen – doch
10 er hat keinen Erfolg.
Der Vater beobachtet ihn und gibt ihm ein paar Hinweise, wie er mit dem Puzzle am besten anfangen und weitermachen kann. Doch die Tipps sind ziemlich ungenau, was zur Folge hat, dass Tim sich weiterhin erfolglos bemüht, das
15 Puzzle zusammenzufügen. Seine Enttäuschung wächst und schließlich schiebt er die Puzzleteile missmutig von sich. Nachdenklich steht der Vater dabei und überlegt, was er nun als Nächstes tun soll.

Aufgaben

1. Was würden Sie als Nächstes machen, wenn Sie an der Stelle des Vaters wären? Begründen Sie Ihre Entscheidungen.

2. Arbeiten Sie mit einem Partner oder in Kleingruppen weiter. Stellen Sie Ihre pädagogische Handlungskonzeption vor, erörtern Sie sie und entscheiden Sie sich für eine begründete Lösung, die von der Gruppe getragen wird.

3. Präsentieren Sie Ihre Lösung dem Kurs.

Variante A

20 Der Vater kommt aus der Küche und stellt fest, dass das Puzzle nicht einfach zu spielen ist. Er unterbricht seine Küchenarbeit, setzt sich zu Tim an den Tisch und macht ihm Mut, die Aufgabe gemeinsam mit ihm zu lösen. Dann gibt er einige strategische Hinweise, die es Tim erleichtern,
25 mit dem Spiel zu beginnen. Er teilt das Puzzle in einzelne Abschnitte auf. Dabei geht es zunächst um die Ecken, dann um die Ränder, für die Tim die passenden Stücke sucht und mit einigen kleinen Hilfestellungen selbst zusammenfügt. Tim ist eifrig bei der Sache und freut sich über seinen ers-
30 ten Teilerfolg.
Jetzt überlässt es der Vater Tim ganz allein, die noch feh- lenden Ränder des Puzzlebildes fertigzustellen und be- schäftigt sich wieder mit seinem Kuchen. Zwischen Vater und Sohn entwickelt sich ein kleiner Wettkampf, wer zuerst
35 fertig ist: Tim mit dem Dachteil des Puzzles oder der Vater mit dem Kuchen. Tim ist der Gewinner und beide freuen sich über den Erfolg. Jetzt macht der Vater noch einmal einen Vorschlag für ein weiteres Teilstück im Puzzle und zieht sich dann wieder in die Küche zurück, um den Kuchen
40 in den Ofen zu schieben. Tim greift die Anregung sofort auf und ist wieder so schnell, dass sie beide gleichzeitig fertig sind. Nun ist es nur noch eine Frage der Zeit, bis das Puzzle vollständig zusammengefügt ist. Der Vater setzt sich zu Tim, gibt ihm noch ein paar Hinweise und im Nu hat Tim
45 das Puzzle fertiggestellt. Gemeinsam feiern sie diesen Er- folg, den sich Tim auf seine Fahnen schreiben kann.

Variante B

Tim sitzt vor den ausgebreiteten Puzzlestücken und weiß nicht so recht, wie er anfangen soll. Der Vater steht dane-
50 ben, rührt dabei Teig für den Geburtstagskuchen und gibt seinem Sohn einige Tipps, die Tim jedoch nicht wirklich weiterhelfen. Hilfesuchend blickt er seinen Vater an, der daraufhin sein Rühren kurz unterbricht, ihm ein Puzzle- stück hinschiebt und sich dann wieder in die Küche zu-
55 rückzieht. Noch einmal versucht Tim vergeblich, einzelne Teile des Puzzles zusammenzufügen und sagt schließlich enttäuscht, dass es viel zu schwer für ihn sei. Er unter- bricht das Spiel und beschäftigt sich nun mit seinen Lego- bauklötzen, die ihm nicht soviel Kopfzerbrechen bereiten.
60 Der Vater kommt aus der Küche, überprüft die Altersemp- fehlung für das Puzzle und äußert den Verdacht, dass sie womöglich falsch angegeben ist. Damit bestätigt er Tims Behauptung, dass das Spiel zu schwer für ihn sei, und er ermuntert ihn, mit seinen Legosteinen weiterzuspielen.
65 Dann sammelt er die Puzzlestücke ein und verschwindet in der Küche. [...]

Variante C

Tim hat das Puzzle beiseite geschoben, doch der Vater besteht darauf, dass er weiterspielt und drängt ihn, nicht
70 aufzugeben. Ohne nähere Erläuterungen steckt er selbst einige Stücke des Puzzles zusammen und fordert Tim zum Weitermachen auf. Lustlos sucht Tim nach einem passen- den Stück – doch es gelingt ihm nicht. Leicht ungehalten fordert der Vater ihn nun auf, genau hinzuschauen und
75 greift selbst wieder zu den Puzzlestücken. Mit ein paar

Abb. 4.1: Vater und Kind puzzlen

knappen Hinweisen über das Zusammenspiel von Form und Farbe zeigt er Tim, wie er das Puzzle legen soll und lässt ihn allein weiterspielen. Doch Tim reagiert nicht so schnell, wie sich der Vater das wünscht. Immer ungeduldi-
80 ger übernimmt der Vater deshalb jetzt wieder die Initiative und behauptet nicht nur, dass das Puzzle einfach zu lösen ist, sondern auch, dass Tim sich demnächst in der Schule solche Langsamkeit nicht erlauben kann.
Resigniert gibt Tim zu erkennen, dass ihm das Spiel zu
85 schwer ist, doch das will der Vater nicht wahrhaben. Er fordert Tim auf, sich anzustrengen und greift – nun schon zum dritten Mal – erneut ein, um ihm zu zeigen, wie er es richtig machen soll. Jetzt hat Tim endgültig die Lust verlo- ren und will sich davonmachen. Der Vater hält ihn jedoch
90 zurück und zwingt ihn weiterzuspielen. Noch einmal gibt er Tim einen knappen Hinweis, was er tun soll, wendet sich dann aber wieder dem Kuchen zu und kümmert sich nicht weiter um seinen Sohn. Tim wiederholt, dass er mit dem Puzzlespiel nicht zurechtkommt. Daraufhin äfft der
95 Vater ihn nach, unterstellt ihm mangelnden Willen und vergleicht ihn mit einem kleinen Baby. [...]

Aufgaben

1. Arbeiten Sie in jeder Variante heraus, wie der Vater mit Tim umgeht (**M1**). Beachten Sie auch die Reaktionen von Tim.

2. Beurteilen Sie die Vorgehensweisen des Vaters in den einzelnen Varianten.

3. ▲ An welchen Maßstäben haben Sie sich bei Ihrem Urteil orientiert? Begründen Sie sie. Beachten Sie dabei auch die Aufgaben pädagogischen Handelns, die Sie besonders in Kapitel 2 herausgearbeitet haben.

Zugang zu

Begriffe in der Alltags- und Wissenschaftssprache

Sprache ist im Alltag ein flexibel einsetzbares Kommunikationsinstrument. Begriffe sind oft vieldeutig oder unklar. Das ist kein Problem, solange die Kommunikation nicht gestört ist oder die Störung durch eine Nachfrage behoben werden kann.

Wissenschaftliche Begriffe sind Teile von Theorien. Sie sollten unabhängig von wechselnden Situationen, in denen sie gebraucht werden, eindeutig und genau bestimmt sein. Deshalb führen Wissenschaftler ihre Begriffe oft förmlich ein und definieren sie. In wissenschaftlichen Texten kann man durch die genaue Analyse dieser Teile herausarbeiten, wie die Autoren diesen oder jenen Begriff verstehen. Dabei nennen sie die Merkmale, die zu einem Begriff gehören sollen.

Oft kommt es vor, dass Wissenschaftler einen Begriff bewusst anders definieren als andere Wissenschaftler. Man muss deshalb nicht nur den Unterschied zwischen wissenschaftlichem und alltäglichem Sprachgebrauch beachten, sondern auch den Gebrauch von Begriffen in verschiedenen wissenschaftlichen Theorien und bei unterschiedlichen Wissenschaftlern.

Weit und eng gefasste Begriffe

Je nach Anzahl und Umfang der zugeordneten Merkmale kann ein Begriff weit oder eng gefasst werden. So bezieht sich „Prüfung" auf viele Situationen, in denen etwas untersucht oder jemand befragt wird. Der Begriff „Abitur" dagegen ist deutlich enger gefasst, weil er ausschließlich auf eine schulische Prüfung am Ende der Sekundarstufe II bezogen wird.

Synonyme, Homonyme, Antonyme

Synonyme sind bedeutungsgleiche Wörter („Samstag", „Sonnabend"). Homonyme haben die gleiche Form des sicht- und hörbaren Ausdrucks (Aussprache und/oder Schreibung), aber unterschiedliche Bedeutungen („Bank"). Antonyme sind Begriffe mit gegensätzlicher Bedeutung („alt" – „jung"). Der Umgang mit wissenschaftlichen Begriffen ist oft deshalb schwierig, weil sie Homonyme sind. „Erziehung" wird von verschiedenen Wissenschaftlern unterschiedlich gebraucht, und im Alltag bedeutet es oft etwas anderes als in den wissenschaftlichen Definitionen.

Fragen und Anregungen zum Einstieg

Im Folgenden lernen Sie mehrere Formen erzieherischen Handelns kennen. Es wird sicherlich nicht möglich sein, dass alle Mitglieder ihres Kurses alle Formen intensiv erarbeiten. Wählen Sie also aus und arbeiten Sie in Ihrem Kurs arbeitsteilig. Den Zugang zu den Texten können Sie in mehreren Schritten gewinnen.

Erschließung von Texten – Schritt für Schritt

Schritt 1: Formulierung von Fragestellungen an den Text

1. Entwickeln Sie zunächst Fragen, die Sie von den Texten beantwortet wissen möchten. Oder stellen Sie Fragen, die Sie im Zusammenhang mit dieser Form pädagogischen Handelns besonders interessieren.
2. Sie finden unter den Texten mögliche Aufgabenstellungen oder auch Hinweise, wie Sie bei der Erschließung vorgehen können. Es ist wahrscheinlich, dass Sie nicht alle Texte vollständig, in allen Einzelheiten, verstehen werden. Versuchen Sie, einen Zugang über einzelne Aspekte zu finden, die Sie ansprechen und verstehen können. Dabei können Sie Ihre Erfahrungen mit den Formen pädagogischen Handelns nutzen, die Sie im ersten Schritt ausgearbeitet haben.
3. Beachten Sie, dass die Autoren die zentralen Begriffe in bestimmter Weise verstehen. Diese muss nicht identisch mit Ihrem Vorverständnis oder dem alltäglichen Gebrauch sein.
4. Wichtig ist deshalb: Schreiben Sie in den ausgewählten Texten die Stellen heraus, in denen die Autoren ihre Definition der Begriffe für Formen des pädagogischen Handelns geben. Oft wird die Definition über mehrere Stellen des Textes verteilt sein. Dabei ist es auch notwendig, alle Hinweise genau zu registrieren, in denen sich die Autoren zum pädagogischen Sinn der Handlungsform äußern.

Schritt 2: Beantwortung der Fragen und Aufgabenstellungen selbstständig und im Team

1. Sie können sich das Erschließen der Texte dadurch erleichtern, dass sie zunächst für eine Frage oder einen Impuls entscheiden und eine Antwort oder eine Stellungnahme dazu formulieren.
2. Greifen Sie dafür auf die entsprechenden Stellen des Textes zurück und erläutern Sie sie – und zwar im Sinne des Textes.
3. Nachdem Sie selbst eine der Fragen oder einen Impuls zu einem Text aufgegriffen und bearbeitet haben, schließen Sie sich nun mit anderen Kursteilnehmern, die sich auch mit dieser Frage bzw. diesem Impuls beschäftigt haben, zusammen. Jeder stellt zuerst seine Antwort auf die Frage bzw. den Impuls vor. Prüfen und erörtern Sie die Antworten. Verschaffen Sie sich möglichst Klarheit über solche Aspekte, die einzelnen Gruppenmitgliedern unverständlich geblieben sind. Notieren Sie auch, was in der Gruppe nicht geklärt werden konnte.
4. Bilden Sie dann Kleingruppen, in denen jedes Mitglied möglichst eine andere Frage bzw. einen anderen Impuls bearbeitet hat. Stellen Sie sich gegenseitig Ihre Antworten vor.
5. Erarbeiten Sie am Ende immer ein gemeinsames Textverständnis, das vor allem die Definition der in der jeweiligen Überschrift genannten Begriffe beachtet.
6. Stellen Sie Ihr Textverständnis zuletzt in der gesamten Kursgruppe vor und zur Diskussion.

4.2 Formen erzieherischen Handelns

M2 Behüten und Freigeben (Andreas Flitner)

Unter dem etwas altmodischen Wort der „Behütung" haben wir uns dreierlei klargemacht. Das Kind braucht eine psychische Geborgenheit als Grundton seiner notwendig auch disharmonischen Erfahrungen. Es braucht die ver-
5 lässliche, unbedingte und jederzeit wieder erfahrbare Gewissheit, dass es irgendwo zu Hause ist, dass mindestens ein Mensch für es einsteht und es bedingungslos akzeptiert. Bedingungslos heißt: unabhängig davon, ob es sich gerade wunschgemäß verhält. Ist diese grundlegende
10 Sicherheit mindestens durch einen Elternteil oder durch Pflegeeltern gegeben, so vermögen Kinder auch erstaunliche Belastungen wie die Scheidung der Eltern, Kriegs- oder Flüchtlingsschicksal, einen Krankenhausaufenthalt ohne allzu schwere Irritation zu überstehen. Fehlt diese anneh-
15 mende Zuwendung oder wird sie dem Kind aus Leichtsinn oder gar absichtlich, zu Zwecken der Verhaltenssteuerung, immer wieder entzogen, so sind die Auswirkungen, auch in intakt aussehenden Familien, fast immer fatal. […]

Behütung heißt zweitens: Das Kind braucht Räume der
20 Erkundung, der Betätigung und der Welterfahrung. Diese Räume sind nicht selbstverständlich da, sie sind nicht mit der Lebens- und Arbeitswelt der Erwachsenen identisch. Sondern sie müssen als Lebensräume für Kinder gewählt, oft erst hergestellt, bedacht und gesichert werden. Spiel-
25 plätze finden, Freundschaften anbahnen, mit anderen Eltern sich zusammentun, die Kinder in andere Familien hineinschauen, sie dort auch leben, auch einmal übernachten lassen; – immerzu nach Freiräumen ausspähen, auch wissen und ermöglichen, dass die Kinder selber über alle
30 diese vorgesehenen Räume hinausdrängen; – Ferienorte suchen, in denen die Kinder ganz neue Erfahrungen machen und Freiheiten genießen können – das alles gehört zu diesem „Behüten", zum Auswählen und stufenweisen Freigeben der Welt. Die Umgebung des Kindes kann zwar nicht
35 geschönt und neu konstruiert werden. Aber sie soll auch nicht in ihrer ganzen Härte auf das Kind einhämmern; sie soll nicht aus der Sorge der Erwachsenen herausfallen, aus der Anteilnahme und der ungefähren Abmessung dessen, was Kinder verarbeiten und womit sie leben können. […]

40 Und eine dritte Bedeutung meint das Behüten in der Auswahl der geistigen Umwelt; das heißt aber auch: in der Auseinandersetzung mit der geistigen Umweltverschmutzung, der wir alle ausgesetzt sind, mit dem Konsumismus, mit der Banalität, mit der alltäglichen und öffentlichen Zer-
45 störung der Scham, mit der Friedlosigkeit, mit dem Angebot der Medien- und Warenhauskultur aus Plastik und Farbbonbons. Behüten kann hier, mehr noch als bei den vorigen Dimensionen, immer nur ein Relatives bedeuten: Es ist der Versuch, diese Einflüsse nicht überwuchern zu lassen. […]

50 Gegen alle drei hier hervorgehobenen Dimensionen von „Behüten" wirken starke gesellschaftliche Kräfte. Die erste kollidiert mit der vollen außerhäuslichen Berufstätigkeit beider Eltern. Die zweite steht in Spannung zu den Wohn- und Lebensbedingungen der Großstadt. Die dritte legt
55 sich quer zu den bequemen Entlastungstechniken, die sich gerade für die städtische Familie ergeben; will man die Kinder aufwandlos gehütet sehen, so bietet sich der elektronische Hüter als Erstes an. […]

Gegen alle Dimensionen des Behütens gibt es aber auch
60 pädagogische Einwendungen […].
Die emotionale Behütung darf sich nicht steigern und verzerren zur emotionalen Besetzung des Kindes. „Besetzung" heißt hier: Überbürdung, Überlastung mit eigenen Problemen und Ängsten der Erzieher. Es kann nur derjeni-
65 ge Sicherheit gewähren und ein guter Partner sein für das Kind, der sich selber nicht fortwährend irritieren lässt, sondern die Aufmerksamkeit für die Bedürfnisse des Kindes verbindet mit dem Bewusstsein des eigenen Selbst und mit dem Willen zu einem eigenen Lebensstil. […]

70 (Die pädagogische Rechtfertigung des Behütens lautet): dass man den Weg des Kindes in die Realität so begleiten, bedenken und abstufen soll, dass das Kind von verlässlichen Grundbeziehungen ausgehen kann und seine Schritte in die Realität hinein nicht als beängstigend und entmuti-
75 gend erfahren muss.

Aufgaben

Angebote, wie Sie den Text erschließen können:

- Erklären Sie, wieso der Autor in der Überschrift „Behüten" mit „Freigeben" verbindet (M2).

- „Das Kind braucht eine psychische Geborgenheit als Grundton seiner notwendig auch disharmonischen Erfahrungen." (Zeile 2–4) Begründen Sie, wieso Erfahrungen für das Kind „notwendig auch disharmonisch" sind.

- Die Lebensräume für Kinder müssen „gewählt, oft erst hergestellt, bedacht und gesichert werden" (Zeile 26–27). Erläutern Sie das mithilfe von passenden Fallbeispielen.

- Erklären Sie, wieso die Umgebung nicht „in ihrer ganzen Härte auf das Kind einhämmern" (Zeile 36) soll.

- Untersuchen Sie den Unterschied zwischen „emotionaler Behütung" und „emotionaler Besetzung" des Kindes.

- ▲ Analysieren Sie, wie der Text gegliedert ist. Gehen Sie vom ersten Satz aus, in dem der Autor auf drei Aspekte hinweist, die im Folgenden dargestellt werden sollen. Erstellen Sie eine Strukturskizze vom argumentativen Aufbau des Textes.

M3 Unterstützen – Verstehen – Ermutigen (Andreas Flitner)

Erziehen als Unterstützen aber setzt voraus, dass die eigene Person des Kindes und ihre Entwicklung als etwas Gegebenes angesehen, als etwas Unverwechselbar-Menschliches geachtet werden – ein Selbst, das wir hilfreich
5 begleiten, das wir aber nicht machen oder modellieren sollen. [...]

Erziehung ist immer der Versuch, Bewusstsein und Vernunft in Verhältnisse einzubringen, die sonst dem Zufall überlassen bleiben. Zufall heißt, dass Günstiges und Un-
10 günstiges, Verständliches und Verwirrendes, Angenehmes und Missliches so auf das Kind einwirken, wie es der Alltag mit sich bringt. Zufall heißt, dass ganz und gar nicht daran gedacht und dafür gesorgt wird, dass das Kind Bedingungen antrifft, die seiner Entwicklung nützen.

15 Das ist das eine Extrem: die Meinung, dass nur der Zufall wirken soll und dass der Rüttelprozess des Lebens die Kinder selber zurechtrüttelt – totale Nicht-Erziehung.

Das Gegen-Extrem wäre, dass „das ganze Leben der Jugend ohne Ausnahme nach bestimmten Regeln geleitet
20 wird, und alle Einwirkungen so erfolgen, dass das Momentane völlig verschwindet, dass nichts den Charakter des Ursprünglich-Lebendigen hat" (Schleiermacher) – totale Erziehung.

Die Hauptübel eines solchen Konzepts hat Schleiermacher
25 schon genannt: Das Kind wird von allem Lebendigen abgeschnitten. [...]

Ein solches Verhältnis widerspricht aber der eigenen Menschlichkeit des Kindes; diese wird von der älteren Generation damit den Kindern genommen oder unter-
30 schlagen. Das aber würde „auf ein Fortschreiten der Verschlechterung des gesamten Zustandes von Generation zu Generation hinauskommen". Denn ohne das Beispiel und ohne die Aufforderung zu lebendigem und freiem Handeln, zum Gebrauch der ursprünglichen Freiheit, würde es für
35 die Jugend jeder folgenden Generation schwerer, eine Vorstellung und lebendige Anschauung von gelebter Freiheit zu bekommen.

Muss es bei dieser einfachen Gegenüberstellung, bei diesen Extremen bleiben: der blanken Zufälligkeit der Nicht-
40 Erziehung auf der einen Seite und der totalen Regulierung, der Lebenslenkung nach Methoden und Gesetzen auf der anderen? Muss man es dem Erzieher überlassen, irgendwo zwischen diesen Extremen seinen Weg zu finden?

Schleiermacher weist darauf hin, dass es verschiedene
45 Bereiche des kindlichen Lebens gibt, die jeweils einer eigenen Form der Unterstützung bedürfen. Die Bildung der Persönlichkeit und der „Gesinnung", wie Schleiermacher es nennt, ist offenbar am wenigsten durch rationale Veranstaltung und systematisches, fremdgesteuertes Lernen zu
50 erreichen. Anders ist es mit dem, was er die „Fertigkeiten" nennt, nämlich das Wissen und Können, das einen systematischen Aufbau, eine Gesetzlichkeit und ein „durch die Regeln gebundenes Leben" am stärksten braucht. Man kann das auch so formulieren: einen „Charakter" durch
55 bewusste und methodische Veranstaltung zuwege zu bringen, kann nicht gelingen. Ein Charakter kann im Leben sich bilden, und dafür können Erzieher allenfalls einige Bedingungen zu schaffen suchen, die auch mit ihrem eigenen Leben etwas zu tun haben. Eine Fertigkeit jedoch, das Be-
60 herrschen von Techniken des Körpers und des Geistes, das Lernen und Können auf den verschiedensten Gebieten der Schule und des Berufs – das bedarf einer Lehre, einer Systematik und richtigen Abfolge. Und es bedarf des Übens, Wiederholens, Anwendens, Kombinierens, also einer Unter-
65 stützung, die mit Rationalität vorgeht und die das Können des einen für das Lernen des anderen einsetzt, die also auch das Gefälle, das Oben und Unten nicht scheut. [...]

Zwischen diesen Extremen also liegt das, was hier Unterstützung genannt wird: das Bestreben, das Kind so
70 viel positive Erfahrungen wie möglich machen zu lassen und ihm bei negativen oder widerständigen Erfahrungen dort zu helfen, wo es Hilfe braucht.

Aufgaben

Angebote, wie Sie den Text erschließen können:

- Beschreiben Sie, welche Beziehungen zwischen den drei Verben in der Überschrift bestehen (M3).

- „Erziehung ist immer der Versuch, Bewusstsein und Vernunft in Verhältnisse einzubringen, die sonst dem Zufall überlassen bleiben." (Zeile 7–9). Bewusstsein und Vernunft gegen Zufall: Erläutern Sie, welche Unterschiede diesen Gegensatz ausmachen.

- Erläutern Sie möglichst anschaulich die Unterschiede zwischen „totaler Erziehung" und „totaler Nicht-Erziehung".

- Begründen Sie, wieso die „totale Erziehung" der Menschlichkeit des Kindes und Jugendlichen widerspricht?

- Welche Unterschiede bestehen zwischen der Erziehung zur „Gesinnung" bzw. „Charakter" und der Erziehung zu „Fertigkeiten"? Geben Sie möglichst anschauliche Beispiele.

- Erläutern Sie den letzten Satz (Zeile 68–72), indem Sie möglichst passende Fallbeispiele entwickeln.

- Im Text wird mehrfach Schleiermacher erwähnt. Wer ist das? Was hat er mit Pädagogik zu tun? Recherchieren Sie im Internet oder in der Fachliteratur.

M4 Auffordern (Fritz Oser)

Nehmen wir an, nach einer kleinen Stillarbeit mit dem Partner soll das Erarbeitete kurz der Lerngruppe oder Klasse vorgestellt werden. Das ist eine einfache Situation, die aber selbst in einem Seminar auf Universitätsebene tech-
5 nisch und praktisch von vielen Dozierenden nicht verstanden wird. Nehmen wir an, der Dozierende fragt, wer das Ergebnis vorstellen möchte. Eine Studentin auf 40 meldet sich, und sie stellt ihre Resultate vor, die andern melden sich nicht. Wenn man nun Dozierende fragt, warum sie so
10 handeln, dann sprechen sie von der „Freiwilligkeit" und „Selbstständigkeit" des Lehr-Lernverhältnisses oder von der „Nichtdirektivität" des Interaktionsverhältnisses oder von „Offenheit" im Lernprozess u.a.

Abb. 4.2: Auffordern im Unterricht

Nehmen wir an, ein Dozent würde anders handeln; er
15 würde einzelne Studierende freundlich bitten, das Erarbeitete kurz vorzustellen. In diesem Falle werden viele Resultate sichtbar gemacht und miteinander verglichen. Das Thema Freiwilligkeit stellt sich nicht. Der Vorteil ist, dass alle oder zumindest wesentlich mehr Teilnehmer zum
20 Zuge kommen, dass die Interaktionsdichte höher ist und dass die Basis für eine Kontroverse viel breiter und geschmeidiger wird.

Der Nachteil bei der ersten Handlungsweise ist, dass nur die „mutigen" und manchmal lautstarken, manchmal eher
25 nichtwissend und unvorbereitet Arroganten das Sagen haben und man sich so auf inhaltlichen Nebengeleisen verliert.

Ein Nachteil für die zweite Handlungsweise ist, dass die anfängliche Freiwilligkeit nicht gewährleistet ist. In
30 beiden Fällen aber kann nicht von „richtig" oder „falsch" gesprochen werden; vielmehr sind hier Handlungen mit unterschiedlichen Wirkungen gegeben.

Die Handlungsweise aber, die hier als erzieherische oder unterrichtliche Handlungsweise angesprochen wird, ist
35 und bleibt das Auffordern. Auffordern positiv als „Mach das bitte!" oder negativ „Mach das nimmer!" stellt eine

Mutterstruktur des Pädagogischen schlechthin dar, und jeder Professionelle muss darüber umfassend Bescheid wissen. […]

40 Auffordern ist eine originäre Handlungsweise: Universitätsrektoren fordern Professoren zu einer Versammlung auf; Grundschullehrerinnen fordern die Kinder auf, ein Buch hervorzunehmen; eine Mutter fordert ihr Kind auf, beim Küchemachen zu helfen; der Lehrmeister fordert einen
45 Lehrling auf, das Werkzeug richtig zur Hand zu nehmen, die Leiterin eines Kurses in Sozialtechnologie fordert ihre Mannschaft auf, keine „Du-Botschaften" mehr zu erteilen, ein Chirurg fordert den Operationsassistenten auf, ihm das richtige Instrument zu reichen, eine Lehrperson fordert
50 eine Schülerin auf, das Blatt hochzuheben usw. Der Unterschied zwischen solchen tausendfältigen Aufforderungen und einer schulischen Situation sollte sein, dass in den erwähnten Beispielen Lehrerinnen und Lehrer ein professionelles Wissen dafür haben, unter welchen situati-
55 ven Umständen diese Aufforderungen in welcher Weise zu geschehen haben und welche Wirkungen damit allenfalls hervorgebracht werden können. Auffordern ist der schwierigste Teil der Erziehungssituation bzw. es ist der Kristallisationspunkt, wo Erwartungen, Präsupposition und beglei-
60 tende Unterstützung in der Ausführung zusammentreffen.

Aufgaben

Angebote, wie Sie den Text erschließen können:

- Welche Arten des Aufforderns gibt es? Ist das „Auffordern" immer ein Befehlen? Beantworten Sie die Fragen ohne Bezug auf den Text (M4).

- Beschreiben Sie, welche zwei Handlungsmöglichkeiten der Autor in dem Beispiel vom Aufrufen nach einer Stillarbeit unterscheidet. Erläutern Sie, was er mit dem Beispiel verdeutlichen möchte.

- Analysieren Sie, welche Vor- und Nachteile die angeführten Handlungsmöglichkeiten haben.

- „In beiden Fällen aber kann nicht von ,richtig' oder ,falsch' gesprochen werden; vielmehr sind hier Handlungen mit unterschiedlichen Wirkungen gegeben." (Zeile 29–32). Erläutern Sie diesen Satz.

- „Auffordern positiv als ,Mach das bitte!' oder negativ ,Mach das nimmer!' stellt eine Mutterstruktur des Pädagogischen schlechthin dar." (Zeile 35–37). Erläutern Sie diesen Satz.

- Erklären Sie, warum das Auffordern nach der Ansicht des Autors so schwierig ist. Was hat das mit den möglichen Wirkungen zu tun?

- Wenn Sie wissen möchten, was der Autor unter „Präsupposition" versteht: Schauen Sie in seinen Text über das Zu-Muten (M6).

M5 Ermutigung (Helmut Danner)

Ermutigung hat […] nur Sinn, wo sie konkret, wo sie also auf eine Aufgabe gerichtet ist. Sie geschieht nicht, wo das Kind nicht angemessen gefordert ist. Man kann Mut nicht ins Leere hinein fassen, sondern nur für reale Aufgaben.
5 Ermutigung kann darum verstanden werden als ein Erfahrenlassen von Können, wobei es im Sinne der Ermutigung auf den Akt des Mutfassens, weniger auf die Erfüllung der Aufgabe ankommt. […] Ermutigung steht im Dienste der Selbstwerdung der Person. […]

10 Mitwirken […] meint die Beteiligung des Kindes als Person, sofern es selbst jemand sein will, ‚ich' sein will, sich als ‚ich-selbst' setzt und zunehmend auch weiß. Dieses Mitwirken realisiert sich im kindlichen Handeln. In verschiedenartigen, konkret unzähligen Handlungsmöglichkeiten wird
15 und ist das Kind ‚ich-selbst', kommt es ‚zu sich'. Ermutigung als die erzieherische Förderung des Mitwirkens ist darum nicht nur die Vermittlung kognitiver, emotionaler, sozialer, moralischer Fähigkeiten, sondern das Fordern der werdenden Person, die sich in all jenen Fähigkeiten erst mani-
20 festieren soll. […]

(Kriterien, die dem Kind das Mutfassen ermöglichen:)
(1) Gehen wir von dem positivsten Fall aus, bei dem das Kind spontan, selbsttätig und eigenständig handelt. Dies ist jener Fall, von dem Rousseau sagt, der Erzieher solle ‚nichts'
25 tun. Der positive Sinn dieser Aussage ist, dass der Erzieher Entmutigungen vom Kind fernhalten soll […]. Der Erzieher soll also Freiräume zum selbsttätigen Handeln schaffen und bewahren; er soll abwarten und Geduld haben. […]

(2) Ermutigen als eine Förderung des kindlichen Mitwir-
30 kens ist auch dort angebracht, wo sich das Kind nicht von sich aus mit Bereichen des Lebens, der Dinge, des Wissens auseinandersetzt, wo aber aufgrund des gesellschaftlich-kulturellen Kontextes dem Erzieher eine Aneignung und Auseinandersetzung wünschenswert und erforderlich er-
35 scheint. Diese Situation ist für die Schule typisch. Hier wird Ermutigung zu einem Wecken der kindlichen Selbsttätigkeit. Sie ist ein Interessieren. […]

(3) Neben dem Zulassen und dem Wecken des kindlichen Mitwirkens muss erzieherische Ermutigung im engeren
40 Sinn dann einsetzen, wenn das Kind verunsichert, verstört, entmutigt ist. Ermutigung hat dann die Aufgabe, dem Kind zu helfen, das Selbstvertrauen in die eigene Person zurückzugewinnen, damit ein Mutfassen zur spontanen Auseinandersetzung mit Sachverhalten, anderen Menschen
45 und sich selbst wieder möglich wird. […]

(4) Ein Grundsatz ist hier, dass in allem, was der Erzieher tut, er die Person des Kindes bejahen muss, d.h. seine Individualität, die Eigenständigkeit des Handelns und die Besonderheit seines Sinnkontextes. Wo er dies nicht will
50 oder vermag, wo er als Technokrat auftritt, wo er das Kind zu einem Mittel für einen Zweck, oft einen ideologischen, macht, wo er es gar demütigt, dort kann er ihm die Sicher-

heit, den aufbauenden Zuspruch und das Vertrauen nicht geben, deren es bedarf. […]

55 (5) Der ermutigende Erzieher muss die Selbsttätigkeit und die Eigenständigkeit des Kindes fördern und herausfordern, wo immer er dies verantworten kann. […]

(6) Dazu gehört dann auch, dass der Erzieher darauf achtet, dem Kind Entscheidungen zu überlassen, wo immer es
60 dazu tatsächlich in der Lage ist.

(7) Zur Ermutigung kann es hilfreich sein […], dem Kind zur Selbsterkenntnis zu verhelfen. Nur wer seine Fähigkeiten einzuschätzen gelernt hat, kann sich zum einen zu Handlungen entscheiden und wird zum anderen nicht unnötig
65 und übermäßig enttäuscht. […]

(8) Im Sinne der Ermutigung liegt es auch, wenn der Erzieher Maßstäbe vermittelt, die dem Kind helfen, sein eigenes Handeln einzuschätzen, und auch dies nicht nur mit dem Blick auf die Umwelt, sondern auf sachliche Qualität und
70 ethische Normen.

Aufgaben

Angebote, wie Sie den Text erschließen können:

- Erläutern Sie die folgenden Aussagen oder Begriffe (M5) mithilfe passender Fallbeispiele:
  a) „Ermutigung kann darum verstanden werden als ein Erfahrenlassen von Können." (Zeile 5–6)
  b) „Selbstwerden der Person", „Mitwirken", Handeln": „Der Erzieher soll also Freiräume zum selbsttätigen Handeln schaffen und bewahren; er soll abwarten und Geduld haben." (Zeile 9, 10, 13, 26–29)
  c) Ermutigung ist ein „Interessieren". (Zeile 38)

- Sammeln Sie Beispiele für Erlebnisse, die das Selbstvertrauen von Kindern beschädigen können. Entwickeln Sie darauf bezogene Handlungsmöglichkeiten, die ermutigen.

- Ermutigung setzt die „Bejahung" der Person des Kindes voraus, heißt es im Text. Geben Sie Beispiele dafür, was passieren kann, wenn dies nicht geschieht.

- ▲ Entwickeln Sie Fallbeispiele für das Herausfordern von Selbsttätigkeit.

- ▲ Beschreiben Sie Situationen, in denen dem Kind sinnvollerweise Entscheidungen selbst überlassen werden sollten.

- ▲ Erläutern Sie, wie man einem Kind zur Selbsterkenntnis verhelfen kann.

- ▲ Erklären Sie, wie man einem Kind sachliche und ethische Maßstäbe für die Selbsteinschätzung seiner Handlungen vermitteln kann. Welche Maßstäbe könnten das sein?

M6 Zu-Muten (Fritz Oser)

Worum handelt es sich nun, wenn wir von Zu-Mutung sprechen? Eine erste Definition lautet: Jemand spricht einem Anderen, den er/sie vorausgehend emotional akzeptiert, entsprechend dessen Leistungsfähigkeit, Mut zu, etwas zu
5 tun, was dieser bis jetzt noch nicht getan hat, um etwas Neues zu erfahren oder kennen, herstellen oder ausüben zu lernen.
Es ist die Bereitschaft zu einer Als-ob-Handlung (pädagogische Präsupposition), die in Mimik, Gestik und sprachli-
10 chem Ausdruck eine bisher noch nicht getane Tätigkeit als Handlungsmöglichkeit vorschlägt und mit einer Aufforderung verbindet. Ein Schüler der 3. Klasse, den die Lehrerin auffordert, er solle den Zweitklässlern das Metermaß beibringen, der das aber bis jetzt noch nie getan hat, der dann
15 betroffen aufschaut und von der Lehrerin ein positives Zunicken, mit den Worten, versuch es, du kannst es, erhält, ist ein kleines solches Beispiel.

Zu-Mutung kann auch das Gewünschte zu Verhindernde beinhalten und nicht bloß das Erwünschte als „gute Hand-
20 lung". Das entscheidende Merkmal ist die ausgesprochene, begründete Erwartung, die dazu führt, etwas nicht zu tun und ein anderes zu tun, das bis jetzt keine Geltung hatte, nämlich zum Beispiel für das Eigentum von jemand anderem Schutzverhalten zu übernehmen und dabei den Zugriff
25 anderer zu verhindern. Dazu ein paradigmatisches Beispiel, an dem vieles erklärt werden kann: Schüler und Schülerinnen gleiten auf ihren Hausschuhen in der Pause durch den großen, leeren, hinteren Teil des Schulzimmers. Der Holzboden ist vollständig glatt. Eine Schülerin der 5. Klasse
30 kommt mit großem Anlauf gleitend auf die Schulbänke zu, wo sie sich haltend zum Stillstand gekommen wäre. Nun aber, knapp vor den Bänken, hält sie der Lehrer, der zufälligerweise dort stand, mit dem Arm freundlich auf, und er sagt: Sei vorsichtig, da liegt ein schön beschriebenes Blatt
35 eines Schülers am Boden. Bitte hebe es auf. Die Schülerin sagt, nein, das tue ich nicht. Der Lehrer erklärt nochmals, und er meint, dass sich der Schüler viel Mühe gegeben hätte, und dass man da rücksichtsvoll und vorsichtig sein müsse. Es entsteht ein lebendiges Gespräch, bei dem die Schü-
40 lerin schließlich meint, sie könne doch nicht alle Papiere in der Schule aufheben. Schließlich bittet der Lehrer, mit Wiederholung der Begründung und dem Hinweis darauf, dass wir alle füreinander etwas tun müssten, die Schülerin, das Blatt doch aufzuheben. Und dann dreht er sich um, geht,
45 ohne zurückzublicken, weg in die Pause. Die Schülerin steht allein mit ihrem „Problem" da, und sie ringt mit sich, man sieht es ihrem Puls an. Plötzlich bückt sie sich, hebt das Blatt auf und rennt weg. Was ist da wirklich geschehen?

Die Lehrperson unterbricht ein Verhalten (stoppt, hält inne,
50 greift ein), sie bittet die Schülerin um ein „anderes" (richtigeres, besseres, adäquateres) Verhalten, das einen Dienst am Ganzen darstellt. Sie setzt eine Norm. Sie begründet diese Norm und ihre Forderung ebenfalls und wiederholt die Bitte. Sie lässt sich auf ein Gespräch ein, bei dem die
55 verneinende (sich weigernde, sich verschließende, abweh-

rende) Haltung der Schülerin zur Diskussion steht. Und das Entscheidende, sie gibt der Schülerin die Freiheit, das neue Verhalten, die neue Norm anzuwenden bzw. ihr Verhalten zu ändern. […]
60 Man kann unter dem Begriff der Zu-Mutung verschiedene Verhaltensweisen verstehen. Einmal können damit grenzwertige Forderungen verstanden werden, wie etwa eine dreistündige Prüfung ohne Pause mit kleinen Kindern absolvieren zu lassen. Hier ist gemeint, dass man jemanden
65 mit einer Forderung gleichsam überfordert. Man kann unter dem Begriff aber auch Normales unter schwierigen Bedingungen verstehen, so etwa, wenn man sich ein Fußballspiel im strömenden Regen anschauen „darf". Die nächste, die dritte Bedeutung ist die hier gemeinte. Es geht um eine
70 Mehreinschätzung als Vorhandenes zulassen würde, es geht um kontrafaktische Erwartungen, die jemanden herausfordern und beflügeln. Diese „nur" im pädagogischen Bereich vorkommende Verhaltensweise, eben pädagogische Präsupposition, ist ein „ehrliches" So-tun, als ob der
75 Angesprochene eine bestimmte Kompetenz schon beherrschen würde. […] Ein schönes Beispiel ist das Sprechen einer Mutter mit ihrem Baby auf dem Wickeltisch, das diese so vornimmt, als ob das Baby schon sprechen könne. […]

Das wesentliche Geschäft der Pädagogik besteht in der
80 Erzeugung, der Umsetzung und der Überprüfung von Zu-Mutungen, die Menschen zum Handeln anhalten und – vermittelt durch dieses Handeln – ihnen ein Selbstwertgefühl ermöglichen. Das betrifft nicht bloß den sozial-moralischen Normbereich (siehe obiges Beispiel vom Mädchen, das im
85 Schulzimmer dahergleitet), es betrifft die akademischen Leistungen jedes Kindes (Lesen, Rechnen, Schreiben), die Kooperations-Leistungen, wie sie bei einem chirurgischen Eingriff vorgenommen werden, die Herstellungsleistungen in Fabriken, die Leistungen, die Menschen der Natur abrin-
90 gen etc. […]

Aufgaben

Angebote, wie Sie den Text erschließen können:

- Erklären Sie, warum der Autor zu-muten bzw. Zu-Mutung mit einem Bindestrich schreibt (M6). Unterscheiden Sie bei Ihrer Antwort die verschiedenen Bedeutungen, die das Wort im alltagssprachlichen Gebrauch hat.

- Gehen Sie von den Beispielen aus, die der Autor anführt. Erläutern Sie, inwiefern sie das veranschaulichen, was der Autor mit „Zu-Mutung" meint.

- Was meint der Autor mit dem Begriff „pädagogische Präsupposition" (Zeile 75)? Was mit „kontrafaktische Erwartungen" (Zeile 72)? Untersuchen Sie genau die Textstellen, die diese Begriffe definieren und erklären sollen.

- Erläutern Sie, inwiefern pädagogisches Zu-Muten Heranwachsenden ein Selbstwertgefühl geben kann.

M7 Zeigen (Klaus Prange)

Das Erziehen besteht der Form nach darin, den Kindern und Heranwachsenden die Welt und das Leben zu zeigen, und zwar zuerst und unausweichlich so, wie wir uns den Kindern zeigen. Sie ist Darstellung der Welt für diejenigen,
5 die sie noch nicht oder unvollständig kennen. Sie hilft beim Übergang vom Nicht-Wissen zum Wissen, vom Nicht-Können zum Können, vom Nicht-Wollen zum Wollen. […] Die explizite Grundgebärde liegt allemal im Illustrieren und Sichtbarmachen, z. B. darin, auf etwas aufmerksam
10 zu machen und hinzuweisen, etwas vorzumachen und nachmachen zu lassen, eine Bewegung vorzuführen oder die Bedeutung einer Regel zu erklären. Schließlich und vor allem: den Heranwachsenden ist zu zeigen, wie sie selber sind, nämlich in dem Wechselspiel von Aufforderung (Ap-
15 pell) und Anerkennung, weil anders sie sich nicht sehen; die Heranwachsenden lernen sich selber kennen, indem sie sehen und zu sehen bekommen, wie andere sie sehen.

Um zu verdeutlichen, wie das Zeigen zwar in alltägliche Verrichtungen und Handlungen eingemischt, aber auch in
20 pädagogischer Perspektive zu identifizieren ist, sei eine Szene vergegenwärtigt, wie sie alle Tage vorkommt. Wie man weiß, spielen in unserem verkehrsgeleiteten Dasein Ampeln eine große Rolle, und Eltern sind gehalten, ihre Kinder straßenfest zu machen, indem sie auch dafür sor-
25 gen, dass sie die Verkehrszeichen lesen können. […]

Man stelle sich also einen Vater vor, der seine etwa drei- bis vierjährige Tochter Huckepack genommen hat und an einen Übergang mit Verkehrsampel kommt. Die Ampel springt auf „Rot"; aber weit und breit ist kein Auto in Sicht.
30 In der Regel ist dies für emanzipierte Bürgerinnen und Bürger eine Gelegenheit, ihre Selbstständigkeit zu dokumentieren und sich über den blinden Ampelgehorsam hinwegzusetzen. Der Vater aber bleibt mit seinem Mädchen stehen und sagt zu der Kleinen auf ihrem erhöhten Posten:
35 „Wie ist die Lampe?" Die hört das aber nicht oder nicht gleich; also sagt er noch einmal: „Wie ist die Lampe?" – Antwort: „Rot". – Er: „Und was müssen wir jetzt?" – Antwort: „Warten". Damit ist die Situation umschrieben. Ersichtlich schließt dieser Dialog an Früheres an. Neues wird nicht ein-
40 geführt. Es handelt sich um eine Wiederholungsübung, bei der drei Punkte zu beachten sind: 1. Die Aufmerksamkeit wird sichergestellt (durch die Wiederholung der Frage nach der „Lampe"). 2. Durch die zentrierte Aufmerksamkeit wird das Thema, um das es geht, identifiziert. 3. Das „Rot" wird
45 mit einer Handlung verbunden; es wird eine Zuordnung vorgenommen: „Warten".

Eine Alltagsszene, gewiss, aber nichts von alledem, was hier geschieht, ist selbstverständlich und einfach. Es handelt sich auch nicht, wie man zunächst meinen könnte, um
50 einen Akt der Dressur, der noch gar nicht den Namen der Erziehung verdiente. Vielmehr sind bemerkenswerte Leistungen erforderlich, damit die Szene von dem Mädchen verstanden wird: Das Hinzeigen erfolgt sprachlich. Das Kind sieht auch wirklich das „Rot" und hat so schon dem Hinweis

55 einen Sinn gegeben. Das ist nur möglich, weil es zwischen Zeichen und Gezeigtem unterscheiden und gewissermaßen mit dem Zeichen beobachten kann, statt das Zeichen selber zu beobachten. Man könnte sagen: es lässt sich etwas zeigen. […] Anders gewendet: das Erziehen ist sprachlich
60 in dem Sinne, dass die Welt über Zeichen zur Erscheinung gebracht wird, sodass in diesem symbolischen Raum kommuniziert wird. Das kann in beide Richtungen gehen; einmal in Richtung auf weitergreifende Deutungen, in denen Weltbestände ausgelegt werden, und zum anderen in Rich-
65 tung auf aktuelle Handlungen, die eine gedeutete Situation voraussetzen. Deshalb noch einmal zurück zu dieser kleinen Szene. Inzwischen ist die Ampel über „Gelb" auf „Grün" gesprungen; die Kleine aus ihrer erhöhten Weltsicht hat das wahrgenommen, und also sagt sie: „Papa, weiter!" […]

70 Die Form des Zeigens lässt sich relativ einfach aus dem Fall herauslösen und für sich beschreiben, ebenso das, was der Vater können muss, um seiner Tochter etwas beizubringen: Er muss die Aufmerksamkeit sicherstellen, er muss das Thema identifizieren, er muss es mit einem Handeln
75 verbinden, das sich prüfen lässt. Im Zentrum steht die Operation des Zeigens, sonst kann nichts gelernt werden, d. h., das Zeigen ist die elementare Voraussetzung für die Vermittlung einer Fertigkeit. Diese wird ihrerseits im Wissen und als Wissen stabilisiert und als Bereitschaft angemahnt.
80 Aber weder das bloße Wissen noch die Anmahnung sind das Entscheidende, sondern dass man etwas kann, und das muss einem gezeigt werden. Es ist die Mindestbedingung für das Lernen durch andere. […]

Aufgaben

Angebote, wie Sie den Text erschließen können:

- Zeigen findet in vielen Situationen statt. Erläutern Sie, worin der Unterschied zwischen dem Zeigen in der Reklame und dem pädagogischen Zeigen liegt (M7).

- Erklären Sie, inwiefern die Situation vom Kind und dem Vater an der Ampel ein Beispiel für pädagogisches Zeigen ist.

- Beschreiben Sie, welche Rolle die Sprache beim Zeigen spielt. Was ist ein „symbolischer Raum"?

- Konkretisieren Sie, was genau der Vater im Ampel-Beispiel können muss, um seiner Tochter etwas beizubringen.

- Am Ende steht: „Lernen durch andere" (Zeile 83). Erläutern Sie, was damit gemeint ist.

- ▲ Entwickeln Sie weitere Fallbeispiele für pädagogisches Zeigen.

M8 Arrangieren (Klaus Prange/ Gabriele Strobel-Eisele)

Wer aus erzieherischen Gründen etwas arrangiert, stellt […] etwas zu einem bestimmten Zweck zusammen: Er gestaltet eine Situation zum Zwecke des Lernens und schafft die Bedingungen der Möglichkeit für eine Lerngelegenheit
5 oder er nutzt ein schon bestehendes Standardarrangement. Übliche und ganz einfache Formen des Arrangierens sind z. B. jene, in denen Eltern ihren Kindern Bücher schenken oder ihnen vorlegen, in der Hoffnung, dass sie sie lesen, daraus etwas lernen und vielleicht überhaupt Freude am
10 Lesen entwickeln. Oder sie stellen ihnen Schaukeln, Kettcars und Fahrräder bereit, in der frohen Erwartung, dass sich die Kinder anregen lassen, diese zur sportlichen Betätigung zu nutzen. […] Schon den Kleinsten soll die besondere Lerngelegenheit geboten werden, ihre soziale Kontakt- und
15 Gemeinschaftsfähigkeit zu entwickeln und zu verbessern – auch wenn die Erfahrung lehrt und Entwicklungstheorien längst herausgearbeitet haben, dass die Kleinen tatsächlich noch wenig miteinander anfangen können.

Teilweise nutzen Eltern aber auch schon bestehende Angebote,
20 etwa das „Mutter/Vater-Kind-Turnen", damit das Erlernen vielfältiger Bewegungen auf den Weg gebracht und der Bewegungsapparat der Kinder früh trainiert wird. Sie sollen weitgehend selbst entdecken, dass sportliche Tätigkeit ihnen Freude macht und dieses Motiv soll langfristig wirken.
25 Nehmen Eltern ihre Kinder aus erzieherischen Gründen zu Konzerten oder Theateraufführungen mit, so nutzen sie ein kulturelles Standardarrangement, um ihnen die Welt der Musik und der Literatur nahe zu bringen, mit der Hoffnung auf Entwicklung und Kultivierung entsprechender Neigun-
30 gen. So gesehen ermöglicht das Arrangieren mehr als das Umgangslernen in dem Sinne, dass Kinder ihren Eltern bei deren Tätigkeiten einfach zusehen und spontan mitmachen wollen, zum Beispiel dann, wenn der Vater zum Sportplatz geht, um ein Fußballspiel zu sehen, und dem Drängen
35 seines Sohnes nachgibt und ihn mitnimmt. Greift aber der Vater das Interesse seines Sohnes auf, um ihm die Welt des Sports zu zeigen, so gibt er ihm bewusst die Möglichkeit, sein eigenes Interesse am Fußballspielen zu entdecken und zu entwickeln. In diesem Falle ist darin eine pädagogische
40 Absicht versteckt, die den Vater motiviert, das Fußballspiel als pädagogisches Arrangement zu nutzen. Entsprechend wird er sich in diesem zweiten Fall anders verhalten als im ersten. Er wird mit seinem Sohn über das Spiel sprechen, ihm Techniken erklären, ihn auf besonders gelungene und
45 raffinierte Spielzüge hinweisen und ihn ermuntern, sich auf diese Sportart einzulassen, während er im ersten Fall wohl überwiegend seinem eigenen Wunsch nach ungestörtem Zuschauen folgen und dem Sohn nicht diese besondere Aufmerksamkeit schenken wird.

50 Nur im zweiten Fall kann man von der pädagogischen Nutzung eines Arrangements sprechen. Es unterscheidet sich von der Umgangserziehung und der Mitahmung durch das bewusste Nutzen oder Gestalten einer Situation zum Zwecke des Lernens. […]

55 Die erzieherische Intention zeigt sich dabei nicht unmittelbar, sie ist indirekt gegeben. […] Würden z. B. die Eltern ihren Kindern den intendierten erzieherischen Zweck einer Radtour im Vorhinein mitteilen, ihnen also sagen, dass sie arrangiert wird, weil dadurch die familiären Bindungen
60 gestärkt werden sollen, so würde diese Bekundung Irritationen hervorrufen, es wäre sogar mit Unmut oder Ärger zu rechnen, weil die Seite des Erziehens zu deutlich sichtbar und die legere Ungezwungenheit des Ausflugs verdrängen würde. […]
65 Die pädagogische Grundstruktur dieser Form besteht darin, dem Lernenden Angebote zu unterbreiten, die er nach seinen subjektiven Neigungen und Gegebenheiten für sein Lernen nutzen mag. Statt Lernprozesse instruktiv anzuleiten und direkt zu steuern, werden Situationen arrangiert,
70 mit der Annahme, dass sie einen ausreichenden Aufforderungscharakter haben, um die Subjekte zu selbstorganisierten Lernakten zu bewegen. […] Der Lernende kann selbst wählen, was er lernen will und sich nach eigenem Empfinden und Vermögen an die ihm attraktiv erscheinen-
75 den Angebote ankoppeln. Letztlich entscheidet der Lernende, ob und was er lernen möchte […].
Auf jeden Fall ist in Rechnung zu stellen, dass das Arrangement umsonst gewesen sein kann oder das Lernen in andere Richtungen als die intendierte läuft. Die in Grund-
80 schulen eigens gestalteten Lese-, Spiel-, Bastel- und Bauecken regen viele Kinder an, Bücher zu lesen oder etwas zu basteln, aber viele Kinder nutzen die bequemen Sofas auch, um sich über alltägliche Dinge zu unterhalten und nichts Besonderes zu lernen.

Aufgaben

Angebote, wie Sie den Text erschließen können:

- „Übliche und ganz einfache Formen des Arrangierens sind z. B. jene, in denen Eltern ihren Kindern Bücher schenken oder ihnen vorlegen, in der Hoffnung, dass sie sie lesen, daraus etwas lernen und vielleicht überhaupt Freude am Lesen entwickeln." (Zeile 6–10, M8) Suchen Sie weitere Beispiele für Arrangieren.

- Suchen Sie Beispiele, die anschaulich machen, was allgemein über das Arrangieren im Text geschrieben steht.

- Erläutern Sie, was „Umgangslernen" (Zeile 31) bedeutet. Wodurch unterscheidet es sich vom „Arrangieren"?

- Untersuchen Sie, inwiefern sich die erzieherische Absicht beim Arrangieren indirekt zeigt.

- „Statt Lernprozesse instruktiv anzuleiten und direkt zu steuern, werden Situationen arrangiert, mit der Annahme, dass sie einen ausreichenden Aufforderungscharakter haben, um die Subjekte zu selbstorganisierten Lernakten zu bewegen." (Zeile 69–73) Erläutern Sie diesen Satz. Benutzen Sie dabei auch passende Beispiele.

- ▲ Wieso kann ein Arrangement umsonst gewesen sein? Erläutern Sie anhand von selbstgewählten Beispielen.

M9 Fragen (Marian Heitger)

Der Mensch kann das Denken nicht aufgeben. […] Immer öffnet neues Wissen die Türen zu neuem Wissenwollen; jede Antwort enthält neue Fragen in sich. […]
Wenn man davon ausgehen kann, dass dem Denken das
5 Wissenwollen auf eigentümliche Weise zukommt, dann definiert es sich im Fragen. Wer wissen will, sucht eine Antwort. Wer eine Antwort geben will, muss eine Frage stellen. Wer eine Frage stellen will, will sein gewusstes Nichtwissen, zumindest partiell aufheben.

10 Damit ist für das Unterrichten und Lehren eine scheinbar banale Konsequenz ausgesprochen. […] Wer lehren will, muss das Fragen-Lernen anregen, muss helfen, dass mögliches Scheinwissen entlarvt wird, dass vorläufiges Meinen nicht schon mit sicherem Wissen verwechselt wird, muss
15 mithelfen, das Vorurteil abzubauen, damit für ein begründetes Urteil Platz geschaffen wird.

Abb. 4.3: Was ist das?

Das Erkennen des eigenen Nichtwissens erfordert Klarheit und Redlichkeit, Mut und Bescheidenheit gleichzeitig. Lehren beginnt mit jener Beunruhigung, die das Erfahren des
20 eigenen Mangels bewusst macht.

Der Lehrer, der dazu Hilfe leisten will, muss sich grundsätzlich in diese Bescheidenheit einbeziehen, muss sich beispielhaft der Grenze des eigenen Wissens bewusst sein und immer wieder bewusst werden, und sich darin dem
25 Lernenden und Fragenden verbunden wissen. Damit ist nicht das Verschweigen oder Leugnen des Vorauswissens des Lehrers gemeint, nicht die theatralische Geste, mit der er sich auf eine Stufe mit dem Schüler stellt. Damit ist auch nicht peinliche Kumpanei mit dem Schüler gemeint,
30 sondern die grundsätzliche Offenheit für immer wieder zu

leistende Argumentation als Folge des kritischen Umgangs mit sich selbst, als bleibende Bereitschaft zum Fragen und der Suche nach neuen Antworten. Wo diese Bescheidenheit fehlt, wo das Wissen zum fraglosen, d. h. toten Datum
35 wird, da wird das Lernen zum Zwang des kritiklosen Aneignens.

Wer lernen will, muss den Weg von der Frage zur Antwort gehen. Dieser Weg ist der des Argumentierens. Argumente binden das bloße Meinen oder Vermuten durch den Gedan-
40 ken des Grundes. Der Grund bindet an Geltung. […] Mit dem Argumentieren stellt sich der Mensch unter das Urteil der Vernunft.

Aufgaben

Angebote, wie Sie den Text erschließen können:

- „Jede Antwort enthält neue Fragen in sich." (Zeile 3). Erläutern Sie diesen Satz (M9).

- „Wer wissen will, sucht eine Antwort. Wer eine Antwort geben will, muss eine Frage stellen. Wer eine Frage stellen will, will sein gewusstes Nichtwissen, zumindest partiell aufheben." (Zeile 6–9). Erläutern Sie diesen Auszug aus dem Text Satz für Satz. Beachten Sie besonders: Was ist „gewusstes Nichtwissen"?

- Lehren beginnt mit jener Beunruhigung, die das Erfahren des eigenen Mangels bewusst macht." (Zeile 18–20). Erklären Sie, wieso das Erfahren des eigenen Mangels beunruhigend sein kann. Warum beginnt das Lehren mit dieser Erfahrung? Beginnt auch das Lernen damit?

- „Wer lernen will, muss den Weg von der Frage zur Antwort gehen. Dieser Weg ist der des Argumentierens." (Zeile 37–38). Erklären Sie, wieso der Weg von der Frage zur Antwort der des Argumentierens ist.

- „Mit dem Argumentieren stellt sich der Mensch unter das Urteil der Vernunft." (Zeile 40–42). Wieso? Analysieren Sie, was – genau – eigentlich geschieht, wenn man argumentiert.

- ▲ Entwickeln Sie Fallbeispiele, in denen Erzieher so handeln, dass die Kinder zu fragen beginnen.

M 10 Erinnerung, Ermahnung (Heidrun Ludwig)

Erinnerung und Ermahnung wollen künftiger Wiederholung des Fehlverhaltens vorbeugen, ohne dass zunächst weitere negative Konsequenzen daraus erwachsen. Sie helfen, et-
5 was aus dem Gedächtnis zurückzuholen, und bleiben dabei emotional in der Regel neutral, da durch sie das zeitweilige Vergessen nicht weiter beurteilt wird. Falsch angewendet können sie dennoch unerwünschte Nebenwirkungen nach sich ziehen, wie z. B. Frustration oder Beschämung.

Das Erinnern an ein ausgebliebenes erwünschtes, verein-
10 bartes Verhalten ist eine wertneutrale (also nicht-tadelnde) Feststellung eines Versäumnisses („wir hatten vereinbart, dass …"), bei der das Vereinbarte bzw. die Regel ins Gedächtnis zurückgerufen werden soll. Die Erinnerung setzt also voraus, dass die Verhaltensregel oder die Ordnungs-
15 vorstellung, an die erinnert werden soll, den Zu-Erziehenden bekannt ist […]. Wenn die Erinnerung allein nicht fruchtet, mag zwar mit weiteren ernst zu nehmenden Konsequenzen zu rechnen sein; die Erinnerung allein besitzt aber noch keinen verpflichtenden Charakter, sondern einen
20 empfehlend-werbenden.

Zentral bei der Erinnerung ist die vorwurfsfreie Rückmeldung. Der Erziehende führt mit dem Kind ein ruhiges Gespräch über das Fehlverhalten. Förderlich für ein solches Gespräches sind (1) eine entspannte und freundliche Atmo-
25 sphäre, (2) ein ruhiger, neutraler Tonfall, (3) die wertfreie Beschreibung das Fehlverhaltens ohne Beurteilung oder Verurteilung, (4) die Einbeziehung der Sichtweise des Kindes und dabei (5) ein respektvoller Umgang mit dem Kind […].

30 Eine stark sachbezogene Form der Erinnerung ist das „kritische Verhaltens- und Leistungsfeedback", beispielsweise die Feststellung, welche Fehler im Diktat aufgetreten sind und warum es sich dabei um Fehler handelt, also gegen welche grammatikalische Regel damit verstoßen wurde.

35 Die Ermahnung ist eine nachdrückliche Erinnerung, die zusätzlich stark auf die Beendigung des unerwünschten Verhaltens drängt: Dennoch ist das Ermahnen noch stark anregend-motivierend und nicht drohend („Du wolltest doch …") […]. Beim Gemahnten ist die Reaktion neben der
40 Beseitigung des unerwünschten Verhaltens manchmal mit einer emotionalen Reaktion verbunden, z. B. mit schlechtem Gewissen, Schuldbewusstsein, Beschämung, Trauer, Selbstvorwürfen.

Im Klassenzimmer wird häufig in Form eines Ordnungsrufs
45 ermahnt: „Keine Seitengespräche!" Ermahnungen sind jedoch nicht zwangsläufig an sprachliche Äußerungen gebunden, sondern können auch durch ein „Signal", also durch eine nonverbale oder paraverbale Mitteilung erfolgen: z. B. durch Blickkontakt, Stirnrunzeln, abwinkende
50 Handbewegungen, Kopfschütteln, ein demonstratives Räuspern oder durch ein satzunterbrechendes, reservier-

tes Schweigen. Solche Signale haben den Vorteil, sowohl zeit- als auch kraftsparend zu sein, denn sie können fast beiläufig auf Fehlverhalten aufmerksam machen, ohne
55 aufwändige Rechtfertigungen zu provozieren […].

Beim Einsatz von Ermahnung sollten folgende Aspekte berücksichtigt werden:

- Fehlendes oder fehlerhaftes Verhalten darf nur ange-mahnt werden, wenn vorher die Forderung, die Verhal-
60 tensregel beziehungsweise die Ordnungsvorstellung bekannt war. Es kann nur dann sinnvoll reagiert werden, wenn das Verhalten, auf das reagiert wird, nicht nur in den Augen des Erziehers eine Regelübertretung dar-stellt – dem Zu-Erziehenden muss sowohl das Fehlerhaf-
65 te seines gezeigten Verhaltens als auch korrekte Verhal-tensalternativen bekannt sein. Der Ermahnte darf das Geforderte nicht zum ersten Mal durch die Anmahnung erfahren […].
- Die Leistungsfähigkeit des Kindes muss beachtet wer-
70 den, um Überforderung zu vermeiden. Es darf daher nicht etwas angemahnt werden, was keinesfalls ge-leistet werden kann, z. B. etwas, das über den geistigen, körperlichen oder moralischen Entwicklungsstand des Kindes hinausgeht. […]

Aufgaben

Angebote, wie Sie den Text erschließen können:

- Das Erinnern kann, „falsch angewendet", Frustration oder Beschämung hervorrufen (M 10). Untersuchen Sie, ob sich das überhaupt vermeiden lässt.

- Analysieren Sie, ob man eine Erinnerung „wertneutral" gestalten kann. Wie soll das konkret funktionieren?

- Erklären Sie, welche Gemeinsamkeiten und welche Unter-schiede zwischen Erinnerung und Ermahnung bestehen.

- Auf die Ermahnung „kann nur dann sinnvoll reagiert werden, wenn das Verhalten, auf das reagiert wird, nicht nur in den Augen des Erziehers eine Regelübertretung darstellt" (Zeile 61–64). Was aber, wenn das Kind das nicht einsieht? Beschreiben sie, wer eigentlich bestimmt, was als Regelübertretung gilt?

- ▲ Verfassen Sie einen Gegen-Text, der die Argumente und Positionen der Autorin angreift und kritisiert.

- ▲ Stellen Sie ein selbst erlebtes oder beobachtetes Fallbeispiel dar, in dem das Erinnern oder das Ermahnen gelingt, und geben Sie ein weiteres wieder, in dem sie misslingen.

- ▲ Veranstalten Sie eine Pro-und-Kontra-Diskussion über das Erinnern und das Ermahnen.

M11 Tadeln (Heidrun Ludwig)

Ein Tadel ist eine nachdrückliche Mitteilung der Missbilligung eines Fehlverhaltens oder der Feststellung eines Mangels, gekoppelt mit einer Schuldzuweisung. Anders als bei Erinnerung oder Ermahnung ist der Tadel nicht
5 emotions- und wertfrei, sondern beinhaltet die Vorhaltung eines schuldhaften Versäumnisses. Tadel ist also nicht nur Urteil über einen objektiven Tatbestand, sondern enthält immer auch einen subjekt-bezogenen Vorwurf […]. Der Tadel ist also ein Missbilligungsausspruch, der das Ver-
10 säumnis nicht als etwas Schicksalhaftes hinstellt, sondern als die Folge eines persönlichen schuldhaften Versagens […]. Tadel kann verbal oder nonverbal erfolgen, z. B. durch einen vorwurfsvollen Blick oder eine Geste (z. B. Daumen nach unten).

15 Ein Tadel ist etwa angebracht, wenn kräftigere Kinder im Kindergarten gegen Schwächere körperliche Gewalt ausüben. Hier könnte eine Reaktion wie Schimpfen oder ein zeitweiliger Ausschluss aus der Gruppe erfolgen.

Neben der Feststellung eines Mangels oder Fehlverhaltens
20 fordert der Tadel auch nachdrücklich dazu auf, den Mangel auszugleichen oder aufzuheben. Der Sinn eines Tadels liegt also nicht nur in der Feststellung einer Unzulänglichkeit. Pädagogisch ist ein Tadel erst dort qualifiziert, wo durch ihn Veränderung eingelenkt und mit verursacht wird.

25 Wichtigste Voraussetzung für die Wirkung von Tadel ist eine positive affektive Beziehung zwischen Erzieher und Zu-Erziehendem, also ein Vertrauens- und Autoritätsverhältnis. Dem Zu-Erziehenden muss es ein Bedürfnis sein, das positive Verhältnis wiederherzustellen, wel-
30 ches er durch sein Fehlverhalten gefährdet hat. Zu häufig und zu strikt eingesetzt, birgt der Tadel allerdings die Gefahr, die Beziehung zwischen Erzieher und Zu-Erziehendem langfristig zu beschädigen. Zudem trägt der Tadel die Tendenz in sich, seine Wirkbasis selbst zu schwächen: Wer
35 tadelt riskiert, den pädagogischen Bezug „anzukratzen", auf dem seine Wirkung beruht […]. Das bedeutet: indem wir tadeln, „sägen" wir etwas an der verbindenden Brücke zum Zu-Erziehenden. Ein sparsamer Einsatz ist daher angezeigt.

40 Beim Tadeln sollte Folgendes berücksichtigt werden.
• Der Tadel muss für den Getadelten annehmbar sein.
• Der Getadelte muss den Tadel nachvollziehen können. Er muss wissen, dass er und in welcher Weise er sich falsch verhalten hat.
45 • Der Getadelte muss Handlungsalternativen kennen.
• Der Lernende muss grundsätzlich in der Lage sein, die gewünschten Verhaltensalternativen zu zeigen. […]
• Gleichzeitig soll der Tadel angemessen und nicht überzogen sein, da sonst vor allem innere Abwehr hervorgeru-
50 fen wird.
• Tadel sollte sich auf Verhaltensweisen beziehen, die tatsächlich veränderbar sind, und nicht auf unmittelbar nur schwer modifizierbare Persönlichkeitseigenschaften, wie z. B. Schüchternheit.

55 • Pauschaler oder „totaler" Tadel, der sich missbilligend auf die ganze Person bezieht („Du bist zu nichts nütze"), sollte vermieden werden. […]
• Es sollte situationsspezifisch und aktuell getadelt werden. Weiter zurückliegende Vergehen sollten nicht zu-
60 gleich „abgerechnet" werden.
• Tadel darf nichts Willkürliches an sich haben, sondern muss wohlbegründet sein. Der Eindruck der Willkürlichkeit wird am besten mit sachlicher Verankerung des Tadels, also einer expliziten Beschreibung des Fehlver-
65 haltens vermieden […].

Tadel ist nicht gerechtfertigt, wenn das Fehlverhalten Gründe hat, die außerhalb des Verantwortungsbereichs der Zu-Erziehenden liegen; z. B. bedingt durch Vergessen einer Regel wegen mangelnder Übung (hier ist eher eine Erinne-
70 rung angebracht) oder durch ungenügendes Verständnis des Sachverhalts: Dem Lernenden könnte die Bedeutung des Gelernten nicht klar geworden sein, sei es wegen Überlastung, fehlender Verarbeitungskapazität oder Intelligenz sowie wegen zu rascher und abstrakter Vermittlungsversu-
75 che […].

Geißler empfiehlt vor allem, „unterscheidenden Tadel" anzuwenden […]. Eine zuvor bereits gezeigte überdurchschnittliche Leistung des Getadelten könnte zum Vergleich herangezogen werden, um das unerwünschte Verhalten zu
80 kontrastieren. Dadurch finden Tadel und Lob gemeinsam ausgleichend Erwähnung. […]

Aufgaben

Angebote, wie Sie den Text erschließen können:

• Der Tadel ist immer mit einer „Schuldzuweisung" und einem „Vorwurf" verbunden (M11). Erklären Sie, was das heißt.

• Kann man die „Schuldzuweisung" und den „Vorwurf" überhaupt so gestalten, dass der Getadelte sein Fehlverhalten einsieht? Kennen Sie Beispiele, wo das gelungen ist? Beschreiben Sie sie.

• „Pädagogisch ist ein Tadel erst dort qualifiziert, wo durch ihn Veränderung eingelenkt und mit verursacht wird." (Zeile 23–24). Erläutern Sie diesen Satz.

• Erläutern Sie, wann Fehlverhalten „außerhalb des Verantwortungsbereichs des Zu-Erziehenden" liegt (Zeile 66–75).

• ▲ Wie soll ein „unterscheidender Tadel" funktionieren? Kennen Sie Fallbeispiele, wo das geklappt hat? Beschreiben Sie sie.

• ▲ Verfassen Sie einen Gegen-Text, der die Argumente und Positionen der Autorin angreift und kritisiert.

• ▲ Veranstalten Sie eine Pro-und-Kontra-Diskussion über das Tadeln.

M12 Grenzen ziehen (Andreas Flitner)

Grenzen für Kinder sind (erstens) dort zu ziehen, wo eindeutig Gefahren drohen. […] Enge und Weite dieser Grenzen sind freilich, wie wir wissen, eine Sache der Auffassung und der eigenen Ängste der Erwachsenen. Kinder müssen etwas

5 wagen und können nie ganz aus der Gefahrenzone bleiben. Diese Gefahren den Kindern dadurch gegenwärtig zu halten, dass man ihnen entsprechende Angst macht, nur weil man ihnen das entscheidende Verbot ersparen will, ist gewiss nicht der richtige Weg. Man kann den Kindern dieses

10 Verbot erklären. Aber man muss auch selber dazu stehen können, dass die Kinder nicht erst am geschehenen Unglück zu lernen haben, sondern dass schon das Verbot selber als ein sachlich begründetes die Grenze eindeutig setzt.

Grenzziehung ist (zweitens) dort nötig, wo ohne solche

15 Grenzen Menschen verletzt, geplagt, gekränkt würden. Es ist leider nicht so, dass sich Kinder gegen Alte und Schwache stets erträglich verhalten. Es ist auch nicht so, dass sie ihre Konflikte und soziale Abhängigkeiten stets selber regulieren können […]. Es gibt unter Kindern nicht nur Ab-

20 hängigkeit und Tyrannei, sondern leider auch sadistisches Quälen und furchtbare Unterdrückung, die der Erwachsene, wo sie ihm sichtbar werden, verhindern muss. […] Der Freiraum, den die Nicht-Erziehung, die Abstinenz der Erwachsenen bringen soll, saugt eventuell Freiheitsbe-

25 drohung und Vergewaltigung aus anderen Quellen an. Die Ordnung, die der Erzieher durch Vorgabe von sozialen Regelungen (oder auch durch Sorge für die Aufrechterhaltung von selbstbeschlossenen Regelungen der Kinder) schafft, ist eventuell schon deshalb unerlässlich, weil die

30 Kinder sonst anderen Zwängen und Machtausübungen anheimfallen, die sehr viel schlimmere Unfreiheit mit sich bringen können.

Grenzen sind aber (drittens) auch noch an anderen Stellen legitim, als wo Gefahren drohen oder Kinder voreinander

35 in Schutz genommen werden müssen. Es gibt nun einmal Grenzen, die das gemeinschaftliche Leben, die gemeinsame Sitte, gemeinsame Dinge und Geräte erfordern. Es gibt Grenzen der Belastbarkeit, auch solche, mit denen wir unsere eigenste Sphäre bezeichnen, die das Kind um so leichter

40 anerkennen kann, je eindeutiger wir selber seine Sphäre, auch seine Ruhe oder sein Eigentum, respektieren. […] Manche Mutter mag diese Grenzen nicht wahrhaben, mag nicht anerkennen, dass es unreife, unerfüllbare, auch unzumutbare Wünsche des Kindes gibt, bei denen sich ein

45 Verbot […] nicht vermeiden lässt. […]

Nun erhebt sich freilich, wenn es denn solche Grenzen geben muss, die Frage, was der Erwachsene tut, wenn diese Grenzen überschritten werden. Denn fast ebenso unvermeidlich wie die Grenzziehung selber ist es, dass Kinder

50 gegen solche Grenzen anrennen. Was geschieht bei den Grenzverletzungen? […]

Das beginnt mit einem feinen Zeichen an das Kind, dass man die Verletzung bemerkt habe, einer Erinnerung nur, dass hier die Grenze erreicht oder überschritten ist. Das

55 geht weiter über Mahnung oder Besprechung, über Änderung des sozialen Kontexts; über den Versuch, gemeinsam den Zwang oder die Lust zur Grenzüberschreitung zu erkennen. Es zeigt dann Hilfen für das Kind, über die Grenzlinie wieder zurückzukommen, vielleicht ohne das Gesicht zu

60 verlieren, ohne vor anderen als weniger mutig dazustehen. Regelrechte Strafen schließlich sind allenfalls ein letztes Mittel, ein unschönes, wie wir uns oben klargemacht haben, meist nutzlos übrigens (darin der Kriminalstrafe ähnlich), aber eines, das zum Beispiel in einer Gruppe, auch

65 der anderen wegen, die diese Grenzübergänge mit Neugier verfolgen, eventuell nicht vermieden werden kann. […]

Strafen müssen, wenn sie überhaupt zur Erziehung eingesetzt werden und pädagogisch gerechtfertigt sein sollen, eine aufbauende Komponente haben, mit der sich die

70 Verletzung der Grenze und die Verletzung der Beziehung überwinden lässt. Sie müssen auf das Wiedergutmachen, Wieder-in-Ordnung-Bringen der Situation verweisen. Und sie müssen die Wiederherstellung des Vertrauens zwischen Erwachsenem und Kind anbahnen, statt es weiter und

75 nachhaltiger zu verstören.

Aufgaben

Angebote, wie Sie den Text erschließen können:

- Grenzen müssen dort gezogen werden, wo Gefahren drohen (M12). Zeigen Sie das mithilfe von passenden Fallbeispielen auf.

- Erläutern Sie, ob und warum man den Kindern die Gründe für Verbote erklären sollte. Ist das immer möglich?

- „Grenzziehung ist dort nötig, wo ohne solche Grenzen Menschen verletzt, geplagt, gekränkt würden." (Zeile 15–16). Zeigen Sie das mithilfe von passenden Fallbeispielen auf.

- Beschreiben Sie Zwänge und Machtausübungen, denen Kinder „ohne Vorgabe von sozialen Regelungen" (Zeile 30–33) ausgesetzt sein können.

- Erläutern Sie, was bei Grenzverletzungen geschieht. Wie kann man, wie soll man darauf reagieren? Prüfen Sie die Antwort des Autors.

- „Strafen müssen eine aufbauende Komponente haben." (Zeile 68–70) Können Sie dafür Beispiele anführen? Kann das überhaupt funktionieren?

- ▲ Verfassen Sie einen Gegen-Text, der die Argumente und Positionen des Autors zur Erziehungsstrafe angreift und kritisiert.

- ▲ Stellen Sie ein selbst erlebtes oder beobachtetes Fallbeispiel dar, in dem das Strafen gelingt, und geben Sie ein weiteres wieder, in dem es misslingt.

M13 Regierung der Kinder (Johann Friedrich Herbart)

Johann Friedrich Herbart gehört zu den bedeutenden pädagogischen Theoretikern der Moderne. Er hat sich in seinem Buch „Allgemeine Pädagogik aus dem Zweck der Erziehung abgeleitet", das 1806 erschien, auch mit dem Problem beschäftigt, ob und in welchen Situationen die „Regierung" (d.h. die Machtausübung) über die Kinder gerechtfertigt ist. Seine Antworten werden bis heute beachtet und diskutiert.

Abb. 4.4: Johann Friedrich Herbart (1776–1841)

Willenlos kommt das Kind zur Welt; unfähig demnach jedes sittlichen Verhältnisses. So können die Eltern, (teils freiwillig, teils auf die Forderung der Gesellschaft) sich seiner, wie einer Sache bemächtigen. Zwar wissen sie wohl, dass in
5 dem Geschöpf, welches sie jetzt, ohne es zu fragen, nach Gutfinden behandeln, sich mit der Zeit ein Wille hervortun wird, den man gewonnen haben muss, wenn Missverhältnisse eines von beiden Seiten unstatthaften Streits vermieden bleiben sollen. Aber es ist lange bis dahin;
10 zunächst entwickelt sich in dem Kinde statt eines echten Willens, der sich zu entschließen fähig wäre, nur noch ein wilder Ungestüm, der hierhin und dorthin treibt, der ein Prinzip der Unordnung ist, die Einrichtungen der Erwachsenen verletzt, und die künftige Person des Kindes selbst in
15 mannigfaltige Gefahr setzt. Dieser Ungestüm muss unterworfen werden; oder die Unordnung würde den Erhaltern des Kindes als ihre Schuld zuzurechnen sein. Unterwerfung geschieht durch Gewalt; und die Gewalt muss gerade stark genug sein, und sich oft genug wiederholen, um vollstän-
20 dig zu gelingen, ehe sich Spuren eines echten Willens beim Kinde zeigen. […]

Der Erwachsene und zur Vernunft Gebildete übernimmt es mit der Zeit selbst, sich zu regieren. Es gibt aber auch Menschen, die nie so weit kommen; diese hält die Gesell-
25 schaft unter beständiger Kuratel; sie bezeichnet sie zum Teil mit den Namen der Blödsinnigen und Verschwender. Es gibt auch deren, die wirklich einen widergeselligen Willen in sich ausbilden; mit ihnen ist die Gesellschaft im unvermeidlichen Streit; und sie pflegen dem, was gegen
30 sie billig ist, am Ende zu unterliegen. Aber der Streit ist ein sittliches Übel für die Gesellschaft selbst; welchem vorzubauen, die Kinderregierung eine ist unter mehreren notwendigen Vorkehrungen.

Man sieht, dass der Zweck der Kinderregierung man-
35 nigfaltig ist: teils Vermeidung des Schadens; für andre und für das Kind selbst, sowohl jetzt als künftig; teils Vermeidung des Streits, als Missverhältnis an sich; teils endlich Vermeidung der Kollision, in welcher die Gesellschaft zum Streit, ohne vollkommen befugt zu sein, sich genötigt fin-
40 den würde.
Aber alles kommt darin zusammen, dass diese Regierung keinen Zweck im Gemüt des Kindes zu erreichen hat, sondern dass sie nur Ordnung schaffen will. […]

Aufgaben

Angebote, wie Sie den Text erschließen können:

- Der Begriff der „Kinderregierung" bzw. der „Regierung der Kinder" ist missverständlich (M13). Stellen Sie dar, wie der Begriff verstanden werden kann. Formulieren Sie dann die Bedeutung, die J. F. Herbart ihm gibt.

- Arbeiten Sie heraus, unter welchen Bedingen die „Regierung" der Kinder nach J. F. Herbart pädagogisch gerechtfertigt ist.

- Entwickeln Sie Fallbeispiele für eine (nach J. F. Herbart) pädagogisch gerechtfertigte Regierung der Kinder.

- Wer war J. F. Herbart? Recherchieren Sie im Internet oder in der Fachliteratur.

Aufgaben

Sie haben sich mit zahlreichen Formen erzieherischen Handelns beschäftigt. Im Folgenden finden Sie Anregungen für eine Vertiefung Ihrer Erarbeitungen:

1. Vergegenwärtigen Sie sich zunächst, welche eigenen Erfahrungen Sie selbst mit den entsprechenden Formen pädagogischen Handelns gemacht haben. Dazu können Sie z.B.

   a) eine Situation notieren, in der Sie in der angesprochenen Form „erzogen" oder „behandelt" wurden.

   b) einen Dialog verfassen, in dem Sie eine selbst erlebte oder eine erfundene Erziehungssituation zu der entsprechenden Form aufgreifen.

   c) ein Rollenspiel entwerfen und aufführen, das die ausgewählte Form pädagogischen Handelns zum Thema macht.

   d) einen Text schreiben, in dem Sie sich auf der Grundlage Ihrer Erfahrungen mit der betreffenden Form eine kritische Einschätzung geben, also überlegen, inwiefern bzw. unter welchen Umständen diese Form pädagogischen Handelns geeignet ist, Kinder zu erziehen.

   e) Eltern befragen, wie Sie die betreffende Form verstehen und praktizieren. Sie können die Ergebnisse Ihrer Befragung möglichst übersichtlich mit einem kommentierenden Text darstellen.

   f) eine Recherche im Internet oder in der Fachliteratur starten und versuchen, etwas über die Formen erzieherischen Handels herauszufinden.

2. Sie können Ihre Arbeitsergebnisse im Kurs präsentieren und diskutieren.

3. ▲ Gehen Sie nach dem Durchgang durch die Formen pädagogischen Handelns (**M 2** bis **M 13**) zurück auf die Problemstellung, die für dieses Kapitel leitend ist:

   a) Erörtern Sie, inwiefern die erarbeiteten Formen pädagogischen Handelns geeignet sind, die im letzten Kapitel aufgezeigten Herausforderungen für Erziehung unter den heutigen Bedingungen zu bewältigen.

   b) Prüfen Sie, ob und inwieweit pädagogische Handlungsformen sich in konkreten erzieherischen Situationen auch als problematisch erweisen könnten.

   c) Welche Bezüge gibt es zwischen den „Erziehungsstilen" (Kapitel 3) und den „Formen pädagogischen Handelns"? Erörtern Sie, ob sich aus bestimmten Erziehungsstilen bestimmte bzw. spezifische pädagogische Handlungsformen ableiten lassen bzw. ableiten lassen müssten.

4. ▲ Bei den erzieherischen Handlungsformen wurden Strafe und Lob nicht bzw. nur kurz erwähnt.

   a) Erarbeiten Sie (auch mithilfe von Recherchen) Definitionen dieser Begriffe.

   b) Prüfen Sie, inwiefern sie als Formen erzieherischen Handelns geeignet sind. Beachten Sie dabei Ihre Arbeitsergebnisse zu den Anforderungen an Erziehung unter neuzeitlichen und gegenwärtigen Bedingungen.

5. ▲ Es gibt noch weitere Formen unterstützenden erzieherischen Handelns. Hier sind einige Beispiele: Appellieren, Anordnen, Anregen, Beispiel geben, Beraten, Bitten, Darstellen, Kooperieren, Veranschaulichen, Wetteifern.

   a) Recherchieren Sie in der pädagogischen Fachliteratur und im Internet zu ausgewählten Formen des unterstützenden pädagogischen Handelns.

   b) Definieren Sie die Begriffe und entwickeln Sie Beispiele und Konzepte für entsprechendes pädagogisches Handeln.

4.3 Erziehungssituationen als Herausforderung für erzieherisches Handeln

Die folgenden Erziehungssituationen und theoretischen Entwürfe können Sie nutzen, um Ihre neu gewonnenen Erkenntnisse über Formen erzieherischen Handelns und über Erziehungsstile zu überprüfen, anzuwenden und weiterzuentwickeln.

M14 Mark und der Farbkreisel

Ausgangssituation

Mark ist Schüler in der dritten Klasse einer Grundschule. Er hat einen Farbkreisel gebastelt. Dazu hat er einen Kreis in acht Sektoren unterteilt und diese dann abwechselnd rot
5 und gelb ausgemalt. Durch den Mittelpunkt hat er schließlich mit einem spitzen Bleistift ein Loch gestoßen. Mark dreht nun in der Sachunterrichtsstunde den Kreisel und staunt: Die Fläche des Kreisels wird vor seinen Augen orange. Als die Geschwindigkeit langsamer wird und der
10 Kreisel sich auf die Seite legt, sind die zwei Farben wieder da. Mark ist irritiert und weiß nicht so recht, was er tun soll, also dreht er noch einmal mit gleichem Ergebnis. Beim dritten Mal stoppt er den Kreisel abrupt durch eine schnelle Handbewegung, wieder mit gleichem Ergebnis.
15 Er geht zu seiner Lehrerin, Frau Feldkamp, und bittet um Aufklärung.

Variante 1

Frau Feldkamp erklärt: „Es ist so: Nicht die Sache verändert sich, also die Farben auf dem Kreisel. Vielmehr reicht unse-
20 re Wahrnehmungsfähigkeit nicht aus, um die zwei Farben bei hoher Drehgeschwindigkeit auseinanderzuhalten. Die Abfolge der Farben ist für unser Auge zu schnell, es kann sie nicht mehr auflösen. Deshalb haben wir den Eindruck, als ob beide Farben gemischt würden. Das erscheint uns
25 als die Farbe Orange. Man spricht in diesem Fall von addi-tiver Farbmischung. Was Addition ist, kennst du aus dem Mathematikunterricht: das Zusammenzählen von zwei oder mehreren Zahlen. Genau das ist auch hier gemeint. Zwei Farben werden sozusagen addiert." Die Lehrerin fragt
30 nach, ob Mark alles verstanden hat. Dann gibt sie ihm die Aufgabe, alles aufzuschreiben und ihr den Text zur Kon-trolle vorzulegen.

Variante 2

Frau Feldkamp nennt Mark einige Bücher, die er in der
35 Stadtbücherei (oder der Schul- bzw. Klassenbibliothek) finden kann, um sich zu informieren. Mark besorgt sich zwei Bücher, eins aus der „Was ist was"-Reihe und ein Buch mit physikalischen Alltagsexperimenten für Kinder, und zeigt sie seiner Lehrerin. Gemeinsam gehen sie das In-
40 haltsverzeichnis durch und legen die Seiten fest, die wahr-scheinlich weiterhelfen werden. Die Lehrerin gibt Mark die Aufgabe, diese Teile der Bücher durchzuarbeiten und die Erkenntnisse in einem Text zusammenzustellen.

Mark schreibt nun einen Text, in dem er seine Lösung des
45 Problems darstellt. Gemeinsam mit seiner Lehrerin über-prüft er schließlich, ob er richtig gelegen hat. Dabei liegen die beiden Quellen, also die entsprechenden Seiten aus den Büchern, neben ihnen. Mark hat geschrieben: „Die Abfolge der Farben ist für unser
50 Auge zu schnell, es kann sie nicht mehr auflösen. Deshalb haben wir den Eindruck, als ob beide Farben gemischt wür-den. Das erscheint uns als die Farbe Orange. Man spricht in diesem Fall von additiver Farbmischung." Seine Lehrerin fragt nach: „Was heißt denn ‚additiv'?" Mark stutzt, daran
55 hat er in der Tat nicht gedacht. Frau Feldkamp gibt einen Hinweis: „Was Addition ist, kennst du aus dem Mathema-tikunterricht." „Genau: wenn man Zahlen zusammenzählt", weiß Mark. „Das ist auch hier gemeint", fährt Frau Feld-kamp fort, „zwei Farben werden sozusagen addiert." Die
60 Lehrerin fragt nach, ob Mark alles verstanden hat. Dann gibt sie ihm die Aufgabe, seinen Text zu überarbeiten und zur Kontrolle vorzulegen.

Variante 3

Frau Feldkamp fragt nach seinen Ideen zu dem Farbmi-
65 schungsproblem und erhält eine unerwartete Antwort: „Die Farben", so vermutet Mark, „werden durch die Drehung des Kreisels miteinander gemischt, also vielleicht ein biss-chen flüssig, und wenn der Kreisel anhält, dann gehen sie durch den Stopp wieder an ihren ursprünglichen Platz." Die
70 Lehrerin regt an, herauszufinden, ob diese Erklärung sach-adäquat ist. Gemeinsam überlegen sie, wie er das heraus-finden kann. Marks Idee: Er dreht am Kreisel und hält wäh-rend der Drehung seinen Finger auf die Oberfläche. Wenn die Farben ein bisschen flüssig werden, müssten sie ja an
75 seinem Finger sein, das weiß er aus dem Kunstunterricht und der Arbeit mit Wasserfarben. Das Ergebnis: Keine Far-be auf dem Finger. Ob langsame oder schnellere Drehung: Die Farben sind deutlich als zwei Farben zu erkennen und vermischen sich nicht. Es muss also eine andere Erklärung
80 für die Entstehung der orangen Farbe geben. Gemeinsam halten die Lehrerin und er fest: Die Farben mischen sich nicht auf dem Papier aber wo mischen sie sich dann? Und: Es muss mit der Geschwindigkeit zu tun haben, denn im Stillstand und bei langsamer Drehung, auch bei der auslau-
85 fenden Kreiseldrehung sieht man deutlich zwei Farben.

Die Lehrerin zeigt Mark ein Daumenkino. Das ist ein flexi-bel eingebundenes Buch zum Abblättern einer Ansamm-lung von Einzelbildern. Beim Betrachten entsteht die Illusion, man schaue einen Film mit vollständigen Bewe-
90 gungen. Frau Feldkamp sagt: „Ich geb' dir das, damit du die Sache mit dem Farbkreisel besser verstehst." Mark weiß, wie man mit dem Daumenkino umgeht, hat aber noch nie wirklich genau hingesehen. Jetzt stellt er fest, dass der kleine „Film" aus einzelnen Bildern besteht.
95 Er verlangsamt das Filmtempo und sieht einzelne Bilder, er lässt die Seiten schneller durch seine Finger gleiten und sieht eine Bewegung.

Mark überlegt: Die Einzelbilder ergeben beim schnellen Abblättern einen Film. Könnte das mit den Farben bei
100 schneller Bewegung nicht ähnlich funktionieren? Mark beginnt zu begreifen, dass es nicht an der Sache, sondern an seiner Wahrnehmung liegt. Zum ersten Mal wird ihm bewusst, dass unsere Augen hier nicht die „Realität" erfassen, sondern Täuschungen unterliegen. Es dauert
105 einige Zeit, bis er versteht, dass dies auch das Prinzip des Kreisels ist: Nicht die Sache verändert sich, sondern unsere Wahrnehmungsfähigkeit reicht nicht aus, um die zwei Farben bei hoher Drehgeschwindigkeit auseinanderzuhalten.

Abb. 4.5: Freiarbeit in einer Montessori-Klasse

M15 Freiarbeit in einer Montessori-Klasse (Barbara Esser/Christiane Wilde)

Im folgenden Bericht begleiten wir eine Montessori-Klasse, die vier Jahrgänge umfasst, während ihrer dreistündigen Freiarbeit.

Im Flur stehen alle Türen offen. Vereinzelt sitzen Kinder auf
5 den Garderobenbänken vor den Klassenräumen und sind dabei, ihre Straßenschuhe aus- und die Hausschuhe anzuziehen. Es werden dabei auch Gespräche geführt. In der Klasse sind erst wenige Kinder. Die Lehrerin spricht gerade leise mit einem Mädchen. Zwei Kinder stehen vor den
10 Regalen mit Material, ein anderes sitzt bereits an seinem Tisch und rechnet mit Perlenstäbchen. In der Leseecke, einer gemütlichen, mit Matratzen ausgelegten und von Regalen abgeschirmten Ecke, liegt ein Junge und liest in einem Buch über die Steinzeit.

15 Die Tische in diesem Klassenraum stehen in Gruppen zusammen. Jeweils vier oder sechs Kinder teilen sich einen solchen Gruppentisch. Zwei Wände sind mit Regalen für das Material belegt. An der Fensterfront sind mit kleineren Regalen Nischen abgetrennt. Das Lehrerpult vermisse ich
20 zunächst. Es steht unauffällig an einer Seite. Vorn vor der Tafel ist viel freier Raum. Hier können Arbeiten auf dem Boden verrichtet werden.
In der Zeit bis 8.15 Uhr füllt sich der Klassenraum langsam. Einzeln oder in kleinen Gruppen treffen die Kinder ein.
25 Manche müssen erst Kontakt zu ihren Freunden aufnehmen, ihnen das Wichtigste des vergangenen Nachmittags berichten. Andere fangen sofort an ihrem Platz mit einer Arbeit an. Manche Schüler begrüßen zuerst die Lehrerin, die inzwischen neben einem Kind sitzt, und wechseln ein
30 paar leise Worte mit ihr. Die Kinder brauchen unterschiedlich lange, um zu einer Arbeit zu finden, aber gegen 8.30 Uhr haben alle eine Beschäftigung. Es ist jetzt ziemlich ruhig in der Klasse. Der überwiegende Teil der Schüler arbeitet allein, einige zu zweit oder dritt, wobei sie sich
35 flüsternd verständigen. Zwischendurch stehen immer wieder Kinder auf, bringen ihre fertigen Arbeiten in ein Ablagekörbchen auf dem Lehrerpult. Manche gehen an den Regalen entlang und suchen offensichtlich eine neue Arbeit. Einigen Kindern macht die Lehrerin Vorschläge, was
40 sie tun könnten. Sie setzt sich dann zu einem Kind und

erklärt ihm die Arbeitsweise mit einem neuen Material. Mir fällt auf, dass in der Klasse eine sehr entspannte und ruhige Arbeitsatmosphäre herrscht, obwohl sich Kinder im Raum hin- und herbewegen.

45 Gegen 9.00 Uhr wird es etwas unruhiger in der Klasse. Anscheinend sind gerade mehrere Kinder gleichzeitig mit einer Arbeit fertig geworden und wollen sie der Lehrerin zeigen oder sie etwas fragen. Die Unruhe ist auch dadurch entstanden, dass die Kinder warten müssen, bis sich die
50 Lehrerin ihnen zuwendet. Als sie mit einem Glöckchen klingelt, wird es sofort leise. Die meisten Kinder schauen zur Lehrerin. Einige, die nicht sofort reagieren, werden von ihren Mitschülern aufmerksam gemacht. Das Glöckchen ist, so erfahre ich später, ein Signal, dass es entweder zu
55 unruhig in der Klasse geworden ist oder dass die Lehrerin – manchmal auch ein Kind – eine Ankündigung machen möchte. Bei den vielfältigen Tätigkeiten der Schüler fällt es kaum auf, dass eine Lehrerin im Klassenzimmer ist. Ein Gast, der während der Freiarbeit den Raum betritt, muss
60 sie erst einmal suchen. Sie sitzt mitten unter den Schülern, häufig arbeitet sie mit ihnen auch auf dem Boden. Für die Arbeiten auf dem Boden stehen Teppiche in einem Ständer bereit. Einige Kinder arbeiten auch auf Teppichen draußen auf dem langen Flur.

65 Die Materialien sind sehr unterschiedlich. Manche Kinder rechnen mit roten, grünen, goldenen Perlen oder verschiedenfarbigen Perlenketten, andere schreiben Texte ab, erfinden eigene kleine Geschichten, legen oder kleben farbige Symbole, die für die verschiedenen Wortarten stehen, über
70 Satzstreifen. Ein Junge nimmt sich ein Lesekörbchen. Er stellt verschiedene Gegenstände, die in dem Korb liegen, vor sich auf den Tisch: Ein kleines Plastikkamel, einen Nagel, eine Feder, insgesamt zwölf Gegenstände. Seine Lippen bewegen sich. Er versucht leise, die Namen auf den
75 kleinen Kärtchen zu lesen, die zu den Gegenständen gehören, und sie richtig hinzulegen. Er meldet sich, als er fertig ist. Die Lehrerin kommt zu ihm, und sie betrachten gemeinsam sein Werk. Er ist sehr stolz. Er hat dieses Lesekörbchen schon einige Male genommen und sich die Namen inzwischen gut eingeprägt. Leise liest er sie der Lehrerin vor.
80

Dann will er noch gleich das nächste, für ihn neue Körbchen erlesen. Zwei andere Erstklässler bauen gerade Tiere und Menschen auf einem Bauernhof aus Holz auf. Mir fällt auf, dass besonders die Erstklässler offensichtlich nicht nur
85 die Lehrerin um Hilfe bitten, wenn Probleme auftauchen, sondern auch ältere Kinder. In den meisten Fällen helfen diese dann auch bereitwillig.

Inzwischen sind alle Teppiche ausgelegt. Ein Mädchen hat Bilder von Obst- und Gemüsesorten ausgebreitet und sor-
90 tiert sie unter die passenden Oberbegriffe. Neben ihr auf dem Teppich hat ein Junge eine Europakarte aus Holz vor sich liegen und steckt Fähnchen mit den Ländernamen an die richtigen Stellen. Er kann das noch nicht aus dem Kopf, aber die Kontrollkarte, auf der alle Namen vermerkt sind,
95 hilft ihm.

Ein Junge aus dem zweiten Schuljahr möchte draußen auf dem Flur die Tausenderkette auslegen. Er nimmt sie sich von einem Wandregal. Diese Kette besteht aus tausend Einzelperlen, die jeweils in Zehnerabschnitte unterteilt
100 sind. Nachdem er sie auf dem Flur ausgelegt hat, holt er ein Döschen mit Plastikpfeilen, die er ebenfalls draußen auf ein rundes Tablett ausschüttet. In Zehnerschritten zählt er dann bis tausend und legt alle passenden Pfeile mit den Ziffern neben die Kette.

105 Während der Freiarbeit arbeiten die Kinder mit unterschiedlicher Intensität. Ich beobachte manche, die konzentriert und ausdauernd eine Arbeit nach der anderen zu Ende führen. Andere lassen sich leichter ablenken oder benötigen immer wieder Ruhepausen, in denen sie ein Bild
110 malen oder in der Leseecke schmökern. Auch der Kontakt, den die Schüler zu ihrer Lehrerin suchen, ist unterschiedlich. Die einen scheinen sich völlig selbstständig den ganzen Vormittag um ihre Arbeiten zu kümmern, die anderen benötigen immer wieder Zustimmung, Aufmunterung oder
115 Anregungen zum Weitermachen.

Um 10.00 Uhr läutet die Lehrerin erneut mit dem Glöckchen und bittet die Kinder, ihre Arbeiten nun zu beenden und aufzuräumen. Es beginnt daraufhin ein lebhaftes Treiben: Die Tafel wird von zwei Schülern geputzt, ein
120 Mädchen füllt die Gießkanne, um die Blumen auf den Fensterbänken zu gießen. Mehrere Kinder sind damit beschäftigt, die Materialien in den Regalen zu ordnen und mit einem Staubwedel abzustauben. Auch die kleine Bibliothek in der Leseecke wird wieder geordnet. Sogar
125 der Boden wird mit Besen und Handfeger gesäubert. An der Wand hängt ein „Dienstplan". Die Ämter werden jede Woche neu verteilt.

Nach ungefähr zehn Minuten sind alle Aufräumarbeiten beendet, und die Kinder sitzen wieder an ihren Plätzen.
130 Zwei Mädchen aus dem zweiten Schuljahr wollen noch eine Geschichte vorlesen, die sie heute zusammen geschrieben haben. Ein kleiner Junge aus dem ersten Schuljahr liest aus einem kleinen Leseheftchen vor. Alle drei ernten Applaus von der Klasse. Für die Frühstückspause

135 deckt jedes Kind seinen Tisch, und nachdem der Kakao ausgeteilt worden ist, bitten die Kinder die Lehrerin, weiter aus einem Buch vorzulesen. Nach der etwa zehnminütigen Frühstückspause gehen die Kinder auf den Schulhof, denn nun schließt sich die Spielpause an, die bis 11.00 Uhr
140 dauern wird. Anschließend geht es dann weiter mit dem Fachunterricht.

Aufgaben

1. Analysieren Sie zunächst in den Situationen das Verhalten der Erzieher und Zu-Erziehenden (M 14 , M 15).

2. Überprüfen Sie, ob bzw. welche der pädagogischen Handlungsformen hier eingesetzt worden sind.

3. Erörtern Sie, welche eingesetzt werden sollten. Greifen Sie dazu auf Ihre Erkenntnisse zu den Erziehungsstilen und den Formen pädagogischen Handelns zurück.

M 16 Veronika (Ekkehard von Braunmühl)

Der folgende Text stammt von einem Autor, der sich selbst als „Antipädagoge" bezeichnet. Damit will er ausdrücken, dass er alles pädagogische Verhalten für falsch und illegitim hält. In diesem Sinne müsste er auch alle Formen eines pädagogischen Handelns ablehnen.

Betrachten wir uns jetzt in gleicher Weise den Wortwechsel zwischen einer Mutter und einem Kind. Veronika sagt: „Die Renate, die alte Sau, hat mir meine schönste Puppe weggenommen."
5 Die Mutter antwortet: „Also Veronika, wie oft soll ich Dir noch sagen, dass Du solche Wörter nicht gebrauchen sollst. So etwas tut man nicht. Außerdem hast Du gelogen. Renates Mutter hat vorhin angerufen und erzählt, Du hättest Deine Puppe im Park verloren. Habe ich Dir nicht oft genug
10 erklärt, dass Lügen kurze Beine haben? Also tu mir den Gefallen und bleibe in Zukunft bei der Wahrheit. Du brauchst doch keine Angst zu haben. Wenn Du weiter so lügst, dann muss ich es Deinem Vater sagen." Eine harmlose Sache, ein harmloser Erziehungsversuch, wenn man unter „Harm" die
15 Erziehungsorgien versteht, die in Deutschland normal sind. Aber was ist hinter der sprachlichen Kulisse vorgegangen? Das Kind hat ein Schimpfwort gebraucht und gelogen. Daran gibt es nichts zu rütteln. Die Mutter hat […] auch geschimpft und gelogen (gelogen: So etwas tut man nicht,
20 Du brauchst keine Angst zu haben), […] Veronika „sagte": „Ich habe Angst, Dir zu erzählen, dass ich meine Puppe, die Du mir geschenkt hast, verloren habe. Wenn ich die Schuld auf meine Freundin schiebe, kannst Du nicht auf mich schimpfen. Wenn ich auf meine Freundin schimpfe, glaubst
25 Du mir eher, dass sie wirklich schuld ist."

Damit das Beispiel einfacher wird, hat aber Renates Mutter schon Bescheid gegeben. Was „sagt" nun Veronikas Mutter? Ungefähr das: „Du hast es schon wieder gewagt, eines meiner Gebote zu übertreten. Außerdem bist Du mir in die
30 Falle gegangen. Jetzt kann ich Dir zeigen, dass Du nichts bist ohne meine Gnade. Wenn Du mich anlügst, zeigst Du mir Undank, und zur Strafe dafür hetze ich Deinen Vater auf Dich. Ich will verdammt noch mal stolz sein auf das Produkt meiner Erziehung – wage nicht, mir einen Strich
35 durch die Rechnung zu machen."

Veronikas Mutter könnte auch „sagen": „Mensch, Kind, wenn Du so redest, kriegst Du doch überall Ärger. Wie kann ich Dir das nur ersparen? Du musst doch lernen, Dich zu einer Panne zu bekennen. Vielleicht kann ich Dir am besten
40 helfen, wenn ich Dir mit dem strengen Vater drohe. Ich meine es doch so gut mit Dir, merkst Du das nicht?" In beiden Fällen, die sich übrigens nicht widersprechen müssen, steht noch tiefer dahinter die Einstellung (Annahme) der Mutter, die man so formulieren kann: „Du bist mein Kind,
45 mein Geschöpf. Ich habe die Verantwortung für Dich. Ich muss Dich auf irgendeine Weise dazu bringen, dass Du Dich anständig benimmst. […]"

Sehr verkürzt wäre die Situation und Beziehung so zu beschreiben: Das Kind hat sich schlecht benommen. Das Kind
50 ist schlecht. Die Mutter muss das Kind erziehen, damit es besser wird. Wenn die Mutter das Kind nicht erzieht, bleibt es schlecht oder wird sogar noch schlechter. Die Mutter ist die Erzieherin, die Verantwortliche, die Richterin und Machthaberin. Das Kind ist Material, Objekt. Es ist nicht
55 Marionette, sonst hätte es nicht Sau gesagt und gelogen. Aber die Mutter nimmt an, sie müsste das Kind notfalls mit Gewalt (der Drohung mit dem Vater) zur Marionette machen.

Weil Veronika seit ihrer Geburt von der Mutter erzogen
60 wurde und sich das gefallen lassen musste, hat sie die Annahmen ihrer Mutter übernommen. Sie erhebt überhaupt nicht den Anspruch, für ihre Puppe selbst verantwortlich zu sein. Sie geht „freiwillig" zur Mutter und beichtet ihr den Verlust, weil sie der Mutter das Recht zugesteht, ihre Be-
65 sitztümer zu kontrollieren. Gleichzeitig greift sie aus Angst vor Strafe zu einer Notlüge, womit sie anzeigt, dass sie ihre Persönlichkeit schon gespalten hat: Der eine Teil versteht sich als Marionette, als Zögling der Mutter, der andere Teil, der echte, lebendige, hat einfach Angst und versucht, diese
70 zu vermindern, ohne Rücksicht auf Gut und Böse. Der eine Teil weiß genau, dass „man" nicht Sau sagen und lügen soll, aber der andere Teil ist ein fühlender Mensch, der Freude sucht und Leiden vermeiden will.
Nun bleibt die Frage zu untersuchen, was in Veronika vor-
75 geht, nachdem die Mutter ihren harmlosen Erziehungsakt vollzogen hat. Äußerlich sichtbar ist, dass Veronika weint. Innerlich passiert etwa Folgendes: Der Marionetten-Teil fasst gute Vorsätze, will sich bessern, die Mutter nicht mehr enttäuschen. Der echte Teil aber „sagt" sich: „Meine
80 Mutter hat schon recht, in bin ein schlechtes, ein böses Kind. Es nützt alles nichts. Obwohl es die Mutter so gut mit

mir meint, benehme ich mich so schlecht und versuche sogar, sie, die doch alles herauskriegt, zu betrügen. […] Ich verdiene es überhaupt nicht, dass meine Mutter mich so
85 gut behandelt und sich so um mich sorgt." Dieses „Sagen" darf man sich freilich nicht so vorstellen wie formulierte Gedanken, die einem durch den Kopf gehen. Es handelt sich um gefühlsmäßige Eindrücke.

Aufgaben

1. E. von Braunmühl kritisiert in diesem Text (M 16) das Erziehen grundsätzlich. Nicht einzelne Formen des erzieherischen Handelns sind seiner Meinung nach nicht gerechtfertigt, sondern Erziehung überhaupt. Arbeiten Sie heraus, wie er seine Fundamentalkritik begründet.

2. ▲ Setzen Sie sich kritisch mit seiner Position auseinander. Beachten Sie dabei auch, was Sie über Aufgaben, Stile und Formen der Erziehung erarbeitet haben.

Fragen und Anregungen zum Abschluss

1. Reflektieren Sie zum Abschluss Ihren Lernprozess in diesem Kapitel. Dabei können Ihnen die folgenden Fragen helfen:
   a) Welche Zugänge zu den Themen haben Sie gewählt?
   b) Welche besonderen Schwierigkeiten mussten Sie überwinden?
   c) Welche Lernschritte sind Ihnen leichtgefallen?
   d) Welche Methoden haben Sie bei der Lösung der Aufgaben eingesetzt?
   e) Welche Erleichterungen und welche Schwierigkeiten gab es bei der Zusammenarbeit mit anderen Kursteilnehmern?

2. Was würden Sie beibehalten, was ändern, wenn Sie die Aufgaben dieses Kapitels erneut bearbeiten müssten?

3. Überlegen Sie, welchen Sinn die neu erarbeiteten Erkenntnisse für Sie selbst haben bzw. haben können. Dabei können Sie sich an folgenden Fragen orientieren:
   a) Inwiefern verändert das neue Wissen und Können Ihre Sicht auf pädagogisches Handeln?
   b) Welchen Wert hat dieses Wissen und Können für die Gestaltung einer menschenwürdigen Erziehung?
   c) Gibt es gegenwärtige Situationen, zu deren Bewältigung sie nützlich sein können?
   d) Kann Ihnen das neu erworbene Wissen und Können in Zukunft helfen?
   e) Welchen Zweck kann es für Sie erfüllen?

5. An welchen Orten wird erzieherisch gehandelt?

Erziehung findet in verschiedenen Institutionen statt. Institutionen nennt man Einrichtungen mit relativ dauerhaften sozialen Verhaltensmustern. Beispiele für pädagogische Institutionen sind die Familie, die Schule, die Kindertagesstätte, das Jugendzentrum. Es gibt typische Rollen (Vater, Mutter, Kind, Lehrer, Schüler etc.) und die Beziehungen werden durch bestimmte Verhaltenserwartungen geregelt, die wiederum durch Normen gesteuert werden. Die pädagogische Frage an Institutionen ist: Wie müssen sie beschaffen sein, damit Erziehung als Hilfe zu vernünftiger und selbstbestimmter Lebensführung in sozialer Verantwortung möglich wird?

Wie unterschiedlich die Institutionen und Orte der Erziehung auch sein mögen, die dort Handelnden müssen sich dieser Frage stellen, wenn sie ihrer jeweils besonderen pädagogischen Verantwortung gerecht werden wollen.

Fragen und Anregungen zum Einstieg

1. Bevor Sie sich mit den Texten beschäftigen, können Sie selbst das Feld der Institutionen der Erziehung erkunden.
   a) Welche pädagogischen Institutionen gibt es eigentlich?
   b) Welche pädagogischen Berufe gibt es?
   c) Welche besondere pädagogische Verantwortung ist in den unterschiedlichen Institutionen zu übernehmen?

2. Um diese oder ähnliche Fragen zu beantworten, können Sie bei unterschiedlichen Quellen recherchieren:
   a) im Internet,
   b) in der Fachliteratur,
   c) bei der Berufsberatung,
   d) bei Experten, d.h. bei Pädagoginnen und Pädagogen, die in den verschiedenen Institutionen arbeiten.

Methode

Expertenbefragung

Vorbereitung der Befragung

1. Überlegen Sie, welche Experten Sie befragen möchten und wie Sie sie für Ihre Befragung gewinnen können.

2. Wenn Sie Kontakt aufgenommen haben, sollten Sie Ort und Zeitpunkt der Befragung auswählen. Wenn Sie die Möglichkeit erhalten, die Befragung am Arbeitsplatz des Experten durchzuführen, sollten Sie diese Chance nutzen.

3. Vor allem sollten Sie Fragen erarbeiten, die Sie den Experten stellen wollen. Legen Sie fest, ob Sie mit einem Fragebogen arbeiten möchten, ob Sie mit offenen Leitfragen in die Erkundung des Arbeitsfeldes gehen wollen oder ob Sie ein freies Gespräch führen wollen.

4. Legen Sie auch schon fest, wie Sie die Ergebnisse der Befragung sichern, auswerten und präsentieren wollen.

5. Informieren Sie die Experten über diese Planungen und stellen Sie mit ihnen einen Konsens über die Verfahrensweisen her.

Durchführung

6. Arbeiten Sie im Einverständnis mit den Experten Ihre vorbereiteten Fragen ab.

Auswertung

7. Fassen Sie die Ergebnisse in einer geeigneten Präsentationsform zusammen. Setzen Sie dabei auch Fotos oder Materialien zu dem Arbeitsfeld der Experten ein.

8. Beantworten Sie auf dieser Basis die zuvor gestellten Fragen.

5.1 Die Familie

M1 Schicksal Familie (Jürgen Wettig)

Kindheit ist die Zeit, in der gespielt, Neues ausprobiert und ständig Neues erfahren werden kann. […] Mithilfe ihres enorm plastischen und lernfähigen Gehirns sind Kinder prinzipiell in der Lage, alle möglichen Fähigkeiten und Fer-
5 tigkeiten, Vorstellungen und Überzeugungen von denjeni-gen Menschen zu übernehmen, bei denen sie aufwachsen. Das sind in der Regel die Eltern. Hier wird bereits deutlich, wie wichtig die Vorbildfunktion der Elterngeneration für die Entwicklung des Kindes ist. […] Das betrifft Mimik,
10 Gestik, Sprache, Gedanken, Gefühle und Verhalten. Es ist eben ein Unterschied, ob sich alle Familienmitglieder zu verschiedenen Zeiten am Kühlschrank bedienen oder ob abends um 19 Uhr am Tisch gegessen, gesprochen und gelacht wird.

Abb. 5.1: Schicksal Familie?

15 Man stelle sich vor, ein zweijähriges Kind wird von sei-ner Bezugsperson regelmäßig niedergebrüllt und in sein Zimmer gesperrt. Dieses Kind verarbeitet diese Form der Ablehnung unbewusst und speichert diese Erfahrung als unauslöschbare Gedächtnisspur in der Großhirnrinde. Es
20 entsteht eine „Stressnarbe", die sich Jahrzehnte später u.a. als Angststörung oder mindestens ausgeprägte Selbstunsicherheit manifestieren kann, ohne dass dem Betreffenden die eigentliche Ursache dafür bewusst ist.

Es ist sehr wahrscheinlich, dass die Kinder alles, was sich
25 in diesem System bewährt und ihnen nachhaltig positive Gefühle beschert, in die nächste Generation hineintragen werden. So sind sie in der Lage, dann in der Elternrolle den einmal beschrittenen Weg auszubauen und noch konse-quenter selbst zu beschreiten. […] Die Persönlichkeit eines
30 Kindes kann sich optimal herausbilden, wenn natürliche Veranlagung und Umgebungsfaktoren natürlich aufein-ander abgestimmt sind. Das wird durch Flexibilität und Feinfühligkeit der Bezugsperson erreicht, die ihr Verhalten an die verschiedenen Entwicklungsschritte des Kindes
35 anpasst. Jede Stufe auf dem Weg zur reifen Persönlichkeit wirkt wieder auf die nächste. Die Jahre der Kindheit beein-flussen die Jugend, diese wiederum den Erwachsenen, und dessen Erfahrungen setzen sich in der Weisheit des Alters fort. […]

40 Nur durch enge Bezugspersonen, die dem Kind gewisse Geisteshaltungen vorleben und diese auch im Umgang mit ihm verständlich ausdrücken, kann psychische Stabilität erreicht werden. Kinder brauchen also eine Familie, in der sie ihre Wahrnehmungen, Empfindungen, Erfahrungen und
45 ihr Wissen mitteilen können. Die Familie vermittelt ihnen das Gefühl, nicht allein und verloren, sondern wertvoll und wichtig zu sein. Das Kind wird stark, wenn es täglich erfährt, dass es etwas bewirken kann, dass seine Lust, zu entdecken, akzeptiert und gefördert wird.

50 Am Ende steht dann vielleicht – nach über 20 Jahren Ent-wicklung der reife, erwachsen gewordene Mensch, der in der Lage ist, psychische Belastungen zu kompensieren. […]

Der 14-jährige Robert besucht das Gymnasium, lernt u.a. zwei Fremdsprachen und arbeitet in der Redaktion
55 der Schülerzeitung mit. Seit seinem achten Lebensjahr trainiert er zweimal pro Woche im Fußballverein und erhält Klavierunterricht. Mit seinem Vater spielt er gerne Schach. Robert ist ein aktiver Junge, der viele Kontakte zu Gleichaltrigen hat und von seinen Eltern gefördert
60 wird. Das Nervenzellennetzwerk in seinem Gehirn ist mit gut erkennbaren, stabilen und ausreichend vorhan-denen Pfaden in einer dicken, weißen Schneedecke vergleichbar. Für sein weiteres Leben wird Robert damit beschäftigt sein, diese angelegten Pfade zu pflegen,
65 sie immer und immer wieder zu begehen und seine erworbenen Fähigkeiten zu verfeinern und auszubauen. Irgendwann wird er sich nach der einen oder anderen Seite hin orientieren, das einmal Gelernte und Eingeüb-te aber nie ganz vergessen. Die früh angelegten Pfade
70 des Könnens werden ihn bis ins hohe Alter begleiten und ihm sogar im Fall körperlicher Erkrankungen oder sonstiger belastender Lebensereignisse Hilfe und Stütze sein.

Missglückt nämlich die Vorbildfunktion der Eltern auf brei-
75 ter Ebene, könnte die Anzahl orientierungsloser Menschen in der Gesellschaft wachsen und die ganze Gesellschaft Gefahr laufen, ihre Orientierung zu verlieren. In diesem Szenario hätten immer weniger Eltern über die Generatio-nen hinweg die Fähigkeit, ihren Kindern sinnvolle Ziele und
80 Selbstsicherheit zu vermitteln.

M2 Zwölfter Kinder- und Jugendbericht

Bericht über die Lebenssituation junger Menschen und die Leistungen der Kinder- und Jugendhilfe in Deutschland

Mit der Familie fängt für fast alle Kinder alles an. Sie ist das Betreuungszentrum, sie ist die basale Lernwelt, in der
5 Kinder aufwachsen, in der sie jenes Urvertrauen entwickeln und jene elementaren Fähigkeiten und Fertigkeiten erlangen können, die sie befähigen, sich zunehmend eigenständig in der Welt zu bewegen. Damit kommt der Familie mit Blick auf die Bildung, Betreuung und Erziehung der Kinder
10 eine ebenso zentrale wie lebensbegleitende Schlüsselfunktion zu.

Im Lichte dieser elementaren Bedeutung hat die Bundesrepublik lange Zeit auf die Autonomie, Unversehrtheit und Selbstregulationskraft der Familie gesetzt, hat unterstellt,
15 dass die Familie – flankiert insbesondere durch finanzielle Leistungen sowie durch punktuelle Unterstützungen seitens der Kinder- und Jugendhilfe (z. B. Kindergarten, Familienbildung oder Erziehungsberatung) – zusammen mit der Halbtagsschule eine ausreichende Grundlage für das Auf-
20 wachsen von Kindern bietet. Alle anderen Unterstützungsformen für Kinder, Jugendliche und ihre Familien – allen voran eine ausgebaute Infrastruktur – haben demgegenüber stets nur eine marginale Rolle gespielt.
Unverkennbar haben sich jedoch die Rahmenbedingungen
25 und die Hintergrundsannahmen für diesen deutschen Weg lange Zeit fast unmerklich, aber letztlich dennoch folgenreich verändert – teilweise verstärkt durch die Entwicklungen in den neuen Bundesländern.
Dafür gibt es mehrere Indizien: So ist die Zahl der Fami-
30 lien – Eltern mit mindestens einem Kind unter 18 Jahren – seit 1970 um rund ein Drittel zurückgegangen, obgleich die Zahl der jungen Erwachsenen, also der Generation im gebärfähigen Alter, im gleichen Zeitraum um mehr als 10 Prozent gestiegen ist. Zeitgleich hat sich das Verhältnis
35 der Mehrgenerationen- zu Eingenerationenhaushalte von 10 : 4 auf 10 : 9 verschoben. Das heißt: Keine andere Lebensform hatte in den letzten Jahrzehnten einen so starken Bedeutungsverlust zu verzeichnen wie die Familie bzw. die „Eltern-Kind-Gemeinschaften". […]

40 Hinzu kommt darüber hinaus, dass der Anteil der Alleinerziehenden an allen Familien 1970 im Westen noch bei unter 9 Prozent, im Jahr 2004 im gesamten Bundesgebiet jedoch bei 20 Prozent lag. Auch dies unterstreicht, dass das traditionelle Muster der arbeitsteiligen Ehegattenfamilie
45 nicht mehr fraglos als Grundform des Aufwachsens unterstellt werden kann – zumal dieses in Ostdeutschland so nie gegolten hat – und dass flankierende infrastrukturelle Unterstützungssysteme unabdingbar geworden sind. […]

Aber auch in den Grenzbereichen des alltäglichen Erzie-
50 hungsgeschehens wird – jenseits der in den Medien oft überschätzten Fälle extremer Vernachlässigung, Gefährdung des Kindeswohls und von Missbrauch – ein steigender Bedarf an familienunterstützenden, -ergänzenden und bisweilen auch -ersetzenden Hilfen sichtbar. Das illustrie-
55 ren sowohl die steigenden Zahlen im Bereich der ambulanten Hilfen zur Erziehung und der seelischen Behinderung als auch das immer dichter werdende Netz an sozialen Diensten für Kinder, Jugendliche und ihre Familien. Auch dies deutet darauf hin, dass mit Blick auf das Aufwachsen
60 von Kindern das generalpräventiv zugestandene Vertrauen in die Erziehungskraft der Familie aufgrund ihrer Privilegierung in Artikel 6 Abs. 2 der Verfassung kein Garant dafür ist, dass Erziehungsprozesse auch unter den gegebenen Rahmenbedingungen zur Zufriedenheit aller einigermaßen
65 undramatisch und unauffällig ablaufen. Das Dilemma der Erziehungsfrage liegt, zugespitzt formuliert, darin, dass die elterliche Erziehungskompetenz als alltagsweltlich gegeben, als immer schon vorhanden vorausgesetzt wird – ungeachtet der Frage, wo und wie dies denn erworben
70 worden sein soll –, sodass die eigene Verunsicherung als individuelle Unfähigkeit betrachtet und infolgedessen tabuisiert wird. […]

Nicht von ungefähr hat Anfang der 1990er-Jahre vor allem im Kontext der Grundschule eine Debatte an Bedeutung
75 gewonnen, die die Frage der Verlässlichkeit in den Vordergrund rückte. Insoweit war die „verlässliche Halbtagsschule" auch eine Reaktion auf die schwindenden Möglichkeiten familieninterner Betreuungsressourcen.

M3 Familienreport 2010

Die Familie ist für drei Viertel der Bevölkerung der wichtigste Lebensbereich. Solidarität und Zusammenhalt in Familien sind in Zeiten der Krise besonders bedeutsam. Nach Einschätzung der Bevölkerung bietet die eigene
5 Familie weiterhin einen stabilen Rückhalt in schwierigen Lebenslagen (vgl. Abb. 5.2). Drei Viertel der Bevölkerung empfinden den Zusammenhalt in der eigenen Familie als „ziemlich eng" oder „sehr eng". Eltern mit minderjährigen Kindern berichten über ein noch stärkeres Zusammenge-
10 hörigkeitsgefühl: Die Hälfte der Mütter sagt sogar, der Zusammenhalt sei „sehr eng".

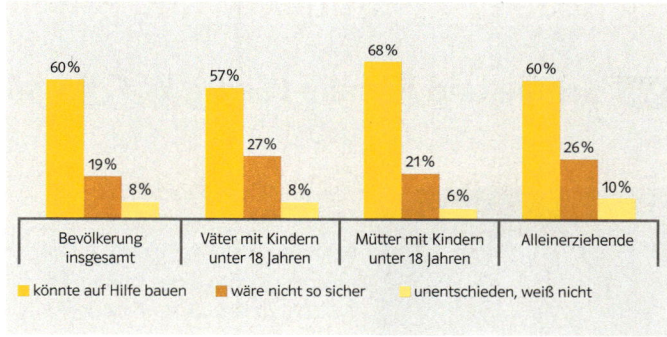

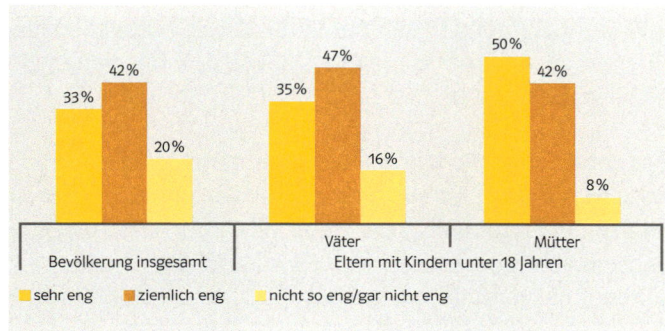

Abb. 5.2: Wie ist der Zusammenhalt in der eigenen Familie?

Abb. 5.3: Unterstützung durch Familie bei eigener starker Betroffenheit von der Krise

Interessanterweise ist das Vertrauen in die eigene Familie wesentlich stärker als die allgemeine Wahrnehmung des familialen Zusammenhalts. Nur jeder Fünfte schätzt
15 den familialen Zusammenhalt in den meisten Familien in Deutschland als (sehr) stark ein. Der gleiche Effekt lässt sich zur Frage beobachten, ob Familie allgemein heute noch genug Einfluss auf Kinder und Jugendliche habe. Insgesamt glauben nur 35 Prozent der Bevölkerung, dass der Einfluss
20 der Familie groß genug sei, während 39 Prozent befürchten, die Familie habe nicht genug Einfluss. Eltern mit Kindern unter 16 Jahren allerdings sehen ihren Einfluss ganz anders: Vier Fünftel sagen, ihr Einfluss auf ihre Kinder sei groß genug; lediglich 11 Prozent halten ihn für nicht ausreichend.

25 Wie verlässlich die Familie als soziales Netz tatsächlich ist, bemisst sich letztlich daran, ob sie im Krisenfall auch die erforderliche Unterstützung leistet. Etwa drei Viertel der Bevölkerung vertrauen auf die Hilfe der Familie in schwierigen Lebenslagen, bei den Eltern mit minderjährigen
30 Kindern sind es sogar vier Fünftel. Selbst bei finanziellen Problemen und bei eigener starker Betroffenheit durch die Wirtschaftskrise rechnen noch etwa 60 Prozent der Bevölkerung – quer durch alle gesellschaftlichen Schichten – fest mit einer Unterstützung durch die eigene Familie (vgl.
35 Abb. 5.3). Mütter mit minderjährigen Kindern haben das größte Vertrauen in das familiale Netz.

Was unter einer Familie verstanden wird, kann recht unterschiedlich sein. Im Vergleich zum Jahr 2000 kann eine deutliche Veränderung des Familienverständnisses festgestellt
40 werden: Das Bild von Familie passt sich der Wirklichkeit an. Dabei verlieren die „klassischen" Familienformen nicht an Bedeutung: Die allermeisten in der Bevölkerung (95,3 %) stellen sich unter einer Familie verheiratete Eltern mit Kindern vor. Auch die Mehrgenerationenfamilie unter einem
45 Dach ist im Aufwind und wird von 78 Prozent der Bevölkerung genannt. Neben die „klassischen" Familienformen treten Lebensformen, die zunehmend als „Familie" eingestuft werden. Dabei werden die Lebensformen als Familie benannt, in denen Kinder wohnen. Unverheiratete Eltern
50 mit Kindern bezeichnen inzwischen 71,4 Prozent der Bevölkerung als „Familie"; vor neun Jahren waren es nur 53 Prozent. Auch Alleinerziehende mit Kind(ern) werden von der Mehrheit der Bevölkerung als Familie begriffen; hier ist eine deutliche Veränderung über die Jahre festzustellen.
55 Gleichgeschlechtliche Paare mit Kindern werden 2009 von einem steigenden Anteil als Familien wahrgenommen; derzeit jedoch lediglich von knapp 15 Prozent der Bevölkerung.

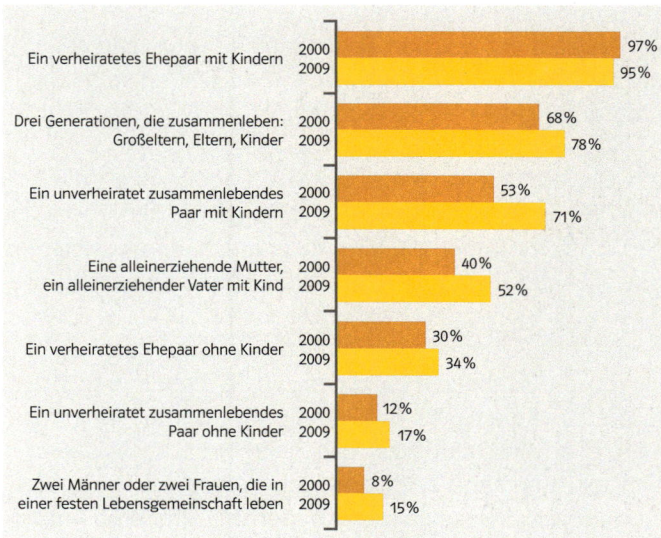

Abb. 5.4: Veränderung des Familienbildes

5.2 Bildungsinstitutionen und Familie

M4 Schule und Familie (Georg W. F. Hegel)

Georg Wilhelm Friedrich Hegel (1770–1831) gehört zu den bedeutendsten Philosophen der Philosophiegeschichte. Er war von 1808 bis 1816 Rektor eines Gymnasiums in Nürnberg. In dieser Funktion hielt er am Ende des Schuljahres seine „Gymnasialreden", in denen er auch grundsätzliche Überlegungen zur Theorie der Schule vortrug.

Abb. 5.5: Georg W. F. Hegel (1770–1831)

Rede zum Schulabschluss am 14. September 1810
Wegen dieser Beschaffenheit unseres Lernens ist auf das eigene Arbeiten und die Beschäftigung der Schüler zu Hause in Beziehung auf den Unterricht der Schule ein
5 besonderer Wert zu legen. Zur Beschäftigung derselben haben wir die Mitwirkung der Eltern wesentlich nötig, insofern das Ehrgefühl der Schüler im Verhältnis zu ihren Mitschülern, der Trieb, die Zufriedenheit der Lehrer sich zu erwerben und sich selbst die Befriedigung zu geben,
10 seine Schuldigkeit getan zu haben, nicht die hinreichende Stärke erlangt hat, – am meisten in den ersten Jahren des Schulbesuchs, wo das eigene Arbeiten noch nicht zur Gewohnheit hat werden können, auch in den späteren Jahren, wenn die Zerstreuungssucht, das äußere gesellige Leben
15 die Gemüter der Jünglinge zu berühren anfängt.

Verwandt hiermit ist ein anderer wichtiger Gegenstand, in Rücksicht auf welchen die Schule noch notwendiger mit den häuslichen Verhältnissen in Beziehung steht und Anforderungen an sie zu machen hat, nämlich die *Disziplin*.
20 […] Zum Besuche unserer Schulen gehört ruhiges Verhalten, Gewöhnung an fortdauernde Aufmerksamkeit, ein Gefühl des Respekts und Gehorsams gegen die Lehrer, ein gegen diese wie gegen die Mitschüler anständiges, sittsames Betragen. Bei Kindern, in welche die häusliche Erziehung
25 diese Bedingungen nicht pflanzen konnte, sollte unserer Anstalt das Geschäft anheimfallen, erst diese Zucht zu bewirken, die Rohheit zu bändigen, die Zerstreuungssucht zu fixieren und die Kinder mit dem Gefühle der Achtung und des Gehorsams zu erfüllen, das ihnen ihre Eltern gegen
30 sich selbst und also auch gegen die Lehrer nicht zu geben vermochten. Wir haben zwar bei der weit größeren Anzahl jene Eigenschaften, Früchte einer sorgsamen häuslichen Erziehung oder vielmehr nur eines guten häuslichen Exempels vorgefunden und bei den wenigen Beispielen des
35 Gegenteils auch die erfreuliche Wirkung der Schulzucht erfahren. Zugleich aber ist es wesentlich, zu erinnern, dass, indem die Natur einer Studienanstalt einen höheren Zweck in sich schließt und auf einer höheren Stufe anfängt als

eine allgemeine Volksschule, die Übernahme jener ersten
40 Zucht, wo sie versäumt worden, nur als ein Versuch anzusehen ist und, wenn bei Subjekten, welche jene Bedingungen nicht erfüllen, das Besserwerden nicht bald eintritt und Rohheit, Unbotmäßigkeit, Unordentlichkeit nicht bei Zeiten weicht, sie den Eltern zurückgegeben werden müssen, um
45 ihre Pflichten erst an denselben zu vollenden, und dass sie aus einer Anstalt zu entfernen sind, deren Unterricht auf einem ungeschlachten Boden nicht gedeihen kann.

Rede zum Schulabschluss am 2. September 1811
Die *Schule steht* nämlich *zwischen der Familie und der*
50 *wirklichen Welt* und macht das verbindende Mittelglied des Übergangs von jener in diese aus. Diese wichtige Seite ist näher zu betrachten.

Das *Leben in der Familie* nämlich, das dem Leben in der Schule vorangeht, ist ein persönliches Verhältnis, ein Ver-
55 hältnis der Empfindung, der Liebe, des natürlichen Glaubens und Zutrauens; es ist nicht das Band einer Sache, sondern das natürliche Band des Bluts; das Kind gilt hier darum, weil es das Kind ist; es erfährt ohne Verdienst die Liebe seiner Eltern, so wie es ihren Zorn, ohne ein Recht
60 dagegen zu haben, zu ertragen hat. – Dagegen in der Welt gilt der Mensch durch das, was er leistet; er hat den Wert nur, insofern er ihn verdient. Es wird ihm wenig aus Liebe und um der Liebe willen; hier gilt die Sache, nicht die Empfindung und die besondere Person. Die Welt macht
65 ein von dem Subjektiven unabhängiges Gemeinwesen aus; der Mensch gilt darin nach den Geschicklichkeiten und der Brauchbarkeit für eine ihrer Sphären, je mehr er sich der Besonderheit abgetan und zum Sinne eines allgemeinen Seins und Handelns gebildet hat.

70 Die Schule nun ist die Mittelsphäre, welche den Menschen aus dem Familienkreise in die Welt herüberführt, aus dem Naturverhältnisse der Empfindung und Neigung in das Element der Sache. In der Schule nämlich fängt die Tätigkeit des Kindes an, wesentlich und durchaus eine ernsthafte
75 Bedeutung zu erhalten, dass sie nicht mehr der Willkür und dem Zufall, der Lust und Neigung des Augenblicks anheimgestellt ist; es lernt sein Tun nach einem Zwecke und nach Regeln bestimmen; es hört auf, um seiner unmittelbaren Person willen, und beginnt, nach dem zu gelten, was es
80 leistet, und sich ein Verdienst zu erwerben. In der Familie hat das Kind im Sinne des persönlichen Gehorsams und der Liebe recht zu tun; in der Schule hat es im Sinne der Pflicht und eines Gesetzes sich zu betragen und um einer allgemeinen, bloß formellen Ordnung willen dies zu tun
85 und anderes zu unterlassen, was sonst dem Einzelnen wohl gestattet werden könnte. In der Gemeinschaft mit vielen unterrichtet, lernt es, sich nach anderen richten, Zutrauen zu anderen, ihm zunächst fremden Menschen und Zutrauen zu sich selbst in Beziehung auf sie zu erwerben,
90 und macht darin den Anfang der Bildung und Ausübung sozialer Tugenden.

M5 Schule, Familie und Internat (Volker Ladenthin)

Je stärker sich die Gesellschaft modern ausdifferenziert und postmodern parzelliert, desto mehr muss nun der Einzelne selbst entscheiden, was ihm zuvor die soziale Ordnung, die Sitten und Institutionen vorgeschrieben haben.
5 Um diese neuen Aufgaben überhaupt erfüllen zu können, muss der Einzelne befähigt und darin bestärkt werden, diese Mannigfaltigkeit zu sichten, zu ordnen und zu bewerten. Diese Fähigkeit, die Mannigfaltigkeit zu ordnen und zu bewerten, nennt man in der deutschen Sprachtradi-
10 tion „Bildung".

Die Schule gewährleistet Bildung durch zwei Eigenheiten: Sie entwirft zum einen einen Lehrplan, der nicht Wissensfragmente gesellschaftlicher Mannigfaltigkeit aneinanderreiht, sondern so angelegt ist, dass er in das Ganze der
15 Welt einführt. Die Schule stellt Welt exemplarisch dar. Das Ganze der Welt liegt in der Vernunft, sie zu denken. Da in der Moderne die Welt immer eine methodisch konstruierte Welt ist, kommt ein zweiter Aspekt hinzu: In der Schule wird Wissen ausschließlich als ein Wissen thematisiert,
20 das auf methodische Weise von jedem Einzelnen immer wieder neu gedacht werden muss. Methode ist also die zweite Eigenheit der Schule. Die Schule wird gebraucht, weil man in ihr etwas lernen kann, was man außerhalb von Schule nicht so schnell,
25 nicht so gut oder gar nicht lernen kann.

Kurz: Die Familie ist Ort des Lebens, der Erfahrung, des Handelns. Die Schule ist ein Ort institutionalisierten, systematischen Lernens. Würde man den einen Ort nach dem Eigensinn des anderen gestalten, dann würde man ihn
30 zerstören: Eine Familie, die durchorganisiert wäre wie eine Schule, wäre nicht sehr anheimelnd. Eine Schule, gestaltet wie eine Familie, würde ihrer Aufgabe nicht mehr gerecht werden können. Eine Familie, in der Kinder nur nach ihren Leistungen beurteilt würden, zerstörte jede emotionale
35 Basis; eine Schule, die Kinder unabhängig von ihren Leistungen betreuen würde, verlöre ihren Sinn. Familie ist eine Lebensgemeinschaft, welche die Kultivierung der in ihr Lebenden indirekt betreibt. Die Grundlage der Familie bildet die Emotion, ihr Sinn besteht in der Er-
40 möglichung von Identität und ihr Zweck ist die Sicherung einer psychisch gesunden Entwicklung. Es ist fraglich, ob öffentliche Institutionen die Herausbildung von Liebe und Emotionen, von Individualität und von Bindungsfähigkeit je werden leisten können, aber momen-
45 tan scheint dies keine Institution zu vermögen. Wenn also das Internat auch Aufgaben übernehmen kann, die zu anderen Zeiten in Familien üblich waren, so gibt es eine Grenze für diese Kompetenz. Die Grundlage, also Entstehung von Liebe und Emotionen, Individualität und Bindungen
50 sowie den Sinn, die Herausbildung von Individualität, kann das Internat einerseits nicht konstituieren, andererseits nicht auslösen, sondern es muss deren Vorhandensein voraussetzen. Seine Arbeit erfolgt in dem Bewusstsein, dass Liebe und Emotionen, Individualität und Bindungen bereits
55 entstanden sind, und wenn sie familiär nicht entwickelt wurden, kann das Internat keinen Ersatz leisten, sondern lediglich Linderung verschaffen.

Umgekehrt hat das Internat eine besondere Möglichkeit, im Elternhaus nur schwer zu Realisierendes zu leisten: Wäh-
60 rend das Elternhaus zumeist sachlich und organisatorisch überfordert ist, wenn es darum gehen soll, Erfahrungen systematisch auszuwerten, didaktisch zu nutzen oder sogar zu gestalten, ist das Internat durchaus in der Lage dazu, weil die professionalisierten Begleiter die in Alltagssitua-
65 tionen unterrichtlich bedeutsamen Inhalte zu entdecken und zu nutzen vermögen. Zudem steht ihnen ein technisch-organisatorischer Apparat zur Verfügung, welcher die Auswertung und Nutzung von Erfahrungssituationen für Unterrichtszwecke (auch technisch) ermöglicht. Das Inter-
70 nat kann auf diese Weise die im Elternhaus gewonnenen Erfahrungen ergänzen und um neue Erfahrungen, die man im Elternhaus nicht machen kann, bereichern. Im Einzelnen handelt es sich hier um die folgenden:
• Erfahrungen mit größeren Gruppen Gleichaltriger in fa-
75 milienähnlicher Wohnsituation,
• Erfahrung einer pädagogisch gestalteten Lebenswelt,
• Enge Beziehung von schulischem Lernen und Leben,
• Erfahrung einer besonderen, oft geistigen Ordnung des Alltags.
80 Das Internat schafft etwas, das in der Regel und aufgrund organisatorischer Voraussetzungen nicht möglich ist: Die Lehrbarmachung von Erfahrungen im Alltag.

Aufgaben

1. Die Texte dieses Kapitels stammen aus unterschiedlichen Epochen und bieten verschiedenartige Zugänge zum Thema der pädagogischen Institutionen. Erarbeiten Sie, wodurch in den Texten (M1 bis M5) die Aufgaben der verschiedenen pädagogischen Institutionen bestimmt werden.

2. Erklären Sie diese unterschiedlichen Aufgaben, indem Sie auch fragen, inwiefern sie von den anderen Institutionen nicht bzw. so nicht übernommen werden können.

3. Prüfen Sie, ob Sie allen Aussagen in den jeweiligen Texten zustimmen können.

4. ▲ Erörtern Sie, welche besondere pädagogische Verantwortung Pädagoginnen und Pädagogen in den jeweiligen Institutionen wahrnehmen müssen.

5. ▲ Diskutieren Sie, welche der pädagogischen Institutionen Sie für die erzieherisch bedeutendste halten. Begründen Sie differenziert.

6. ▲ Gegenwärtig wird in Deutschland eine weitreichende Einführung und Durchsetzung von Ganztagsschulen (und auch ganztägigen vorschulischen Einrichtungen) gefordert und auch realisiert. Nehmen sie aus einer pädagogischen Perspektive zu dieser Entwicklung Stellung.

6. Wie konzipieren Erziehungstheorien „Erziehung"?

Wenn Sie den Kapiteln in diesem Buch nachgegangen sind, haben Sie folgenden Weg in die Pädagogik zurückgelegt: Sie haben sich zuerst Ihr Vorverständnis von Erziehung bewusst gemacht und sich einen ersten Einblick in die Verunsicherungen und Schwierigkeiten verschafft, die heute bei vielen Eltern und professionellen Erziehern zu beobachten sind. Sie sind dann mithilfe von autobiografischen Texten aus verschiedenen Jahrhunderten der Frage nachgegangen, welche Aufgaben Erziehung in modernen Gesellschaften übernehmen muss: Vorbereitung auf sich schnell wandelnde Anforderungen einer zukunftsoffenen Gesellschaft, Leben in einer Welt verschiedenartiger Wertangebote und Lebensformen, Finden der eigenen Bestimmung angesichts der nachlassenden Kraft von Traditionen und Konventionen. Sie haben dies auch als eine Ursache für den Orientierungsbedarf in Fragen der Erziehung erkannt, der heute in der Öffentlichkeit so häufig artikuliert wird. Später haben Sie sich mit Stilen und Formen erzieherischen Handelns beschäftigt und sie an dem Anspruch gemessen, die Aufgaben von Erziehung in modernen Gesellschaften zu erfüllen.

In diesem Kapitel lernen Sie Ansätze von Theorien der Erziehung kennen. Theorien der Erziehung erheben den Anspruch, die verschiedenen Aspekte von Erziehung, mit denen Sie sich bislang auseinandergesetzt haben, in systematischer und verallgemeinernder Weise aufeinander zu beziehen. Dieser Anspruch von Erziehungstheorien kann Hinweise auf den kritischen Umgang mit ihnen geben. Zunächst geht es darum nachzuvollziehen, wie Aufgaben, Ziele, Formen und gesellschaftliche Rahmenbedingungen erzieherischen Handelns konzipiert und in Bezüge gebracht werden. Danach ist zu prüfen, inwiefern das überzeugend gelingt. Um Fragen an Erziehungstheorien zu entwickeln, um sie zu vergleichen und zu beurteilen, kann Ihnen der erste Text von Jürgen Oelkers helfen.

Fragen und Anregungen zum Einstieg

1. Sie können die Texte zu den Theorien der Erziehung so erarbeiten, wie Sie es bereits kennen:
   a) Unter den Texten sind mögliche Aufgabenstellungen oder auch Hinweise, die Ihnen Angebote machen.
   b) Es ist wahrscheinlich, dass Sie auch nach gründlichem Lesen nicht alle Texte vollständig, also in allen Einzelheiten, verstehen werden. Versuchen Sie, einen Zugang über einzelne Aspekte zu finden, die Sie ansprechen und verstehen können.

2. Arbeiten Sie danach mit anderen Kursteilnehmern in Kleingruppen zusammen, die sich möglichst auf andere Aspekte des Textes als Sie selbst konzentriert haben. Stellen Sie sich gegenseitig die Ergebnisse Ihrer Arbeit an dem Text vor und erarbeiten Sie ein gemeinsames Textverständnis.

3. Prüfen Sie auch die Theorien gemeinsam kritisch. Greifen Sie dazu auf Ihre Arbeitsergebnisse aus den vorherigen Kapiteln zurück.

4. Halten Sie schließlich fest, welche Verständnisschwierigkeiten Sie haben und welche kritischen Anfragen an die Theorien Sie vorbringen möchten. Beides kann dann in der gesamten Kursgruppe zum Thema gemacht werden.

Erziehungswissenschaft

- Historische Bildungsforschung
- Allgemeine Erziehungswissenschaft
  - Bildungs- und Erziehungsphilosophie
  - Qualitative Bildungs- und Biographieforschung
  - Pädagogische Anthropologie
  - Wissenschaftsforschung
- International und Interkulturell Vergleichende Erziehungswissenschaft
  - Vergleichende und Internationale Erziehungswissenschaft
  - Interkulturelle Bildung
- Empirische Bildungsforschung
  - Arbeitsgruppe Empirische Pädagogische Forschung
  - Bildungsorganisation, Bildungsplanung, Bildungsrecht
- Schulpädagogik
  - Schulforschung und Didaktik
  - Professionsforschung und Lehrerbildung
  - Grundschulforschung und Pädagogik der Primarstufe
- Sonderpädagogik
- Berufs- und Wirtschaftspädagogik
- Sozialpädagogik
  - Sozialpädagogik
  - Pädagogik der frühen Kindheit
- Erwachsenenbildung
  - Organisationspädagogik
- Pädagogische Freizeitforschung und Sportpädagogik
  - Pädagogische Freizeitforschung
  - Sportpädagogik
- Frauen- und Geschlechterforschung in der Erziehungswissenschaft
- Medienpädagogik
- Differentielle Erziehungs- und Bildungsforschung
  - Psychoanalytische Pädagogik
  - Pädagogik und Humanistische Psychologie

Abb. 6.1: Bereiche der Erziehungswissenschaft nach der Deutschen Gesellschaft für Erziehung

6.1 Merkmale

M1 Über die Eigenart von Erziehungstheorien (Jürgen Oelkers)

Jürgen Oelkers (geb. 1947) ist Professor für Pädagogik an der Universität Zürich. Er hat zahlreiche Arbeiten zur Geschichte von Bildung sowie zur Theorie der Erziehung veröffentlicht.

Abb. 6.2: Jürgen Oelkers (* 1947)

Was soll und wozu taugt eine „Theorie der Erziehung"? Erziehung ist eine praktische Tätigkeit; die Tätigkeit veranlasst unablässig Reflexionen, aber die Reflexionen sind spontaner Natur und reagieren auf situative und per-
5 sönliche Erfahrungen, die kaum verallgemeinert werden können. Von einer Theorie der Erziehung werden überzeugende Generalisierungen erwartet, die nicht einfach der fortlaufenden Erfahrung entnommen sein können. Aber dann ist die Theorie ein erfahrungsfernes Ereignis, eine
10 Abstraktion, die sich nicht in Handlungen übersetzen lässt. Die Alltagserfahrung „Erziehung" erzeugt und definiert Probleme, die reflexiv und praktisch bearbeitet werden, ohne dass die Reflexionen Ableitungen aus allgemeinen Theorien wären. Reflexionen reagieren auf Anlässe und Er-
15 wartungen, nicht auf fremde Verallgemeinerungen. Auf der anderen Seite kann die verlässliche Verallgemeinerungsfähigkeit der Erziehungstheorien schon aus dem Grunde bezweifelt werden, dass immer viele und widersprüchliche „Erziehungstheorien" in Gebrauch sind. […]

20 Reflexion ist nie passend und immer unabgeschlossen. Eine fertige Theorie zu erwarten, ist nicht nur Illusion, sondern zugleich eine Verkennung der Verhältnisse von Reflexion und Praxis. Wäre die Theorie fertig und könnte sie über Erziehung normativ bestimmen, hätte das den Preis,
25 auf Lernen verzichten zu müssen. […]

Erziehung setzt Reflexion ebenso voraus, wie sie sie abverlangt. Die fortlaufende Problemerzeugung ist nicht ein für alle Mal zu erfassen, sondern erzeugt viele Reflexionen, die in kein widerspruchsfreies Gesamt einmünden. Keine
30 Reflexion erfasst Erziehung total, wie die „fertiggestellte Theorie" voraussetzen müsste. Umgekehrt ist Erziehung auch keine begrenzbare Totalität oder Ganzheit, vielmehr muss sie vorgestellt werden als beständige Neuanpassung in der Zeit, ohne dass die Theorie erfassen könnte, was
35 dabei insgesamt geschieht. Das gilt für alle Ansätze oder Positionen von „Erziehungstheorie". Sie reflektieren nie das mutmaßliche Total der Ereignisse und Entwicklungen im

Feld. Was daher pädagogische „Reflexion" genannt werden kann, ist nicht der Spiegel der Erziehungswelt.

40 Die Reflexion
• beleuchtet Aspekte,
• konzentriert die Sichtweise,
• hebt besondere Themen hervor,
• zeigt bestimmte Problemdimensionen auf,
45 • reagiert auf spezifische Verknüpfungen,
• unterschlägt andere,
• gewichtet das Theoriefeld,
• demonstriert Prioritäten,
ist also nie „ganzheitlich" oder „umfassend", wie man ver-
50 muten könnte, wenn man die verschiedenen Ansätze je nur für sich betrachtet. Theorien relativieren sich nur im Vergleich, für sich genommen, behauptet jede, das Problem ganz gelöst zu haben, sodass für andere nichts übrig bleibt.

Aufgaben

1. Arbeiten Sie heraus,
 a) welche Erwartungen nach J. Oelkers (M1) an Erziehungstheorie gestellt werden.
 b) warum die Reflexionen zu praktischen Problemen der Erziehung keine Ableitungen aus allgemeinen Theorien sind.
 c) wieso Erziehungstheorien nie „ganzheitlich" oder „umfassend" sind.

2. Erläutern Sie,
 a) welche Aufgaben die Erziehungstheorie nach J. Oelkers übernehmen kann und soll.
 b) warum Erziehungstheorien nach J. Oelkers notwendig sind, welche Leistungen also ausschließlich Erziehungstheorien erbringen können.

3. Erörtern Sie, inwiefern Erziehungstheorien überhaupt notwendig sind, indem Sie sich kritisch mit den Thesen von J. Oelkers auseinandersetzen.

4. ▲ Entwickeln Sie Fragen für die Erarbeitung der folgenden Erziehungstheorien und für ihre vergleichende Analyse.

6.2 Erziehungstheoretische Ansätze

M2 Aufgaben von Erziehung heute (Andreas Flitner)

Erziehung im Wandel der Gegenwart

Wenn Eltern und Erzieher heute oft verzagt sind, wenn sie an ihrer Aufgabe zweifeln, ja die Erziehungsaufgabe sogar im Ganzen abzuschütteln oder zu verleugnen suchen, so
5 hat das gewiss mit der Unstabilität der Gegenwart, dem raschen Wandel unseres Welt- und Zeitbewusstseins zu tun. Die politischen und sozialen Erschütterungen unserer Epoche erreichen auch die Erziehung. Sie machen ihren Boden unsicher und ziehen das Selbstbewusstsein der Erzieher
10 in Mitleidenschaft. Alle Erziehung (sogar die programmatische Nicht-Erziehung) geht ja doch von der Hoffnung aus, dass es besser werden möge; dass in den Kindern ein neuer Anfang, neue Möglichkeiten uns gegenübertreten; und dass aus unserem eigenen Leben das Bessere, das
15 Vernünftigere und Humane in ihnen zur Geltung kommen kann.

Erziehung im Sinne der Neuzeit ist auch darin eine Tochter der Aufklärung; deren Hoffnungen haben sich mit der Erziehung verbunden: die Hoffnung auf Freiheit und Ver-
20 nunft, auf liberale und demokratische Ordnungen, auf Gerechtigkeit und Frieden. Und von diesen Hoffnungen können wir nicht lassen, im Kleinen nicht und nicht im Großen. Dass der Mensch nicht getrieben sein muss von Ängsten, sich nicht bedroht fühlen muss von anonymen Mächten,
25 nicht genötigt und beherrscht sich sehen von dunklen Institutionen, sondern dass er sich frei fühlen kann, Herr eigener Entschlüsse und Gestalter seines Lebens; dass er auf Gerechtigkeit hoffen darf, dass er etwas beitragen kann zur politischen Vernunft – das alles gehört zu den Grundlagen
30 seines Lebens und seines Zukunftsentwurfs und darum auch zu den Grundlagen seines Erziehens, zu den Hoffnungen für seine Kinder, auch für die pädagogische Arbeit in Schule und Beruf. […]

Anpassung und Selbstwerdung

35 Ehe unser Kind eine Schule von innen sieht, hat es schon vieles, vielleicht das Entscheidende gelernt: wie gefährlich es ist, wenn ein Ball auf die Straße rollt; wie der Vater oder die Mutter sich anstrengen müssen, damit sie sich im Beruf behaupten können; wie müde und gereizt die Mutter
40 ist, wenn sie nach der Fließband-Arbeit auch noch den Haushalt besorgt hat; wie der Freund mit dem schöneren Dreirad geprotzt hat; wie gut es tut, wenn der Vater ausnahmsweise einmal mit ihm ein Schiffchen bastelt oder wie schlimm es ist, wenn die Mutter betrunken ist oder
45 der Bruder hascht; wie wichtig das Geld sein muss, nach dem alle jagen; wie einfach es ist, einen Menschen mit der Maschinenpistole umzulegen; mit welch wichtigen Gesichtern Politiker im Fernsehen reden; wie charmant junge Kätzchen sind; wie ein Buntspecht an der Telegrafenstange
50 hämmert; wie Enten nach Gewürm tauchen, wie Hühner in Batterien gepfercht werden.

Und das Kind hat auch schon gelernt, wie man Erwachsene gnädig stimmen oder provozieren kann; es hat Vorurteile gelernt gegen faule Neger, dumme Frauen, steinreiche
55 Gewerkschaftsbosse, blutrünstige Bolschewiken oder auch brutale Polizeibullen […].

Das also erfährt heute ein Kind fast unausweichlich: Die Straße ist gefährlich, die Arbeit wird Mutter und Vater oft zuviel, das Geld regiert die Welt, Menschen gehen oft bös
60 miteinander um, Nachrichten von Mord und Krieg gibt es alle Tage.
Das lernt es oder erfährt es, auch ohne Erziehung. Aber mit unsrer Hilfe lernt es zugleich mehr und anderes: Die Welt kann verständlich und freundlich sein, mit Mutter oder
65 Vater kann man wandern oder Schiffe bauen, die Arbeit kann Freude machen, zumal wenn man sie gemeinsam tut; es gibt Menschen, die mir wohlwollen und die ich lieb habe; ich selber kann schon manches ausrichten, und das macht auch anderen Freude. – Das sind Botschaften, die

Abb. 6.3: Zutrauen erfahren

70 dem Kind aus seiner nahen Umgebung zukommen, die zwar das Elend der Welt nicht aufheben, aber doch ihre eigene Wahrheit dagegensetzen. Sie schaffen einen Raum, in dem das Kind Zutrauen zum Leben gewinnen kann. Es ist nicht leichter geworden in der heutigen Welt, die Vor-
75 aussetzungen für ein solches Zutrauen zu schaffen; nicht leichter in der Fülle der Appelle und Eindrücke, die auf unsere Kinder niederprasseln. Sie stehen ja nicht mehr in der selbstverständlichen Gemeinsamkeit der Familien, welche den Alltag miteinander teilen und auch die Arbeiten, die
80 für das Leben notwendig sind, zusammen verrichten. Sondern sie stehen in einer Welt der Teilung und Organisation, der Stundenpläne und Termine, der hastigen, pausenlosen Veränderung, welche die Kräfte zu ihrer psychischen und moralischen Bewältigung keineswegs in gleichem Tempo
85 mitwachsen lässt.

Geht ein Kind mit seiner Mutter durch einen Supermarkt, so wird es, zunächst, mit einiger Sicherheit nach den Süßigkeiten greifen, die in seiner Augenhöhe und Reichweite dort ausgelegt sind. Soll die Mutter es gewähren lassen? Soll sie
90 *ihre Einwände dagegen unterdrücken – ihre Überlegungen zur Gesundheit, zur bevorstehenden Mahlzeit der Familie, zur Qualität und zum Preis der Süßigkeiten, vor allem auch: ihren Widerstand gegen die Verführungstechniken des Kaufhauses gegenüber dem Kind? Wenn sie das Kind über-*
95 *redet, die Leckereien zurückzulegen oder auch es ablenkt auf andere Dinge – muss sie sich dann fragen, ob sie das Kind „manipuliert", ob sie seine Freiheit einschränkt? Handelt es sich dabei überhaupt um die Freiheit des Kindes und nicht viel mehr um die Abwehr einer Manipulation durch*
100 *andere? Auch wenn die Mutter nachgibt, wenn sie das Kind „selber entscheiden" lassen will, so muss sie ja am Ausgang die Ware bezahlen – hat nicht auch sie dann schließlich für das Kind entschieden?*

Abb. 6.4: Wer trifft die Entscheidung?

Solche Situationen lassen sich mit den Begriffen „Frei-
105 heit" oder „Selbstbestimmung" nicht fassen, die Worte sind irreführend gegenüber der konkreten Situation. Das Kind lernt Schritt für Schritt, sich zwischen Lenkungen und Verführungen frei zu bewegen. Es lernt mithilfe seiner Eltern, dass ein vielfältiges Angebot nicht nur ver-
110 führerisch sein kann, sondern durchaus nützlich dafür, dass man das Richtige wählt, vernünftig einkauft, und auch das, was Vergnügen macht, wenn möglich nicht fehlen lässt. Das Kind lernt der unmittelbaren Suggestion

zu widerstehen und damit, leider, auch ein Stück seiner
115 kleinkindlichen Spontaneität (auf die die Kaufwerbung ja abzielt) zurückzustellen; zunächst, weil die Mutter es ihm sagt, dann, weil es selber anfängt zu verstehen, worum es beim Einkaufen geht, nämlich abzuwägen und selber zu entscheiden.

120 Auch zu Hause […] kann die Mutter der friedlichen Gemeinsamkeit nicht sicher sein. Denn in den „Hausfrieden" brechen die Medien ein, sie strahlen Unterhaltsames, Nachrichten, Musik und künftig auch Kommerzielles in beliebiger Menge aus. Man braucht es nur abzurufen, und
125 die Kinder lernen schnell, wie man das macht und wie man Amüsantes und Spannendes dort findet. Aber lernen sie auch, wie man das sinnvoll nutzen kann? Wie man es zu verarbeiten hat und wie man gelassen damit umzugehen vermag? Auch dafür bedürfen sie der Hilfe. Wer nicht
130 die „Medienkindheit" will, Kinderköpfe voll Mainzels und Monsters, Ducks und Dicks, voll Mord und Totschlag und unverständlicher Sexualität, der kann eben auch hier die Kinder nicht nur sich selbst, ihrem spontanen Lernen und Wollen überlassen. Denn den Lehrmeistern, denen er es
135 damit überantwortet, ist das individuelle Kind und sein Gedeihen gleichgültig; sie kennen es nicht und zählen es nur als Nummer, als Einschalter des Geräts.

Auch hier also wird das Kind die Welt nur verstehen lernen, wenn wir bei ihm bleiben und sie ihm deuten. Und wenn
140 wir es auch schützen gegen die fabrizierte und suggestive Bilderwelt, damit es eigene Erfahrungen machen kann. Denn das wissen alle, die mit Kindern zu tun haben: Der wichtigste Faktor des kindlichen Lernens und Reifens ist die Erfahrung, die es selber macht: der Umgang mit Men-
145 schen, Probieren und Hantieren, Einblicke in wirkliches, fassbares Geschehen. „Information", das Zauberwort der neuen Medienentwicklung, ist für Kinder nicht viel wert, solange ihr keine eigene Aktivität, keine Möglichkeit des Prüfens und Tuns entspricht und solange nicht ein lebendi-
150 ger Mensch ihnen vermitteln kann, was diese Information bedeutet […].

Der Supermarkt und das Fernsehgerät – man könnte anderes nennen: die Wohnwelt, die Reklame, die kommerzielle Jugendkultur – sie dienen uns hier nicht als Requisiten ei-
155 ner fruchtlosen Zivilisationskritik. Sondern sie sollen daran erinnern: Alltag und Umwelt sind nicht so geartet, dass Kinder sich ohne Weiteres darin entwickeln können; sie sind ihnen oft nicht hilfreich dabei, Personen zu werden, sich selber zu bestimmen und in ihrer Umgebung zu be-
160 haupten. Viele der Zeichen und Einflüsse, die auf das Kind wirken, dienen nicht der Förderung seiner Selbstständigkeit. Sondern sie sind im Gegenteil darauf aus und dafür wirksam, dass das Kind so rasch und so konsequent wie möglich in das Rollenspiel und Konsumverhalten seiner
165 Umgebung eingefügt wird.

Nun ist gewiss ohne Eintreten in das Rollenspiel, ohne das Anpassen und Mitmachen im gesellschaftlichen Leben auch der Weg des Kindes nicht zu denken. Und die päda-

gogischen Konzepte und Überlegungen seit Rousseau,
170 ob man Kinder nicht außerhalb der Gesellschaft erziehen
könne – ganz nach den Bedürfnissen ihrer kindlichen
Natur –, sind doch nicht mehr als ein Gedankenspiel. Die
Blicke auf ganz andere gesellschaftliche Systeme – auf die
Tchambuli in der Südsee […], die Zhun/twasi im Inneren
175 Afrikas […] oder die Yequana im Urwald von Venezuela
[…] – können belehrend sein für das Nachdenken über die
Vielfalt menschlicher Lebensformen; hilfreich für unsere
Erziehungsprobleme sind sie nicht. Denn unsere Verhältnisse sind nicht so, und was dem hochzivilisierten Besucher
180 dieser Stämme als Natürlichkeit und Glück erscheint, ist
auch dort nur insofern (und nur so lange) möglich, als eben
nicht die „Natur", sondern der strengste Traditionalismus
herrscht und keine Abweichung, kein Selberwählen einer
anderen Lebensform duldet.
185 Gerade in den Eingeborenenkulturen ist der gesellschaftliche Zwang fast unausweichlich.

Unsere Kinder wachsen in unserer Kultur und Gesellschaft
auf, sie müssen darin leben und sich bewegen können, und
sie wollen es auch. Alles, was sie lernen, das mehrt und
190 stärkt zunächst ihre gesellschaftliche Tüchtigkeit.
Aber mehrt und stärkt es auch ihre Person, ihr eigenes
Wollen und Denken, ihr „Selbstsein" oder ihr „Ich"? Das
ist die zentrale Frage für die Erziehung. Ihre Aufgabe und
Berechtigung kann keinesfalls nur darin liegen, was sie
195 als Anpassung für die Gesellschaft leistet, im Einüben der
Rollen und im Übermitteln der Ordnung und Tradition: Das
alles könnte die Gesellschaft mit ihren Institutionen, Ordnungen und Zwängen auch selber zustande bringen.

Was aber mithilfe der Erziehung sich bilden soll, ist eben
200 vor allem anderen dieses „Ich", das Gefühl und Bewusstsein von der eigenen, unverwechselbaren Person. Diese
Person in ihrer Einzigartigkeit ist zwar von vornherein da;
je mehr wir die frühe Kindheit erforschen, um so mehr
bestätigen sich diese frühsten Spuren kindlicher Individua-
205 lität […]. Aber erst in der Kommunikation kann sich dieses
originäre Ich festigen und sich seiner selbst bewusst werden. Erst im persönlichen Austausch, in den Gemeinschaf-
ten und Institutionen kann das Angelegte sich ausbilden
zu einer Person, die von sich weiß und die sich behauptet.
210 Das Wichtigste für die Qualität der Erziehung ist also die
Weise, wie Eltern und Erzieher dem Kind helfen, sich selbst
zu finden und die eigene Person lernend zu entfalten.

Vom Gehorsam zur Einsicht

Für uns Heutige liegt die zentrale Aufgabe der Erziehung
215 darin, ein Kind zur Selbstständigkeit und Eigenverantwor-
tung zu führen, das heißt, ihm durch Hilfe, Einübung, Unterstützung zu ermöglichen, in immer weiteren Bereichen
„erwachsen" zu werden. Es soll sich selber Wissen und
Orientierung aufbauen, sich ein eigenes Urteil bilden, Ver-
220 antwortung für sich und andere übernehmen lernen. Auch
die moralische Erziehung und die Gewissensbildung haben
erst dann ihr Ziel erreicht, wenn das Kind die Bewertungs-
maßstäbe und Handlungsgrundsätze als seine eigenen
erkennt. Es soll dahin gelangen, nicht aus Gehorsam zu

225 handeln, sondern aus Einsicht und eigener Überzeugung,
sei es in Übereinstimmung mit seinen Erziehern, sei es
abweichend von ihnen. Diese Hilfe zur Selbstständigkeit
ist nicht ein altüberliefertes, sondern ein relativ junges Ziel
der Erziehung. Solange die Verhältnisse der Gesellschaft
230 und der Arbeit, der familiären und sozialen Zugehörigkeit,
der Ortsansässigkeit und des Gemeinschaftslebens andere
waren, solange unsere Gesellschaft, auf agrarischen und
vorindustriellen Arbeiten beruhend, sich in ihrer geistigen
und sozialen Ordnung als fest gefügt und statisch emp-
235 fand, galten andere Grundsätze der Erziehung. Es gab nur
eines, was Kinder lernen und an das sie gewöhnt werden
mußten, das gehorsame Eintreten und Sicheinfügen in die
bestehende Ordnung. „Willst du nicht Vater und Mutter
gehorchen und dich lassen ziehen", so sagt Martin Luther,
240 „so gehorche dem Henker"; er hätte „lieber einen toten als
einen ungehorsamen Sohn".

Gehorsam, Hören auf Menschen, die Wissen und Erfahrung
haben, ist gewiss auch heute nicht überflüssig geworden.
Aber unser Zeitalter hat so schrecklichen, inhumanen
245 Missbrauch des Gehorsams erlebt, dass auch die Erzieher
sehr genau die Grenzen und Kriterien des Gehorsams
reflektieren müssen. Gehorsam soll zeitlich befristet und
sachlich begründet sein. Er darf nicht als „blinder" verlangt
werden, sondern ist, soweit das Kindesalter es erlaubt, mit
250 Einsicht in die Sache zu verbinden. Er soll am Gewissen
orientiert bleiben und muss mit Gründen verweigert werden können. Gehorsam, Einsicht, Selbstständigkeit sind
zusammengehörige Momente der Erziehung. Die früher
üblichen Mittel zur Durchsetzung des Gehorsams, die har-
255 ten Körperstrafen, sind zwar bis heute nicht ausgestorben.
Aber wir wissen, dass sie in der Regel nicht Einsicht und
Kooperation, sondern eher nur wieder Härte, ja Brutalität
erzeugen.

Aufgaben

1. A. Flitner macht in seiner Erziehungstheorie (M2)
   Aussagen über
   a) Aufgaben und Ziele der Erziehung,
   b) Verfahren und Formen erzieherischen Handelns,
   c) beabsichtigte und tatsächliche Wirkungen erziehe-
      rischen Handelns und
   d) psychische und gesellschaftliche Bedingungen
      pädagogischen Handelns.

   Stellen Sie diese Aussagen systematisch gegliedert
   zusammen.

2. Entwickeln Sie eine übersichtliche Visualisierung seiner
   Erziehungstheorie.

3. Prüfen Sie kritisch, welche Aspekte von Erziehung A. Flitner hervorhebt und welche er weniger stark beachtet
   oder vernachlässigt.

M3 Notwendigkeit pädagogischen Handelns (Lutz Koch)

Lutz Koch (geb. 1942) war Professor für Pädagogik an der Universität Bayreuth. Er ist u.a. mit Arbeiten zu einer pädagogischen Lerntheorie hervorgetreten.

Abb. 6.5: Lutz Koch (* 1942)

Im folgenden Text begründet L. Koch die Notwendigkeit pädagogischen Handelns, indem er die Unterschiede zwischen dem Heranwachsen bei Menschen und Tieren herausstellt. Sie haben sich sicherlich schon in anderen Fächern mit diesem Thema befasst. Stellen Sie Ihr Wissen über die genannten Unterschiede zusammen.

Das Spezifikum pädagogischen Handelns ergibt sich aus einer anthropologischen Erfahrung. Die Erfahrung zeigt, dass wir Menschen im Unterschied zu den Tieren, die durch Instinkte geleitet werden, den Gebrauch unserer
5 natürlichen Anlagen erlernen müssen. Wir müssen das Gehen, den Gebrauch unserer Hände und auch den Gebrauch unserer noch unentwickelten Vernunft lernen. Die Erfahrung zeigt ferner, dass die Natur es völlig unbestimmt gelassen hat, welche Geschicklichkeiten wir erlernen. So ist
10 die Hand, eben weil sie von Natur aus nicht zu bestimmten Tätigkeiten vorgesehen war, zu unbestimmt vielen verschiedenen Tätigkeiten geeignet. Zusammengenommen kann man sagen: der Mensch wird nicht wie das Tier von Natur aus „fertig", sondern er muss sich selbst ausbilden;
15 und er muss das, was er werden kann und soll, obendrein selbst bestimmen. Während das Tier seine Bestimmung durch einen natürlichen Reifeprozess erreicht, muss der Mensch seine Bestimmung aus eigener Kraft und Mühe zu erreichen suchen; und er muss sich seine Bestimmung
20 obendrein selbst geben. Er muss sich ein Bild seiner eigenen Bestimmung machen und selbst herausfinden, worin ein wahrhaft menschliches und seiner Individualität angemessenes Leben besteht. Eben das kann das Kind noch nicht, weil seine Vernunft, die ihm seine Bestimmung zei-
25 gen könnte, selbst noch unentwickelt ist. Um Mensch zu werden, bedarf es deshalb notwendigerweise eines Erziehers, der es allmählich dazu befähigt, seine Bestimmung selbst zu finden. Damit ist die Notwendigkeit und die Aufgabe der Erziehung genannt.

30 Darin, dass der Mensch gewissermaßen Schöpfer (creator) seiner selbst ist, liegt seine ursprüngliche Kreativität. (Deshalb ist es verfehlt, ihn Kreativität lehren zu wollen, angemessener ist, ihn als kreatives Wesen vorauszusetzen). In diesem bildnerischen Verhältnis zu sich selbst

35 liegt die Möglichkeit der Erziehung. Notwendig ist sie, weil der Mensch anfangs noch unfähig ist, sich einen Entwurf oder ein Bild von sich selbst als Mensch und Individuum zu machen und deshalb der Hilfe der Erwachsenen bedarf. Endlich ist Erziehung wirklich, wenn der mit Erziehung
40 beauftragte Erwachsene seine Aufgabe erkennt und erfüllt, nämlich bemüht ist, die Vernunft der ihm Anvertrauten zur Selbstständigkeit (Mündigkeit) anzuleiten. Und es kommt noch etwas hinzu: solange der Heranwachsende noch nicht mündig ist in dem Sinne, dass er sich aus eigener
45 Kraft ein Bild von sich selbst als Mensch entwerfen kann, sondern sich darin nach Vorbildern richten muss, solange muss auch der Erzieher sich bemühen, ein solches Vor-bild zu sein und nicht etwa bloß zu lehren [...].

Aufgaben

1. Lesen Sie zunächst nur den ersten Abschnitt des Textes (M3). Skizzieren Sie, was nach L. Koch den Menschen vom Tier unterscheidet.

2. L. Koch schreibt: Notwendig ist die Erziehung, „weil der Mensch anfangs noch unfähig ist, sich einen Entwurf oder ein Bild von sich selbst als Mensch und Individuum zu machen und deshalb der Hilfe der Erwachsenen bedarf. Endlich ist Erziehung wirklich, wenn der mit Erziehung beauftragte Erwachsene seine Aufgabe erkennt und erfüllt, nämlich bemüht ist, die Vernunft der ihm Anvertrauten zur Selbstständigkeit (Mündigkeit) anzuleiten." (Zeile 35–42) Untersuchen Sie diese Sätze im Detail. Entwickeln Sie Beispiele, um einzelne Aussagen zu konkretisieren.

3. Entwickeln Sie Grundsätze für das Erziehen, die sich aus der von L. Koch formulierten Aufgabe ergeben, der Erzieher solle „die Vernunft der ihm Anvertrauten zur Selbstständigkeit (Mündigkeit)" anleiten.

4. Erklären Sie, inwiefern der Erzieher nach L. Koch ein Vor-bild zu sein hat.

5. L. Kochs Überlegungen sind Überlegungen im Kontext einer „Allgemeinen Pädagogik". Fragen Sie, in welchem Sinne L. Koch für diese Ausführungen den Anspruch des „Allgemeinen" erheben kann. Beziehen Sie sich im Rahmen Ihrer Überlegungen auch kritisch auf die Aussagen von J. Oelkers (M1).

M4 Zeigen als pädagogische Grundoperation (Klaus Prange)

Sie kennen bereits K. Pranges Ausführungen über das Zeigen als Form pädagogischen Handelns. In diesem Text will er darauf hinweisen, dass das Zeigen nicht eine Form von vielen ist, sondern die Grundoperation der Pädagogik.

Worin besteht nun das eigentümlich pädagogische Verhalten, sozusagen die „einheimische Operation" des Erziehens, um eine berühmte Formulierung Herbarts abzuwandeln? Es ist das Zeigen. Überall wo erzogen wird, wird etwas
5 gezeigt. Damit wird allerdings das Feld der Selbstverständlichkeiten verlassen, auch wenn dieser Gedanke selber sehr naheliegend erscheinen mag. Zunächst soll deshalb diese Behauptung: ohne Zeigen keine Erziehung, nur illustriert werden, um sie dann etwas gründlicher zu
10 erörtern. Was mit dem Zeigen gemeint ist und wie es beim Erziehen vorkommt, kennen wir aus der alltäglichen und allgemeinen Lebenserfahrung. Wir sagen den Kindern, wie die Dinge heißen, die sich ihnen zeigen; wir erklären, wie man mit fremden Tieren umgeht, vor welchen man sich in
15 acht nehmen sollte und welche man streicheln darf; wir machen vor, wie man Löffel und Gabel hält; wir warnen vor Gefahren, damit sie sich selber schützen können, wenn wir nicht mehr dabei sind; wir üben, wie man sicher über die Straße kommt, und wir sagen ihnen, was sie anfassen
20 dürfen und was nicht; wir erzählen ihnen Geschichten, aus denen sie lernen, um es etwas großformatiger zu formulieren, wie die Welt sich darstellt. Das ist in der Tat die herkömmliche und keineswegs überholte Vorstellung dessen, worum es in der Erziehung geht: Darstellung der Welt […],
25 um sich in ihr einigermaßen selbstständig behaupten zu können.

Das gilt nicht nur für Kinder und Heranwachsende, sondern heute vermehrt auch für Erwachsene und selbst für die Alten. Darstellung der Welt – das ist, wie der Altmeister
30 Herbart gesagt hat – das Hauptgeschäft der Erziehung. Fehlt das Darstellen und das Zeigen, dann keine Erziehung. Damit soll ausgedrückt sein, dass die Gebärde des Zeigens für alle Erziehung die Minimalbedingung ist, nicht aber, dass es nicht noch weiterer Vorkehrungen und Rücksichten
35 bedarf, damit pädagogische Prozesse in Gang kommen und ihr Gelingen wahrscheinlicher wird. Um Missverständnissen vorzubeugen, ist erstens hinzuzufügen, dass zum Zeigen auch das Verbergen und Vorenthalten gehört, und zweitens, dass das Zeigen keineswegs nur der pädagogi-
40 schen Praxis eigentümlich ist.
In der Gebärde des Zeigens, also wenn wir jemandem etwas zeigen, kommen drei Komponenten zusammen: die personale, die soziale und die thematische. Werden wir gefragt, was wir gestern Nachmittag getan haben, wäre es
45 sonderbar, wenn die Antwort lautete: „Ich habe gezeigt." Man muss schon angeben, was und wie man etwas gezeigt hat und wer der Adressat des Zeigens ist, sonst bleibt die Antwort unvollständig. Etwas formaler ausgedrückt: Zeigen ist ein Prädikat mit drei Leerstellen, anders als das
50 Lernen. Lernen ist primär ein zweistelliges Prädikat. „Ich lerne etwas". Das ist eine vollständige Aussage. Man lernt

zum Beispiel „schwimmen" oder „segeln", oft genug von allein und auch ohne Lehrer. Meine Vermutung ist, dass wir ohnehin das meiste auf eigene Hand lernen, auch wenn
55 die neuere Entwicklung dahin geht, für alles und jedes Trainer und Coachs, Moderatoren und ausgebildete Lehrerinnen und Lehrer ins Spiel zu bringen. Das Erziehen, so könnte man sagen, bemächtigt sich des Lernens, um es zu beschleunigen, zu kontrollieren und vor allem auch: um es
60 zu begrenzen. Für diese Operation gibt es ein Subjekt des Zeigens, ein Thema und einen Adressaten.

Diese triadische[1] Struktur hat in der Pädagogik den Namen „didaktisches Dreieck" erhalten. […] Im Schema sieht das wie folgt aus:

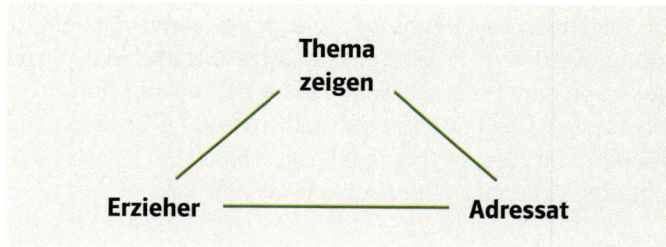

65 Das Zeigen ist die Form, diese drei Komponenten zusammenzubringen. […] Zu welchem Zweck? Erstens, um das Lernen zu beschleunigen, zweitens um es zu lenken, damit es sich nicht an Allotria[2] und andere Bedenklichkeiten verliert. Bei alledem gilt: das Erziehen ist auf das Lernen
70 angewiesen. Wir Pädagogen brauchen das Lernen wie der Zahnarzt die Karies. Und weiter: das Erziehen als Zeigen folgt dem Lernen nicht ohne Weiteres, sondern operiert mit Absichten und Vorgaben. Wer kommt schon von allein darauf, Latein zu lernen oder sich auf die Abgründe der
75 Epsilontik[3] einzulassen, ganz zu schweigen von den Geboten üblicher Gesittung und so anspruchsvoller Themen wie den großen Erzählungen, mit denen wir uns im Leben orientieren sollen. Kurz gefasst: das Zeigen nimmt das Lernen gewissermaßen in die Mache.

80 Diese Zeigestruktur der Erziehung findet sich sinnfällig ausgedrückt in der überlieferten Ikonografie[4]. Der Zeigefinger und mehr noch der Zeigestock dienen seit altersher als Standes- und Erkennungszeichen der Erzieher von Beruf. Der Zeigestock ist die verlängerte Hand, und überhaupt
85 ist das Zeigen ein Hand-Werk im wörtlichen Sinn. Er bringt tatsächlich und symbolisch die Kombination von Belehrung und Aufforderung zum Ausdruck. Wir wollen als Erziehende ja nicht nur gleichsam unschuldig „informieren", sondern die nachwachsende Generation so unterrichten, dass sie
90 auch tun, was wir ihnen sagen. Zugleich enthält der Zeigestock einen Hinweis auf die Machtstruktur der Erziehung, sei es in der starken Form als Mittel der Disziplinierung, sei es in der gedämpften Form als Mittel, die Vorstellungen zu steuern und auf das aufmerksam zu machen, was the-
95 matisch präsentiert wird. Auf jeden Fall ist die Beziehung asymmetrisch und artikuliert sich als Differenz von alt und jung, groß und klein, wissend und unwissend, Meister und

Abb. 6.6: Die Junge Lehrerin (Chardin)

Lehrling, Dozent und Student, eingeweihter Spiritual[5] und lernender Akolyth[6].

100 Zusammengefasst enthält die Gebärde des Zeigens in pädagogischer Absicht zweierlei: den Hinweis auf das, was […] gezeigt wird, und die Aufforderung, auch hinzusehen und zu lernen. Diese Kombination des Zeigens mit der Aufforderung, das Gezeigte auch zu beachten, kann wie folgt
105 gefasst werden: Wir handeln ausdrücklich pädagogisch, indem wir einem anderen etwas so zeigen, dass er oder sie es wieder zeigen kann und auch bewegt wird, eben dies zu tun. Das ist nebenher bemerkt auch der Grund, weshalb zum Erziehen unvermeidlich das Prüfen gehört. Es genügt
110 ja nicht, den Kindern zu erklären, wie sie einigermaßen allein den Schulweg bewältigen können, man muss sich auch davon überzeugen, dass sie die Erklärung beherzigen. Sonst muss man sie weiter beaufsichtigen und selber zur Schule bringen. In jedem Falle gilt: Wenn wir erziehen,
115 kommen wir nicht darum herum, einem anderen etwas zu zeigen.

Anmerkungen
1 triadische: dreigliedrige
2 Allotria: Unfug
3 Epsilontik: mathematische Definition der Grenzwerte
4 Ikonografie: Lehre von der Beschreibung, Analyse und Deutung von Bildern bzw. Bildwerken
5 Spiritual: Amt das in der katholischen Kirche nur von einem geweihten Priester ausgeübt werden kann
6 Akolyt: Begleiter, Gefolgsmann; in der katholischen Kirche ein Laie, der Hilfsdienste bei Gottesdiensten leisten kann

Aufgaben

1. Beim (pädagogischen) Zeigen gibt es nach K. Prange ein Subjekt, ein Thema und einen Adressaten (M4). Konkretisieren Sie das mithilfe von anschaulichen Beispielen.

2. Der Zeigestock, schreibt K. Prange, enthält „einen Hinweis auf die Machtstruktur der Erziehung" (Zeile 91). Erläutern Sie das Verhältnis von Zeigen und Macht mit Bezug auf den Text und mithilfe eigener Beispiele.

3. Wenn in pädagogischer Absicht gezeigt wird, so K. Prange, enthält die Gebärde des Zeigens zweierlei: „den Hinweis auf das, was gezeigt wird, und die Aufforderung, auch hinzusehen und zu lernen" (Zeile 101–103). Konkretisieren Sie besonders das Auffordern als Teil des pädagogischen Zeigens.

4. Erläutern Sie, wieso zu pädagogischem Zeigen nach K. Prange immer das Prüfen gehört.

5. ▲ Ziehen Sie Ihre Arbeitsergebnisse zu K. Pranges Ausführungen über das Zeigen als pädagogische Handlungsform heran, um diesen Text (M4) zu analysieren.

6. ▲ Finden Sie K. Pranges Theorie des pädagogischen Zeigens überzeugend? Erörtern Sie Leistungen und Grenzen seines Ansatzes. Ziehen Sie dazu auch andere Erziehungstheorien heran.

M5 Erziehung und Gesellschaft (Armin Bernhard)

Wir alle haben Erziehung genossen oder erlitten, waren ihren Zumutungen ausgesetzt, haben ihre Eingriffe mehr oder weniger unbeschadet überstanden. Rückblickend erscheint Erziehung als ein Prozess, der dem Intimbezirk
5 der menschlichen Entwicklung zuzuordnen ist, als ein Vorgang, dem subjektiv-personale Qualitäten zukommen, als ein interpersonales Beziehungsverhältnis. In der Lebensgeschichte des Individuums ist Erziehung wesentlich durch die persönliche Beziehung zu den beiden „Portalfiguren"
10 [...] Vater und Mutter, also durch ein intimes Verhältnis, vielleicht das intimste Verhältnis zwischen Menschen überhaupt, bestimmt. Erziehung aber ist zunächst und vor allem ein gesellschaftliches Verhältnis. Sie steht in größeren gesellschaftlichen und politischen Zusammenhängen, die
15 sich dem voreingenommenen lebensgeschichtlichen Blick entziehen. Selbstverständlich ist Erziehung auch ein privatpersonales Verhältnis, doch sie repräsentiert – was die Erziehungswissenschaft im letzten Jahrhundert lange ignoriert hat – ein gesellschaftliches Beziehungsverhältnis. [...]

20 Ein erstes Moment der Bestimmung von Erziehung lautet: Erziehung ist ein gesellschaftliches Beziehungsverhältnis. Keine Gesellschaft ist in der Lage, ohne Erziehung ihren Bestand und ihre Weiterentwicklung zu sichern. Das entsprechende Stichwort hierfür lautet: Regenera-
25 tion im Sinne der Wiedererzeugung von Erfahrung [...]. Der Reformpädagoge Siegfried Kawerau fasst diesen Grundsachverhalt in folgenden prägnanten Satz: „Die Gesellschaft pflanzt sich in der Erziehung fort" [...], eine schöne metaphorische Kennzeichnung dieser Aufgabe der
30 Regeneration, die Erziehung bewerkstelligen soll. Weil jede Gesellschaft in ihrer Existenz und in ihrem Fortbestand auf die Wiederherstellung spezifischer Erfahrungen, Handlungsmuster und Kompetenzen grundlegend angewiesen ist, muss sie Erziehungs- und Bildungsprozesse in Gang
35 setzen. Zunächst ist die Familie das zentrale soziale Verhältnis, in dem sich die Erziehungsprozesse vollziehen [...]. Dieses soziale Verhältnis beinhaltet nicht nur die biologische Fortpflanzungsfunktion, sondern ebenso die soziale Aufgabe der Wiederherstellung und gegebenenfalls der
40 Neuproduktion der Gesellschaft (soziale Fortpflanzungsfunktion der Erziehung). [...]

Erziehung fördert die Integration des Kindes und ist zugleich auf seine Mündigkeit angelegt. Erziehung ist eine Gratwanderung zwischen kindlichen Entwicklungs-
45 bedürfnissen und gesellschaftlichen Anforderungen, sie ist mit Zwang verknüpft, aber zugleich auf die Autonomie des Kindes hin orientiert. Erziehung zur Mündigkeit ist jedoch von Beginn an mit einer schweren Hypothek belastet, einer Hypothek, die der Erziehung wesenseigen ist. Je weiter wir
50 nämlich in der Entwicklung des menschlichen Subjektes zurückgehen, umso stärker ist der formende Einfluss der Erziehung. In den frühen Stadien der Kindheit nehmen die gestalterischen Einflussnahmen der Erwachsenen einen

weit größeren Anteil ein als in einem Zeitraum, in dem sich
55 die bewussten Ablösungs- und Autonomietendenzen einstellen. Die relativ plastische Struktur des Neugeborenen bzw. des Kleinkindes ist diesem formenden Einfluss der Erwachsenen regelrecht ausgeliefert. Von Beginn an ist der Erziehungsprozess demgemäß in ein Machtverhältnis
60 eingelagert [...].
Weil Kleinkinder noch nicht Subjekte ihrer Handlungen sein können, übernehmen andere, nämlich die Erwachsenen, stellvertretend diese Funktion des handelnden Subjekts für die Heranwachsenden [...].
65 Erziehung ist damit immer auch ein Vorgang der Fremdbestimmung, der Unterwerfung, der Integration in ein bestehendes System. Jede Erziehungstheorie, die Wege zur Mündigkeit eröffnen will, muss sich dieses Grundmuster bewusst machen, das mit jeder Erziehung grundsätzlich
70 verbunden ist. Die Hypothek, die der Erziehung wesenseigen ist, bedeutet, dass das Kleinkind sich immer einer bereits gegebenen Machtstruktur unterwerfen muss: „Jeder Mensch beginnt sein Leben in einer Lage, in der gefüttert werden und erzogen werden nicht nur analog, sondern
75 identisch sind. Bereits an der Mutterbrust muss er lernen, sich zu unterwerfen, Lust mit Gehorsam zu bezahlen, Liebe mit dem Verzicht auf die Durchsetzung eigener Wünsche." [...]

Es wird also ein Grundmuster der Unterwerfung geschaf-
80 fen: nämlich der Unterwerfung unter die Machtansprüche der primären Bezugspersonen. Die Gesellschaft übt also mit Erziehung einen massiven Einfluss auf die Subjektwerdung aus. Der Erziehung wohnt gerade in den frühen Phasen der kindlichen Entwicklung eine gewisse Tendenz
85 zum Totalitären hin inne, weil eben die noch elastische, die noch formbare Subjektivität der Heranwachsenden kaum Widerstand gegen die Erziehungsmaßnahmen zu leisten in der Lage ist. Ungeachtet dieser totalitären Tendenz ist der Zwang jedoch erforderlich, er begründet
90 sich aus der Selbstgefährdung von Kindern, die eine noch unentwickelte Rationalität mit sich bringt. Für einen kritischen Erziehungsbegriff ist diese Einsicht fundamental: Ohne diese Fremdbestimmung durch den Erwachsenen gibt es keine Loslösung, gibt es keine Autonomie. In die-
95 sem widerspruchsvollen Spannungsfeld ist jede Erziehung angesiedelt: Sie muss Integration betreiben, um das Überleben der heranwachsenden Subjekte zu gewährleisten. Ohne die Herstellung von Sozialität durch Erziehung würden die zivilen Grundlagen des gesellschaftlichen Zu-
100 sammenlebens ebenso untergraben wie die Entwicklung selbstbestimmter Handlungsperspektiven des Menschen. Gleichzeitig muss Erziehung jedoch so angelegt werden, dass die Überleitung von anfänglicher Fremdbestimmung in Selbstbestimmung prinzipiell ermöglicht wird. Nur von
105 dieser Perspektive her ist Erziehung zu legitimieren. Erziehung ist damit eine Form humanen Zwanges, der für die Entbindung von Autonomie unerlässlich ist.

Aufgaben

1. A. Bernhard bezeichnet Erziehung als ein intimes Verhältnis (M 5) und behauptet gleichzeitig: „Erziehung aber ist zunächst und vor allem ein gesellschaftliches Verhältnis." (Zeile 12–13). Wie passt das zusammen?

2. Erläutern Sie möglichst anschaulich, inwiefern nach A. Bernhard die private Institution der Familie gesellschaftlich geprägt ist und gesellschaftliche Aufgaben erfüllt.

3. „Erziehung ist damit immer auch ein Vorgang der Fremdbestimmung, der Unterwerfung, der Integration in ein bestehendes System" (Zeile 65–67). Erläutern Sie diesen Satz. Nehmen Sie dabei auch Bezug auf den Text.

4. Wie konstruiert A. Bernhard das Verhältnis von Fremdbestimmung und Mündigkeit in der Erziehung?

5. Nach A. Bernhard muss der Mensch „bereits an der Mutterbrust" lernen, „sich zu unterwerfen, Lust mit Gehorsam zu bezahlen, Liebe mit dem Verzicht auf die Durchsetzung eigener Wünsche" (Zeile 75–77). Erläutern Sie diese These. Arbeiten Sie heraus, inwiefern sich darin ein gesellschaftlicher Einfluss ausdrücken soll.

6. Erörtern Sie A. Bernhards Verständnis des Verhältnisses von Erziehung und Gesellschaft. Beachten Sie dabei besonders Ihr Wissen über Stile und Formen der Erziehung.

Fragen und Anregungen zum Abschluss

1. Vergleichen Sie die Erziehungstheorien (M 2 bis M 5). Entwickeln Sie dazu sinnvolle Kriterien.

2. Erörtern Sie Leistungen und Grenzen der verschiedenen Ansätze. Beachten Sie dabei besonders Ihr Wissen aus den vorherigen Kapiteln. Berücksichtigen Sie auch die Anmerkungen von J. Oelkers (M 1) zu Beginn dieses Kapitels.

3. Ist es möglich, die unterschiedlichen Schwerpunkte der Erziehungstheorien zu kombinieren, sodass eine umfassende Definition von „Erziehung" herauskommt?

4. Greifen Sie nun auf die Definition von Erziehung zurück, die Sie bei der Arbeit am 1. Kapitel dieses Lehrbuches entwickelt haben. Vergleichen Sie Ihre Definition mit den Definitionen der Erziehungstheorien und Ihrem Wissen über Stile, Formen und Orte der Erziehung.

5. Rekonstruieren Sie Ihren Lern-Weg in die Pädagogik. Beachten Sie dabei:
   a) Inwiefern hat sich Ihr Vorverständnis geändert?
   b) Gibt es Aspekte pädagogischen Denkens und Handelns, die Sie zu Beginn nicht im Blick hatten?
   c) Gibt es Fragen, die offen geblieben sind?

6. Welchen pädagogischen Fragen möchten Sie in den nächsten Halbjahren nachgehen?

7. Mit welchen aktuellen Herausforderungen muss sich Erziehung auseinandersetzen?

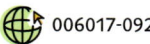 006017-092

Sie haben sich in diesem Buch ein grundlegendes Verständnis von Zweck und Ziel, Stilen und Formen pädagogischen Handelns erarbeitet. Im letzten Kapitel begegnen Sie nun einigen pädagogischen Herausforderungen, die zurzeit in der Öffentlichkeit und in der wissenschaftlichen Pädagogik kontrovers diskutiert werden. Pädagogisches Handeln findet immer in bestimmten gesellschaftlichen und kulturellen Zusammenhängen statt. Aufgabe und Ziel pädagogischen Handelns ist Hilfe zur Selbstbestimmung angesichts der aktuellen Aufgaben und Herausforderungen der Zeit.

Alle folgenden Themenfelder beinhalten Fragen, über deren Beantwortung weder in der interessierten Öffentlichkeit noch in der wissenschaftlichen Pädagogik Einigkeit besteht. Lassen Sie sich also auf die Themen ein und diskutieren Sie mit! Versuchen Sie dabei, ihr bisher erworbenes pädagogisches Wissen einzusetzen. Überlegen Sie, wie Sie die jeweiligen Fragen mithilfe von pädagogischen Kriterien beantworten können. Stellen Sie Ihre Antworten zur Diskussion. Es geht nicht darum, einfache Lösungen zu finden, sondern darum, differenziertes und fundiertes Problembewusstsein zu entfalten.

In diesem Kapitel werden Ihnen exemplarisch fünf herausfordernde Themenfelder vorgestellt.

1. Wir leben in einer **Konsum- und Mediengesellschaft**. Bereits Kinder im Vorschulalter sind Zielgruppe für Werbung und Unterhaltungsangebote. Wie sollen sich Pädagoginnen und Pädagogen angesichts der vielfältigen Angebote der elektronischen oder medialen Welt verhalten?
2. Wir leben in einer Gesellschaft, in der zunehmend mehr Menschen aufwachsen, die einen **Migrationshintergrund** haben. Leben wir in einer solchen „multikulturellen" Gesellschaft, in der alle Lebensformen gleichberechtigt sind? Wie können Pädagoginnen und Pädagogen mit der Tatsache umgehen, dass Heranwachsende heute z.T. mit ganz unterschiedlichen kulturellen Werten konfrontiert sind?
3. Wir leben in einer Gesellschaft, in der sich in den letzten Jahrzehnten **geschlechtsspezifische Einstellungen und Entwicklungen** deutlich verändert haben. Mädchen und Frauen haben bei den Bildungsabschlüssen inzwischen die Jungen überholt, in vielen beruflichen Bereichen nehmen sie zunehmend Führungspositionen ein. Viele Jungen kommen in der Schule nicht mehr mit den Mädchen mit. Wie können und sollen Pädagoginnen und Pädagogen darauf reagieren, dass Jungen und junge Männer in Schule und Gesellschaft eher als Mädchen und junge Frauen an Anforderungen scheitern und eher auffallendes Verhalten an den Tag legen?
4. Wir leben in einer Gesellschaft mit großen Unterschieden zwischen den **sozialen Milieus**. Für Kinder und Jugendliche hat es massive Konsequenzen, ob sie in „bildungsfernen" oder in leistungsorientierten und Bildungsprozesse unterstützenden familiären Umgebungen aufwachsen. Wie sollen Pädagoginnen und Pädagogen mit den Folgen der ungleichen familiären Lebensbedingungen und Förderangebote aufwachsen?
5. Wir leben in einer Gesellschaft, in der Kinder in **sehr verschiedenen Lebensformen** aufwachsen. Es gibt zunehmend mehr Alleinerziehende, „Patchwork-Familien" und andere Formen des Zusammenlebens, die vor wenigen Jahren noch nicht gesellschaftlich akzeptiert waren. Was ist eigentlich eine „Familie"? Was ist „normal"? Es gibt auch immer mehr Einzelkinder, die Geburtenrate sinkt. Welche Auswirkungen hat das z.B. auf die Erfahrungen, die Heranwachsende machen können? Wie also sollen Pädagoginnen und Pädagogen mit diesen Veränderungen der Lebensformen umgehen?

Die Auseinandersetzung mit diesen Themen ist geeignet, grundsätzlich zu fragen, welche besonderen Aufgaben Erziehung übernehmen kann. Dabei ist auch die Rolle anderer gesellschaftlicher Teilsysteme zu beachten: etwa der Politik, der Wirtschaft, der Wissenschaft.

Abb. 7.1: Konsum- und Mediengesellschaft

Fragen und Anregungen zum Einstieg

Im Folgenden können Sie auf das Textangebot dieses Kapitels zurückgreifen.

Sie können aber auch einen anderen Weg wählen: Wenn Sie in der Fachliteratur und im Internet ein wenig recherchieren, werden Sie auf eine Fülle von weiterem aktuellen Material zu diesen Themen stoßen.
a) Sie können die Materialbasis auch leicht erweitern, wenn Sie Menschen zu diesen Themen befragen, die als Betroffene oder als Experten mit ihnen befasst sind.
b) Sie können die Themen also arbeitsteilig in Projekten bearbeiten und dem gesamten Kurs so präsentieren, dass sich eine pädagogische Diskussion anschließen kann.

Zugang zu

Befragungen als empirische Forschungsmethode

Befragungen finden im Alltag oft statt. Ziel ist es, Menschen dazu aufzufordern, bestimmte Informationen zu geben. Darum geht es auch in der Wissenschaft. Wissenschaftliche Befragungen sind im Unterschied zu alltäglichen systematischer und legen genauer offen, welche Ziele und Voraussetzungen sie haben und in welchen Schritten sie vorgenommen werden.

Man unterscheidet
• die mündliche Befragung (Interview) von schriftlichen Befragungen (Fragebogen) und
• standardisierte (d. h. vorher festgelegte und gelenkte) von nicht-standardisierten (d. h. nicht-strukturierten, offenen) Befragungen.

Befragungen werden bewusst geplant. Es wird vorher verbindlich festgelegt, welches Ziel die Befragung haben soll und welche Zielgruppe befragt werden soll. Auch die Art der Befragung wird festgelegt sowie welche und wie viele Fragen gestellt werden. Es ist wichtig, bereits vor der Befragung daran zu denken, wie die Fragen ausgewertet werden können.

Methode

Projektarbeit

Mit „Projekt" bezeichnet man allgemein die Planung, Durchführung und Auswertung eines größeren Vorhabens. Für den „Projektunterricht" ist kennzeichnend, dass er den Kursteilnehmern bei der Auswahl der Themen, bei der Arbeit an ihnen und bei ihrer Präsentation möglichst große Freiräume einräumt. Bewährt hat sich dabei eine bestimmte Abfolge von Schritten:

Phasen im Projektunterricht	methodische Schritte
1. Einstiegsphase	a) Thema finden und konkretisieren b) ggf. die einzelnen Gruppenmitglieder kennenlernen
2. Planungsphase	a) Themenstellung und -aspekte präzisieren b) Produkt und Adressaten festlegen c) Arbeitsmethoden und -orte bestimmen d) Rollen bestimmen und übernehmen e) Zeit- und Materialplan anlegen f) Projektplan erstellen
3. Durchführungsphase	a) Material beschaffen und erkunden b) Material auswerten und bearbeiten c) das Produkt erstellen d) das Produkt koordinieren und reflektieren
4. Präsentationsphase	a) das Produkt präsentieren b) das Produkt zur Diskussion stellen
5. Auswertungsphase	a) das Produkt bewerten b) die Wirkung beurteilen c) den gesamten Arbeitsprozess bewerten

7.1 Leben in einer Konsum- und Mediengesellschaft

M1 Konsum-Kindheit (Susanne Gaschke)

Seelenlose Plastikmonster, bewaffnete Plüschtiere und rosarote Laptops – wie die Spielzeugindustrie den Kindern das Kindliche austreibt

In Kiel gibt es einen Ort, an dem selbst die lautesten Kinder
5 verstummen. Sie drücken auf Tasten, die in Plastikbäuche eingelassen sind, stehen wortlos da und staunen. Fragt die Mutter oder der Vater schließlich: „Willst du den?", dann nickt ihr Kind, und ein grobschlächtiges Maschinenwesen, der Optimus Prime Leader, landet im Einkaufswagen. Die-
10 ser Anführer kann auf Kommando brüllen wie von Sinnen, er bellt wie ein Maschinengewehr und erteilt seiner Truppe aus intelligenten Robotern Befehle. Sein Gegner, der böse Megatron, röhrt aufregend metallisch. Megatron, dessen Augen auf Knopfdruck gefährlich rot aufleuchten, hat ei-
15 nen miesen Bürgerkrieg angezettelt, der auf dem fernen Planeten Cybertron begann und am Ende die Erde erreicht. Man kann die Leichen sehen, wenn man außer dem Spielzeug auch die Filme kauft, die ganze Kollektion.
In Kiel, wo der amerikanische Spielzeug-Supermarkt Toys
20 „R" Us wie in 57 anderen deutschen Städten eine Filiale betreibt, nähert sich das Weihnachtsgeschäft seinem Höhepunkt. Es ist die Saison der Plastikkrieger, der elektronischen Stimmenverzerrer, der Laserschwertkämpfer, der Panzerschützen. Die Saison der Stahlhelme, Patronengür-
25 tel, Handgranaten. Auf 324 Millionen Euro Umsatz jährlich bringt es Toys „R" Us allein in Deutschland. […]

Saisonstars:
Hannah Montana heißt eine Lizenzfigur für Mädchen, die im Moment besonders beliebt ist. Vermarktungsplattform
30 für viele Hannah-Montana-Produkte ist eine Fernsehserie der Walt Disney Company. Im vergangenen Sommer startete der erste Kinofilm. Die Geschichte handelt von einer 17-jährigen Schülerin, die ein Doppelleben als Popstar führt. Die Hannah-Montana-Darstellerin Miley Cyrus ist
35 komplett in den Vermarktungsrummel um die Kunstfigur eingebunden.
Die Transformers sind intelligente Roboter, die sich in Kampfmaschinen verwandeln können. Auf der Erde tragen sie einen Krieg gegen die Decepticons aus, der Hunderte
40 von Jahren zuvor auf dem Planeten Cybertron begann. Neben den Actionfiguren der Firma Hasbro gibt es Zeichentrick- und Comicserien, Videospiele und Kinofilme.

Die Power Rangers sind den Transformers an Kampfeslust ebenbürtig. Sie sind aber keine Maschinen, sondern Teen-
45 ager, die in bunten Kampfanzügen die Menschheit retten wollen und pausenlos gegen Monster kämpfen. […]
Was richten wir an, wenn wir kleinen Kindern Massen von Spielzeug anbieten, von dem niemand sich wünschen kann, es wäre lebendig? Andererseits: Wollten Kinder nicht
50 immer schon genau das, was die Erwachsenen ihnen vorzuenthalten versuchten? Mag sein. Aber vielleicht sollten wir uns die Frage stellen, warum wir möchten, dass unsere Kinder ihre freie Zeit hauptsächlich mit Monstern und vollautomatischen Puppen verbringen. […]

Abb. 7.2: Filmplakat für Hannah Montana

55 Der Markt, auf dem Unternehmen wie Toys „R" Us herrschen, ist ein eigenartiger Markt, nervös und verspielt zugleich. Ständig müssen ganze Erlebniswelten neu erfunden werden, die Halbwertszeit der Lizenzprodukte ist kurz, eine Spirale mit immer neuen Varianten. Fast die Hälfte
60 des jährlichen Umsatzes der Branche – 2,3 Milliarden Euro und zusätzlich etwa 1,7 Milliarden Euro für PC- und Videospiele – wird mit Neuheiten erzielt, mit Spielzeug, das im vergangenen Jahr noch nicht da war. Rund 70 Prozent der 400 lieferbaren Lego-Produkte werden deshalb Jahr für
65 Jahr ausgetauscht. Man spricht schon von einem Klassiker, wenn es auf zwei bis vier Jahre Verkaufszeit bringt.
Das ist deshalb kurios, weil es den Bedürfnissen der Kinder überhaupt nicht entspricht: Sie alle fangen bei null an, sie alle müssen erst einmal sprechen lernen, krabbeln, laufen,
70 Ball spielen. Und dann beginnt die Phase des symbolischen Spiels, des „So tun als ob": Rollenspiele sind ein sehr wichtiger Entwicklungsschritt für Kinder zwischen fünf und zehn Jahren, die von Marketingleuten als Tweens bezeichnet werden. „Mittlere Kindheit" nannten Entwicklungspsy-
75 chologen früher diese Zeit.
„Die mittlere Kindheit kann unglaublich fruchtbar für die intellektuelle und kreative Entwicklung sein", schreibt die amerikanische Psychologin und Spielzeugkritikerin Susan Linn. „Aber die Kinder verlieren heutzutage Jahre des
80 kreativen Spiels, in denen sie ein Gefühl für ihre eigenen Fähigkeiten erlangen könnten, in denen sie ihre Unabhängigkeit ausprobieren, sich am konstruktiven Problemlösen

versuchen oder üben könnten, den Dingen um sie herum eine Bedeutung zu verleihen." Es sind die Jahre, die ein
85 Mensch braucht, um ein reifer, urteilsfähiger Erwachsener zu werden.

Linn glaubt, die mittlere Kindheit schwinde deshalb, weil das Marketing der Händler und Hersteller immer aggressiver werde, sodass die Kinder auf Gedeih und Verderb zu
90 Konsumenten gemacht würden. Und wegen einer von vielen Medien gefeierten „Coolness", die Siebenjährige heute mitleidig über all jene Spielsachen lächeln lässt, die vor 20 Jahren noch Zwölfjährige begeistert hätten.
Die meisten Marketingexperten, die sich mit Spielzeug
95 auskennen, teilen Linns Befund der rückläufigen Kindheit, allerdings nicht ihre Besorgnis. Sie nennen das Phänomen KGOY, Kids Getting Older Younger. Kinder altern eher. Tatsächlich „spielen" über Zehnjährige heute kaum noch; sie telefonieren, chatten, sehen fern, gehen ins Kino. Sie
100 verhalten sich wie erwachsene Konsumenten. Sie teilen ihre Tage in „Termine" auf. Sie klagen schon mit elf Jahren darüber, dass sie keine Zeit mehr hätten.
Verschärft wird die Zeitnot dieser Kinder durch ehrgeizige Freizeit- und Förderprogramme, die ihre Eltern zusammen-
105 stellen. Denn dass der Nachwuchs möglichst früh ganz viel lernen müsse, ist die Werbebotschaft, die den Eltern am lautesten in den Ohren gellt. […]

Die klare Abgrenzung des gesellschaftlichen Bereichs „Kindheit" ist eine Errungenschaft der Moderne. Die Sicht-
110 weise, dass ein Kind etwas grundsätzlich anderes sei als ein Erwachsener, dass es eigene Bedürfnisse und eine eigene Wahrnehmung der Welt habe, war im Mittelalter nicht vorhanden und brauchte bis ins 19. Jahrhundert, um sich durchzusetzen. Daraus ergab sich die Rolle der Eltern:
115 Erwachsen war, wer ein Kind beschützte und es erzog. Ein Ball, eine Kugel, ein Würfel – die „Spielgaben", die der Pädagoge Friedrich Fröbel zu Beginn des 19. Jahrhunderts erfand, gehören auch heute noch zur Grundausstattung vieler Babys – die ersten Mittel zur Erkundung der Welt.
120 Was man fallen lässt, fällt. Was man anschubst, kippt um. Was verborgen ist, ist deshalb nicht verschwunden. All dies müssen Menschen lernen, im Spiel. Doch schon als Kleinkinder wird ihnen die Bereitschaft genommen, das Unbekannte zu erkunden. Die Welt wurde schon eingerichtet.
125 Sie steht in Verkaufsregalen, sie hat ein Programm. Wer heute glaubt, es sei Teil seiner erzieherischen Verantwortung, Kinder vor der kommerziellen Vereinnahmung zu schützen, bis sie selbst urteilsfähig sind, der macht sich das Leben schwer. […]

130 Die Trendforscher von iconkids & youth, einem führenden deutschen Marktforschungsinstitut, zeichnen in ihrer jährlichen Untersuchung mit 1500 Kindern und Jugendlichen im Alter von sechs bis 19 Jahren das Bild einer gleichgeschalteten Kinderwelt: Kinder essen am liebsten Pasta, Pizza,
135 Pommes, Hamburger. Und nicht etwa das von vielen Müttern und Kindergärtnerinnen bevorzugte Rohkostgemüse. Kinder lieben ProSieben, RTL und den Kindersender Super RTL. Und nicht den pädagogisch bemühten Kinderkanal

des öffentlich-rechtlichen Fernsehens. Kinder lesen, wenn
140 sie denn lesen, *Bravo*, *Micky Maus*, *Bravo Girl*, *Wendy*. Und nicht die ambitionierten Magazine *Geolino* oder *National Geographic*. 75 Prozent der Jungen und 52 Prozent der Mädchen verfügen über eine eigene Spielkonsole in ihrem Kinderzimmer. 77 Prozent der Achtjährigen haben zu Hause
145 regelmäßig Zugang zu einem Computer. Über Bücher sagt die Studie nichts.

Seht ihr, die Kinder wollen es so! Das ist die Schlussfolgerung der Marktgläubigen. Und seht, die Kinder finden sich bestens zurecht! Viele Mütter und Väter geben diesem
150 Argument fast erleichtert nach. Haben die Marketingleute nicht recht? „Seit den Achtzigerjahren machen die Eltern mehr oder weniger, was die Kinder sagen", sagt der Jugendforscher Ingo Barlovic von iconkids & youth. Die Ratlosigkeit der Eltern in vielen Fragen der Erziehung spiegele
155 sich in den Ergebnissen seiner Befragungen. Er sagt: „Die Acht- bis Neunjährigen sind die schlimmste Zielgruppe, laut, hektisch, schreien viel und haben keinerlei Respekt vor Erwachsenen." Pampige Antworten erhalte man schon von manchen Zweitklässlern. „Aber so ist es eben mit der
160 kommerzialisierten Kindheit", sagt Barlovic. „Alles dreht sich um mich. Autonomie wird immer wichtiger." Und ein Nein, gleichbedeutend mit einem unmissverständlichen Verbot, ist für die vielen Eltern mit schwankenden Maßstäben immer schwerer auszuhalten.

Aufgaben

1. „Die klare Abgrenzung des gesellschaftlichen Bereichs ,Kindheit' ist eine Errungenschaft der Moderne" (Zeile 93–94). Kommentieren Sie die beiden folgenden Abschnitte des Textes (M1) sorgfältig Satz für Satz.

2. Fassen Sie die Argumentation S. Gaschkes zusammen. Sie benutzt sowohl beschreibende als auch bewertende Sätze.
   a) Achten Sie darauf, welche Aussagen die bestehenden Verhältnisse beschreiben sollen und welche Bewertungen die Autorin vornimmt.
   b) Geben Sie auch genau ihre pädagogischen Einschätzungen wieder.

3. ▲ Setzen Sie S. Gaschkes Überlegungen und Bedenken in Beziehung zu Erfahrungen mit diesen Spielzeugen, die Sie selbst gemacht haben.

4. ▲ Erörtern Sie S. Gaschkes Einwände unter zwei Gesichtspunkten:
   a) Fragen Sie auf der Basis eigener Erfahrungen oder Erfahrungen in Ihrem Umfeld, ob und inwieweit die Befürchtungen S. Gaschkes begründet sind.
   b) Prüfen Sie auf der Basis Ihres bisherigen Wissens über die Aufgaben von Erziehung, inwieweit Eltern den Konsum oder Umgang mit welchen Spielzeugen ohne größere Kontrolle erlauben könnten oder dürften.

M2 Spielen ohne Zeug. Ein Kindergarten-Experiment scheidet die Geister (Cornelia Kazis)

Die Frau ist aufgebracht. „Warum muss das denn so radikal sein? So übertrieben?" Sie verdreht die Augen und verlässt den Raum. Ungern lässt sie ihren Sohn zurück. [...] Was die Frau so ärgert, soll nun für den Rest des Jahres so bleiben.

5 Bis Weihnachten wird ihr kleiner Niklas im Kindergarten ohne Spielzeug auskommen müssen. [...]
Das Projekt wird in Basel vom zuständigen Rektorat und von der Abteilung Jugend, Familie und Prävention des Justizdepartements organisiert. Verantwortlich in Sachen

10 Schule und Suchtprävention ist Benno Gassmann [...]:
„Die Kinder brauchen Schutzfaktoren gegen schädigendes Verhalten. Das sind Dinge wie Beziehungsfähigkeit, Standfestigkeit, Gefühlssicherheit, sprachliche Beweglichkeit, Konfliktfähigkeit, Frustrationstoleranz, Durchsetzungsver-

15 mögen und Selbstbewusstsein. Das sind Schutzfaktoren nicht nur gegen Süchte, sondern auch gegen Gewalt."
Der spielzeugfreie Kindergarten - ein Wunderding mit Schutzfaktor 100? Der erste Tag nach den Herbstferien in Sabine Kromers Kindergarten an der Hirzbrunnenschanze,

20 mitten in einem Reihenhäuschenquartier, zwei Katzensprünge vom Badischen Bahnhof entfernt, zwischen Basels Stadtrand und Riehens Noblesse. Beginn der Spiele ohne Zeug.

Die Tische sind blank, die Regale leer, die Wände kahl. [...]
25 Nun sind manche Kinder schon da. Niklas [...], Luiz und Deniz sind eifrig dabei, aus Stühlen eine Hütte zu bauen. Raffael verkriecht sich in einer Computerschachtel auf dem Schrank und beobachtet das Ganze erst einmal. Cenia und ihre große Schwester York stehen noch etwas verloren

30 herum. Berivan, ein kleines Mädchen mit dunklen Augen, setzt sich zu mir und sagt: „Berivan auch schreiben will in Buch." Sie übt das große B von Berivan immer und immer wieder. Dann das große E. Immer bekommt es zu viele Beine. Mal fünf. Mal vier. „Schreiben schwer Berivan", sagt sie

35 und bleibt neben mir sitzen. Salome schiebt zwei Stühle zusammen, holt sich Tücher und Schleier und macht sich ein Bett. Berivan will auch rein. Darf aber nicht. Die Prinzessin auf der Erbse will allein sein. Gut, akzeptiert. Noch einmal ein E mit fünf Beinen.

40 Raffael hat eine Idee. Wie wär's mit einer Rutschbahn vom Schrank herunter? Gabriel und Orlando sind begeistert. Nur, wie soll die halten? Die drei blonden Hämpflinge ma-

chen einen Plan. Die Konstruktion ist schweißtreibend: ein erster Tisch an den Schrank, ein zweiter Tisch auf den ers-
45 ten, ein Stuhl auf den zweiten Tisch, dann die lange Bank als Diagonale vom Boden bis zum zweiten Tisch. Eine steile Abfahrt mit harter Landung. Der pausbäckige Raffael reibt sich den Po. „Ihr braucht noch Kissen", mischt sich York ein und holt Schaumgummikeile aus dem Keller. „Gute Idee,
50 York", lobt Gabriel, „willst du auch mitspielen?" York will. Es ist Viertel vor neun. Nichts ist mehr an Ort und Stelle. Aber alle Kinder sind da. Sabine Kromer hat unbemerkt Notizen in ihr Buch gemacht und ruft nun mit sanfter Stimme alle in den Kreis. Im Nu sitzen sie still beisammen. Die
55 Regeln werden besprochen. Die Älteren erinnern sich noch: Erstens muss man Frau Kromer nicht fragen, ob man dies oder jenes spielen darf, zweitens soll niemand weh haben, drittens soll nichts zerstört werden, und viertens ist Frau Kromer immer da, wenn jemand Rat oder Hilfe braucht.
60 Sabine Kromer ist seit neun Jahren Kindergärtnerin. [...] Sabine Kromer wagt die spielzeugfreie Phase bereits zum dritten Mal. Warum? „Weil weniger mehr ist", sagt sie, und: „Weil viele Kinder eigentlich nicht mehr spielen können. Sie wechseln von einer Spielsache zur anderen, ohne sich in
65 etwas zu vertiefen, sind rastlos und eigentlich oft unerfüllt." Die Kindergärtnerin beobachtet, dass sich das nach dem dreimonatigen Spielzeugverzicht bessert, dass die Kinder sich länger konzentrieren, deutlich mehr und besser miteinander sprechen und mehr gemeinsam unternehmen. [...]

70 Am zweiten Tag entdeckt Jonas während der Pause draußen im Garten einen hellgrünen Grashüpfer. Er ist tot. York meint, sie habe ihn gestern noch lebendig gesehen. Woran mag er nur gestorben sein?, fragen sich ein paar Kinder. Erfroren, zertreten, ertrunken in der Pfütze, verhungert oder
75 sonst etwas? Ein ernsthaftes Gespräch entspinnt sich. Jonas will den Grashüpfer mit dem Besen wegwischen. „Sollen wir ihn nicht beerden?", fragt Salome. Gute Idee. Berivan holt ein Blatt. Niklas bringt einen Stein. Nun stehen alle Kinder um den winzigen Leichnam herum. „Wir könnten
80 ihn neben dem Frosch vom letzten Sommer begraben", schlägt Gabriel vor. Alle sind einverstanden. [...] Jonas hat irgendwo eine rostige Schaufel aufgetrieben und beginnt am nassschweren Lehm zu kratzen. „Das schaffst du schon", ermutigt ihn Gabriel, „die Heuschrecke ist dünn und braucht
85 kein tiefes Loch." Alle stehen um den kleinen Totengräber. Salome und Celine basteln mit zwei Stecklein und einem Grashalm ein winziges Kreuz. Orlando findet unter dem Busch des Nachbarhauses ein altes, verrottetes Gummihündchen und kürt seinen Fund zum Grabstein. Oh, ja,
90 finden alle. Sorgsam wird der Grashüpfer in die kleine Lehmkuhle gelegt und zugeerdet, wie Talia sagt. Das Kreuz wird befestigt und das Gummihündchen dazugelegt. York verspricht, die Heuschrecke jeden Tag zu besuchen. Die Beerdigung ist vorbei.
95 Die Zeremonie hat eine halbe Stunde gedauert. Dafür war Zeit. Kein verplanter Spielraum, kein didaktisch raffiniertes Animationsprogramm, keine Lektionsvorbereitung, kein für heute angesetztes Lernziel hat diese Momente der Achtsamkeit vereitelt. Ein Spiel mit nichts. Ein Spiel aus dem
100 Nichts. Ein Spiel für alle. Ein Spiel?

Die Idee des spielzeugfreien Kindergartens ist 1993 von Elke Schubert und Rainer Strick von der Aktion Jugend-schutz München ins Leben gerufen worden und hat in Ös-terreich und in der Schweiz schnell Schule gemacht. Edith
105 Bieri, Heilpädagogin, Kindergärtnerin, Gemeinderätin und Dozentin an verschiedenen Schweizer Fachhochschulen, ist Projektleiterin für die Schweiz […].
„Als Pädagogin habe ich die Erfahrung gemacht, dass wir nicht immer über das Verhalten von Kindern nörgeln sollten,
110 sondern Verhältnisse schaffen müssen, die neues und ande-res Verhalten aufbauen. […] Wenn man ein Bedürfnis hat, das nicht schnell und einfach befriedigt wird, dann entste-hen Kreativität, Fantasie und schöpferische Kraft. Die wich-tigsten Voraussetzungen für ein suchtfreies Leben sind Le-
115 benskompetenzen, die es einem ermöglichen, die Probleme des Lebens anzugehen und nicht vor ihnen davonzulaufen." Standhalten also. Da ist Langeweile inbegriffen und Frust auch. Immer wieder mal. Aber auch der eigene Weg aus der Gräue hinaus. Ohne Stoff. Ohne Konsumgut. Ohne
120 Spielzeug.

Im Kindergarten bahnt sich etwas Ungutes an. Drei kleine Machos sitzen auf dem Schrank und befehlen der fünfjäh-rigen Salome, die Tücher aufzuräumen. Dann erst könne sie mitspielen. Salome gehorcht großäugig und stumm. […]
125 Dann finden sich die Kinder zu einer der zwei allmorgendli-chen „Wie geht es mir gerade?"-Runden ein, im „Stübchen", wie sie sagen. Das Ritual ist wichtig, alle kommen. Alle außer Salome. Nun bemerkt Sabine Kromer, was los ist. „Warum kommst du nicht zu uns?"
130 „Ich muss noch aufräumen."
„Möchtest du aufräumen?" Salome nickt mit tränenblinden Augen. Alle sind still. Niemand lacht. Niemand wird unge-duldig. Niemand scheint sich zu langweilen.
„Wer sagt denn, dass du das alles aufräumen musst?", fragt
135 Frau Kromer ruhig. Salome zeigt auf den Schrank. Da sitzen die drei mit verschränkten Ärmchen.
„Warum muss Salome alleine aufräumen?"
Raffael, völlig verschwitzt vom wilden Spiel, antwortet: „Weil ich nicht gerne aufräume."
140 „Weil sie gesagt hat, sie mache das für uns", sagt Orlando, und Luiz sagt: „Weil wir hier spielen wollen." „Aha", sagt die Kindergärtnerin, „und wie ist das für dich, Salome?"
„Ich will auch mitspielen."
„Möchtest du Hilfe beim Aufräumen?"
145 Salome nickt. „Wer mag Salome helfen?"
Viele Kinder wollen. Auch Raffael auf dem Schrank. Das Mädchen wählt zwei Helfer aus. Die Tücher sind schnell verräumt. Danach wird darüber geredet, wie man sich Hil-fe holen kann, bevor es ganz schwierig wird. Viele Ideen
150 kommen zusammen. Alle beteiligen sich am Gespräch. Nur Berivan, die einzige Fremdsprachige in der Gruppe, sagt nichts. Sie streichelt Salome übers Haar.
Wie geht es den anderen? Talia geht es gut und Cenia auch. York hat Spaß gehabt. Gabriel möchte, dass es Salome
155 auch wieder gut geht. Luiz war es zu laut. Das macht ihn ganz müde. Frau Kromer notiert das und verspricht, dass sie im nächsten Stübchengespräch darüber reden werden, was da zu tun wäre. [..]

Die Befindlichkeitsrunde dauerte zwanzig Minuten. Eine
160 lange Stillsitzzeit für Shortcuts-gewohnte Kinder. Eine lan-ge Spielpause. Und ein kleines, fast beiläufiges Exempel für Gefühlssicherheit, Empathietraining, Konfliktorientiertheit, Problemlösungsfähigkeit und kommunikative Kompetenz.

Für Elke Schubert und Rainer Strick, die deutschen Grün-
165 dereltern des Projektes „Spielzeugfreier Kindergarten" und Mitherausgeber des Buches „Ohne Spielzeug", ist die verän-derte Kindheit ausschlaggebend für ihre Arbeit. „Heute ist es unabdingbar, dass sich die Verantwortlichen am präven-tiven Ziel der Lebenskompetenzförderung orientieren und
170 den veränderten Bedingungen von kindlichen Lebenswel-ten ausreichend Beachtung schenken."
Zur veränderten Kindheit zählen die beiden Fachleute das Rund-um-die-Uhr-Medienangebot für Kinder und die Tatsa-che, dass die Kleinen von der Wirtschaft als Konsumenten
175 schwer und sehr erfolgreich umworben werden. Tamagot-chi, Furby und Pokémon haben Milliardenberge versetzt, und die nächsten Verführungsobjekte liegen schon lange in den weihnachtlich dekorierten Verkaufsregalen.
Zudem fällt für die beiden Experten die Verplanung der
180 kindlichen Freizeit ins Gewicht: „Wie viel ungeplante Zeit können wir noch zulassen? […]"
Dazu kommt die Veränderung der Familienstrukturen.
„Die Erziehung verschiebt sich mehr und mehr von der Familie weg hin zu den Erziehungsinstitutionen. Das heißt,
185 dass diesen auch immer stärker die Aufgabe zukommt, Erfahrungsräume für die Kinder zu ermöglichen", wird konstatiert. Der spielzeugfreie Kindergarten, Ausdruck von Kulturpessimismus?
Anna Winner, Psycholinguistin und Fachfrau auf dem Ge-
190 biet der Kleinkindpädagogik, hat eine Begleitstudie zur Suchtprävention im Kindergarten verfasst. Darin kommt die deutsche Expertin zu Schlussfolgerungen, die Frau Ad-ler beruhigen könnten: „Das Projekt bietet gute Chancen, die Lebenskompetenzen von Kindern im Kindergarten zu
195 stärken. Entgegen den Erwartungen von Eltern und Erzie-herinnen werden dabei nicht nur die sozialen Fähigkeiten der Kinder, sondern gerade auch die kognitiven Kompeten-zen gefördert. Das Handlungsvermögen der Kinder wird auf vielen Gebieten erweitert." […]

Aufgaben

1. Beschreiben Sie das Konzept des spielzeugfreien Kin-dergartens (M2). Achten Sie dabei auf die Ziele und Verfahren.

2. ▲ Beurteilen Sie das Konzept des spielzeugfreien Kin-dergartens mit Blick auf die Frage, ob so ein Gegenge-wicht zu einer kindlichen Welt, die von elektronischen und multimedialen Spielzeugen geprägt ist, geschaffen wird, das die angestrebten Ziele erreicht. Wie beurteilen Sie, dass der spielzeugfreie Kindergarten primär als Mit-tel der Suchtprävention begriffen wird?

7.2 Leben in einer multikulturellen Gesellschaft

Fragen und Anregungen zum Einstieg

1. Das Leben in einer multikulturellen Gesellschaft stellt für viele Menschen eine Herausforderung dar. Kann man lernen, unter den Bedingungen von Multikulturalität ein gelungenes Leben zu führen? Im folgenden Text erzählt eine kurdische junge Frau jesidischen Glaubens von ihrem Leben in Deutschland.

M3 Eine kurdische Jesidin in Deutschland (Duman Sevim)

Duman Sevim
18 Jahre, Auszubildende zur Altenpflegerin in Gladbeck
Die Familie Sevin ist 1985 aus der Osttürkei nach Deutschland geflohen. Sie sind Kurden und gehören der religiösen
5 *Minderheit der Jesiden an.*
Die Sevins bestellten die Felder, hüteten Schafe und bauten Obst und Gemüse an. Das kleine Lehmhaus, das sie sich bauten, war ihr einziger Besitz, Wasser kam aus einem Brunnen, zu dem man eine halbe Stunde lief, geheizt wurde
10 *mit Holz, es gab keinen Fernseher, kein Telefon – ein einfaches Leben. […] In den 1980er-Jahren kontrollierte das Militär den Osten der Türkei. Unter dem Verdacht des Terrorismus wurden die Bewohner willkürlich auf der Straße aufgegriffen und verhaftet. Manche Angehörige bekam man nie*
15 *mehr zu Gesicht, andere berichteten nach ihrer Freilassung über grausame Haftbedingungen. […] Die Jesiden glauben im Gegensatz zu den Muslimen nicht an Mohammed, den Propheten, und den Koran, sondern an den Engel „Tauwsi Melek". Ein Assistent Gottes, wie Herr Sevin seinen Kindern*
20 *erklärt hat. Zum Jesidentum kann man nicht konvertieren, man ist es von Geburt an. Hochzeiten werden untereinander geschlossen, häufig im Verwandtenkreis. Alkohol und Schweinefleisch sind erlaubt, doch der Verhaltenskodex zu Sitte und Ehre ähnelt dem der sunnitischen Muslime.*
25 *Das Ehepaar Sevim ist 42 und 44 Jahre alt, das älteste der sieben Kinder ist 25 und das jüngste acht.*

Für meine Eltern ist es wichtig, dass wir Kinder studieren. […] Bei uns Jesiden ist es unüblich, dass die Mädchen eine höhere Schulausbildung machen, weil man zum Studieren
30 in eine andere Stadt muss und nicht mehr zu Hause sein kann. Aber meine Mutter hat mir Mut gemacht und mir versichert, dass sie mich unterstützen wollen. Ich will aber nicht studieren. Meine Cousine ist auch Altenpflegerin und hat mir den Tipp gegeben, also habe ich ein Praktikum
35 gemacht. Anfangs hatte ich große Sorgen. Ich bin ein Typ, der sich schnell ekelt. Ganz besondere Hemmungen hatte ich bei der Vorstellung, die Patienten nackt zu sehen. Am ersten und zweiten Praktikumstag habe ich das Personal gebeten, mich bloß zuschauen zu lassen, ich wollte auf
40 keinen Fall jemanden anfassen. Am dritten Tag fing ich an

nachzudenken. Mir kam einfach so der Gedanke, dass ich es bin, die dort im Bett liegt, alt, krank und auf Hilfe angewiesen. Und dann kommt so ein junges Mädchen und man sieht ihr an, dass sie sich ekelt, und ich liege in diesem Bett
45 und bin der Grund für diesen Ekel. Von einem Moment zum anderen überwand ich meine Abneigung. Zur gleichen Zeit hatte meine Großmutter im Nachbarort einen Schlaganfall bekommen und wurde querschnittsgelähmt. Meine Mutter und ich sind fast täglich zu ihr gefahren, haben sie gewa-
50 schen und ihr die Beine massiert. Mir wurde auf einmal so vieles klar: Würde ich wollen, dass sich jemand weigert, meiner Großmutter zu helfen? Natürlich nicht, und da wusste ich, ich will einen Beruf, in dem ich mit alten Menschen arbeite.
55 Ein besonders schönes Erlebnis hatte ich mit der 80-jährigen dementen Frau Kühn. […] Wir öffneten einen Spielekoffer und nahmen uns ein Päckchen Karten heraus. Wir wickelten es gemeinsam aus, und zum Vorschein kam zum Beispiel das Bild eines Hammers. Frau Kühn sah den
60 Hammer und sprach über ihren Mann, der gerne Dinge am Haus repariert hatte. War auf der Spielkarte eine Kartoffel zu sehen, erinnerte sie sich an ein Rezept, das sie vor Jahren gekocht und das ihr besonders geschmeckt hatte. Mithilfe dieses Koffers erzählte mir Frau Kühn aus ihrem Le-
65 ben. Ich mache es kurz, Altenpflegerin ist mein Traumberuf. In meiner Schulzeit habe ich mich sehr für Sprachen interessiert. Meine Eltern engagierten einen Privatlehrer für mich, der mir Spanisch und Französisch beibrachte. Er hieß Otto und war mit Mitte fünfzig immer noch ledig.
70 Irgendwann gehörte Otto einfach zu unserer Familie, und weil er ein gläubiger Christ war und kein Interesse an materiellen Dingen hatte, verlangte er nur eine ganz kleine Summe für seinen Unterricht. Dafür aß er mit uns, und wenn er einsam war, kam er uns besuchen. Ich glaube, er
75 mochte die lebendige Atmosphäre bei uns zu Hause und das gute Essen. Als er meiner Mutter gestand, dass er sie am liebsten heiraten wolle, hat sich meine Mutter vor Lachen nicht mehr eingekriegt, so herzlich und freundschaftlich war das Verhältnis. Denn normalerweise mag meine
80 Mutter solche Angebote nicht.
In unserer Familie muss jeder etwas beitragen oder mithelfen, auch die Brüder. Da ist meine Mutter gnadenlos. Neben den Sprachen interessiert mich auch der Papierkram, der in einem Haushalt anfällt. Steuern, Anträge und Finan-
85 zierungen sind mein Gebiet. Meine anderen Geschwister sind dazu entweder unfähig oder haben keine Lust. Wir teilen auch unser Geld miteinander. Neulich habe ich meinem ältesten Bruder die Studienbücher gekauft, weil er blank war. Dafür hat er mir letzte Woche etwas am Compu-
90 ter installiert. Ich liebe meine Familie sehr. […]
Das Schlimmste, was meiner Familie passieren könnte, wäre die Beschädigung unseres Rufes. Indem ich zum Beispiel einen Freund hätte und gemeinsam mit ihm Hand in Hand durch die Straßen laufen würde. Das wird aber nicht
95 passieren. Ich möchte mich in einen Mann verlieben und ihn dann heiraten, spätestens mit 25 Jahren. An allem anderen würden unsere Verwandten Anstoß nehmen. Heira-

Abb. 7.3: Höhere Schulbildung auch für Mädchen/Frauen

ten darf ich, wen ich will, Hauptsache, es ist ein Jeside. Das trifft für meine Brüder genauso wie für uns Mädchen zu.
100 Schwierig wird es immer dann, wenn ich meinen Eltern klar machen muss, dass sie mir einige Dinge erlauben müssen, weil sonst mein Ruf unter den Deutschen gefährdet ist. Kurz vor meinem Schulabschluss wurde ich im Religionsunterricht zu einem Referat meiner Wahl aufgefordert. Ich
105 nutzte die Gelegenheit und entschied mich für unseren Glauben. Nach dem Vortrag hatten meine Mitschülerinnen so viele Fragen an mich, dass wir noch in der Pause und nach der letzten Schulstunde weiterredeten. Jetzt endlich verstanden sie, warum ich kein Kopftuch trage und Sala-
110 mibrötchen esse. Sie dachten, dass die Regeln, die sie von Muslimen kannten, für alle Menschen aus der Türkei gelten. Ich nutzte die Gelegenheit und fragte sie, warum mich nie jemand auf seine Geburtstagsfeier oder zu sich nach Hause eingeladen hatte. Sie dachten, dass ich sowieso nicht ge-
115 durft hätte, und so wollten sie mich nicht in Verlegenheit bringen, lautete ihre Antwort. Die waren ganz schön schockiert, als ich ihnen gestand, dass mich das immer verletzt hatte, und auch darüber, dass ich mich tagsüber frei bewegen kann, auch abends, aber eben nicht nachts. Das pas-
120 sierte alles, wie gesagt, im letzten Schuljahr. Zur Abschlussfeier allerdings nahm ich mir fest vor, hinzugehen, um allen zu beweisen, dass ich mich anpassen kann. Meine Mutter war strikt dagegen, weil das Fest erst um acht Uhr abends begann, und nannte die üblichen Argumente: Alkohol, Dro-
125 gen und so weiter. Wir hatten Diskussionen über Diskussionen, und ich kam nicht weiter. Also rief ich meinen ältesten Bruder Emin zur Hilfe. Er ist von allen Brüdern der diplomatischste und liberalste. Geduldig erklärte er unseren Eltern, wie solch eine Feier funktioniert. Dass man sich trifft, redet,
130 tanzt und unter Umständen auch etwas trinkt. Er erklärte ihnen auch, was es bedeuten würde, wäre ich die Einzige, die nicht anwesend ist. Dass es dann hieße, schau, die Ausländer, die grenzen sich ab und erlauben ihren Kindern nichts. Das saß! Nicht nur, dass ich ausgehen durfte, ich
135 verhandelte auch über die Zeit. Meine Mutter rang mit sich und meinte, bis Mitternacht könnte man ausgiebig genug feiern, ich aber bestand darauf, flexibel sein zu dürfen, und blieb letztendlich bis vier Uhr morgens. Gemeinsam mit meinem Bruder hatte ich gewonnen.

140 Mein Vater ist viel großzügiger als meine Mutter. Sie ist die Ängstlichste in unserer Familie, die mit den meisten Sorgen und den größten Klagen und dabei auch die Strengste. Ihr Wort ist Gesetz, es nützt gar nichts, wenn mein Vater versucht, uns beizustehen. Das Schwimmbad ist so eine
145 Geschichte. Vor meiner Pubertät habe ich viel Sport gemacht und bin Schwimmen gegangen. Eines Tages kam meine Mutter und verbot es mir, weil es sich für ein heranwachsendes Mädchen nicht gehören würde, im Badeanzug im Freibad zu liegen. Sie sorgte sich, dass mich jemand im
150 Wasser anfassen oder vergewaltigen könnte. Jeden Sommer rief mein Vater: „Es ist herrliches Wetter, die Mädchen sollten schwimmen gehen", und jeden Sommer verbot es meine Mutter. Vor zwei Jahren allerdings hatten wir sie so weit. Diesmal war es das Argument, dass wir auf uns
155 aufpassen können, dass sie uns endlich vertrauen solle, wir kennen unsere Grenzen. […]
Untereinander unterhalten wir uns auf Kurdisch und Deutsch. Nur unsere Eltern sprechen manchmal Türkisch miteinander, wenn sie nicht wollen, dass wir sie verstehen.
160 Seit meine Mutter Deutsch sprechen kann, hat sie auch Kontakt zu den Nachbarn. Es interessiert sie nahezu alles, was wir ihr über die deutsche Kultur erzählen. Ganz besonders interessant findet sie, dass deutsche Paare so gleichberechtigt miteinander leben und der Mann nicht einfach
165 so über die Frau bestimmen darf. Mir gefällt die Gleichberechtigung übrigens auch sehr gut. Ich habe mich sehr gewundert, als ich bei einer deutschen Schulfreundin war und beobachtet habe, wie sie mit ihren Eltern gestritten hat. Sie hat geschrien und gestampft, und die Eltern haben
170 das geduldig ertragen. […]
Die Gleichstellung ist so eine Sache. Meine Familie trifft sich regelmäßig im kurdischen Kulturverein in Duisburg mit anderen Kurden. Neben der Musik, dem Tanz und dem gemeinsamen Essen geht es immer auch um die unter-
175 drückte Stellung der Kurden, also um Freiheit und Menschenrechte. Doch privat sieht das anders aus. Da gelten die Regeln der Familie. Vielleicht kann man es so erklären: Freiheit bedeutet nicht Freizügigkeit. Aber ich betone, wenn es nach meinem Vater ginge, würde die Welt sowieso
180 anders funktionieren, weniger eingeschränkt. Mein Vater hat übrigens eingesehen, dass es nicht zusammenpasst, wenn man für Menschenrechte demonstriert und den Töchtern gleichzeitig nichts erlaubt.

Aufgaben

1. Beschreiben Sie D. Sevims Leben (**M 3**) zwischen traditionellen Orientierungen einerseits und Orientierungen der „Moderne" andererseits.

2. Nehmen Sie einen begründeten Standpunkt zum „erzieherischen Verhalten" der Eltern von D. Sevim ein.

3. Erörtern Sie, ob bzw. inwieweit gesagt werden kann, dass Duman selbstbestimmt lebt.

7.3 Geschlechtsspezifische Einstellungen und Entwicklungen im Wandel

M4 Die Krise der kleinen Männer (Martin Spiewak)

Jungen sind die neuen Sorgenkinder des Bildungssystems. Sie kommen mit den veränderten Anforderungen der Schule schlechter zurecht als Mädchen. Getrennter Unterricht könnte beiden Geschlechtern helfen.

5 Wer den Boden berührt, hat verloren. In einem Kreis liegen Kissen, die Jungen springen von einem zum nächsten. David (Namen der Kinder geändert) scheidet als Erster aus. Als Zweiter tritt Marco daneben. Und anders als sein Klassenkamerad kommt er damit nicht zurecht. Marco will
10 keine Regeln. Marco springt vom Pult. Er wackelt mit den Hüften, singt *Sexy girl* dazu. Marco schlägt, setzt sich allein in die Ecke, weint. Eben noch markierte der siebenjährige Junge den starken Mann, nun versteckt er sich hinter dem Vorhang. Die Klassenkameraden spotten: „Tauschen wir
15 Marco doch gegen ein Mädchen." Das sitzt.
Gefühle sind immer im Spiel, wenn Ayhan Tasdemir Jungenstunde hält. Jeden Mittwochmorgen widmet sich der Sozialarbeiter Tasdemir den schwierigen Jungen aus der Klasse 1a. Während ihre Klassenkollegen Sachunterricht
20 haben, schulen Tasdemirs Schützlinge mit speziellen Übungen ihre Konzentrationsfähigkeit und ihren Teamgeist. Marco ist dabei, der schnell zulangt, sowie Paul, der kaum länger als zehn Minuten still sitzen kann. Tasdemir kündigt die nächste Übung an: „Jetzt machen wir uns stark." Die
25 vier Erstklässler klopfen sich auf Brust, Arme und Schultern.
Stärke gewinnen – das haben Jungen nicht nur an der Hamburger Rudolf-Roß-Schule nötig. Sie gelten als die neuen Sorgenkinder des Bildungssystems, spätestens seit
30 dem ersten Pisa-Test. Ihre Leseleistungen hinken denen der Mädchen um rund ein Schuljahr hinterher. Sie werden häufiger wegen Unreife vor der Einschulung zurückgestellt. Weniger Jungen als Mädchen erreichen das Gymnasium, und weniger schaffen später das Abitur. Dafür landen

35 Jungen häufiger auf der Hauptschule. Zwei Drittel der Sonderschüler und Schulabbrecher sind männlich. Zwar haben in der Berufswelt – noch – weitgehend Männer das Sagen. In der Schule jedoch verschärfen sich die Krisensymptome für die Jungen. War die Verteilung der Sitzenbleiber 1990
40 noch 50 zu 50, so liegt sie heute bei 62 Prozent zu ihren Ungunsten. Eltern von Jungen müssen mit besonders viel Ärger rechnen. Die Jungen bleiben zurück. [...] Die Ursache sehen die Autoren in der „erheblichen Benachteiligung der Jungen im Schulsystem".
45 Statistisch gesehen, müssen sich Eltern auf Ärger einstellen, wenn es bei der Geburt heißt: „Es ist ein Junge." Denn egal, ob Schreibabys oder Zappelphilipps, Legastheniker oder Computerjunkies, Söhne beschäftigen die pädagogischen Beratungsstellen weit stärker als Töchter. Später
50 werden Jungen häufiger Opfer von Unfällen, begehen öfter Selbstmord oder werden drogenabhängig. Ihre Deliktrate ist laut dem Kriminologischen Forschungsinstitut Niedersachsen achtmal so hoch wie jene der Mädchen.
Viel zu tun also für Leute wie Ayhan Tasdemir. Er gehört
55 zu einer relativ neuen Spezies von Pädagogen, die sich der Jungenarbeit verschrieben haben. An der Rudolf-Roß-Schule kümmert sich der türkischstämmige Mittvierziger vornehmlich um die männlichen Schüler, und zwar keinesfalls nur um die verhaltensauffälligen. Tobespiele auf dem
60 Schulhof oder eine Fahrradwerkstatt gehören ebenso zu seinem pädagogischen Angebot wie Gärtnern und Kochen. Das Prinzip ist stets dasselbe: Die Jungs bleiben unter sich. Mädchen genossen dieses Privileg an der Rudolf-Roß-Schule bereits früher. Sie verfügten über einen Rückzugs-
65 raum, erhielten eigenen Computerunterricht. „‚Und wir?', fragten sich irgendwann die Jungs", erinnert sich Tasdemir. Auch den Lehrern, sagt Schulleiter Jan Baier, sei aufgefallen, dass „eher die Jungen Probleme machen". Heute haben auch sie drei Zimmer, zu denen nur sie und ihre Ge-
70 schlechtsgenossen Zutritt haben. „Auch wenn sie sich stark geben, sind viele Jungen unsicher", sagt Tasdemir, „das versuchen sie mit auffälligem Verhalten zu kompensieren." In einem Schutzraum falle es seinen Schützlingen leichter, den Coolness-Druck abzulegen.
75 Außerhalb der Schule hat man die neue Zielgruppe bereits vor geraumer Zeit entdeckt. Streetworker veranstalten Anti-Gewalt-Programme für männliche Jugendliche. Verlage versuchen, Pubertierende mit besonderen Literaturreihen *(Für Mädchen verboten)* zum Lesen zu bringen. Sogenann-
80 te Genderbeauftragte machen Jungen das Waschen und Putzen schmackhaft. Zur Belohnung für einen Kurs vergibt die Gleichstellungsstelle Bitburg ein „Haushaltsüberlebenszertifikat". [...]
Natürlich sind Jungen schon immer lauter, dominanter,
85 ja rüpelhafter als ihre weiblichen Klassenkameraden aufgetreten, ohne dass irgendjemand ein pädagogisch behandlungswürdiges Problem darin sah. Im Gegenteil, Präpotenz galt geradezu als Erfolgsstrategie der Jungen. Doch in der modernen Schule haben typisch männliche
90 Tugenden – körperliche Kraft, Durchsetzungsstärke, Überlegenheitsstreben – an Wert verloren. Heute zählen stärker

soziale Qualitäten wie Teamgeist, Empathie oder Kommunikationstalent, eher weibliche Attribute also. Auch bei den Ausbildungsplätzen macht sich dies bemerkbar: Während

95 Lehrstellen in typischen Männerberufen wegbrechen, steigt ihre Zahl im Dienstleistungssektor, wo weiche Fähigkeiten (Soft Skills) gefragt sind.

Viele Jungen haben diesen Wandel noch nicht bemerkt. „Ihre Männlichkeitsbilder passen nicht mehr zu den An-

100 forderungen der Schule", diagnostiziert Jungenforscher Jürgen Budde von der Universität Hamburg. Statt sich wie die Mädchen „unterrichtskonform" zu verhalten, wie es im Pädagogendeutsch heißt, mimen sie vor Freunden weiterhin den wilden Kerl. Gerade im Mikrokosmos Schule ist

105 der Gruppendruck, sich unangepasst („gut drauf", „cool") zu geben, besonders groß. Zugespitzt formuliert: Bei den Kumpeln kommt an, wer provoziert; wer gute Noten hat, gilt als Streber.

Viele Jungenprojekte wollen solchen Stereotypen zu Leibe

110 rücken. An der Gesamtschule Eilpe in Hagen zum Beispiel müssen alle Sechstklässler einen Kurs in Sachen Rollenfindung absolvieren – nach Geschlechtern getrennt. Wenn am Girls Day die Mädchen der Schule ausschwärmen, um typische Männerberufe zu erkunden, bleiben die Jungen

115 nicht wie anderswo in der Schule, sondern lernen die Wirklichkeit in sozialen Berufen kennen. Und alle 14 Tage laden zwei Väter zur Koch-AG. […]

„Kinder in Kitas brauchen Männer", sagt Holger Brandes, Direktor des Instituts für Frühkindliche Bildung an der

120 Evangelischen Hochschule in Dresden. Erzieher würden gelassener reagieren, beim Toben später eingreifen und damit den Interessen von Jungen eher entgegenkommen. Die typische Kita aber ist weiblich. Bücher, Spielzeuge und Räume seien eher auf Mädchen ausgerichtet, sagt Sascha

125 Denzel. „Zum Verkleiden sollte es auch Schlipse oder Feuerwehrhelme geben", fordert der Erzieher.

Verschlechtert die weibliche Übermacht in Kita und Schule die Chancen der Jungen? Eine Studie der Berliner Pädagogikprofessorin Renate Valtin stützt diesen Verdacht. Jungen

130 erhielten bei gleicher Leistung in Deutsch und Sachkunde im Schnitt schlechtere Zensuren als Mädchen, hat Valtin ermittelt. Beim Diktateschreiben machen Jungen weniger

Fehler, wenn Begriffe wie Ritter, Dinosaurier oder Fußball auftauchen – doch solche „Jungenwörter" kommen in or-

135 thografischen Tests seltener vor.

Doch nicht nur Lehrerinnen beurteilen die Jungen schlechter, sondern auch Lehrer. Ausgerechnet in der Grundschule, wo kaum Männer unterrichten, sind die Leistungsunterschiede zwischen den Geschlechtern am geringsten,

140 während sie in den weiterführenden Schulen (wo das Geschlechterverhältnis ausgeglichener ist) am größten sind. […] Nur spärliche Erkenntnisse hat die Wissenschaft auch über die Wirkungen reiner Jungenklassen – obwohl die Zahl der Schulen wächst, welche die Koedukation auf-

145 heben. Die Hagener Gesamtschule Eilpe zum Beispiel teilt die Klassen in den Fächern Technik, Sport und Informatik. Früher ging es in erster Linie darum, die Mädchen besser zu fördern. Inzwischen erhalten auch leseschwache Jungen spezielle Stützkurse.

150 Für die Mädchen kann sich der getrennte Unterricht durchaus auszahlen. Bleiben sie zum Beispiel im Physikunterricht unter sich, steigt ihre Überzeugung, eine Begabung für das Fach zu haben – eine wichtige Voraussetzung für höhere Lernleistungen. Die Geschlechterkonkurrenz spielt keine

155 Rolle mehr. „Die Mädchen vergessen, dass sie Mädchen sind", sagt Ursula Kessels von der Freien Universität Berlin. Eine noch unveröffentlichte Untersuchung des Heidelberger Pädagogen Marc Böhmann legt nahe, dass Gleiches für Jungen gilt. Er beschäftigte sechs Hauptschulklassen – mal

160 gemischt, mal getrennt – mit Literatur. Das Ergebnis: Ohne feminine Ablenkung konzentrierten sich die Jungen besser auf die Bücher, äußerten sich häufiger zu literarischen Figuren. Kaspereien und Machogehabe gingen zurück, das Lernklima verbesserte sich. „Einige Jungen waren wie um-

165 gepolt", sagt Böhmann. […]

Pädagogen warnen vor Gefahren allzu strikter Geschlechtertrennung. „Es gibt auch Jungen, die keine Abenteuergeschichten mögen, oder Mädchen, die sehr dominant sind", sagt die Hamburger Erziehungswissenschaftlerin Hannelo-

170 re Faulstich-Wieland. Statt künstlich zu separieren, verlangt Faulstich-Wieland, die Bedürfnisse beider Geschlechter zu berücksichtigen und verschiedene Lehrstile miteinander zu verbinden. Ein Lehrer, der die gesamte Klasse erreichen will, unterrichtet mal frontal, mal in Gruppen. Er behandelt

175 Jungenbücher ebenso wie Mädchenliteratur. Eine gute Pädagogik hat Jungen und Mädchen im Blick. Egal, ob sie getrennt sind oder zusammen in einem Klassenzimmer.

Abb. 7.4: Plakat

7.4 Brennpunkt: Soziales Milieu

Im nächsten Text geht es um soziale Unterschiede, die Auswirkungen auf das Heranwachsen von Kindern haben. Sie lernen zwei Mädchen kennen, die ganz unterschiedlich gefördert werden.

M5 Das Schicksal, ein paar Straßen weiter (Christoph Cadenbach)

Nirgends in Deutschland liegen die sozialen Unterschiede so nah beieinander wie in Berlin: Wir haben ein Kind in der Wohlstandsoase Prenzlauer Berg besucht – und eins im Notstandsgebiet Wedding.

5 Es sind nur zwei S-Bahn-Stationen oder fünf Minuten Fahrt oder 1,9 Kilometer von einer Welt in die andere. Nirgends liegen die sozialen Unterschiede so dicht beieinander wie in Berlin. […] Eine Welt wie der Wedding: Döner, RTL II, kaputte Hartz-IV-Familien, das sind die Bilder, die man von
10 diesem Stadtteil im Kopf hat. […] Wir haben zwei Mädchen durch ihren Alltag begleitet: Greta, 9, aus Prenzlauer Berg, und Julie, 9, aus dem Wedding. Zwei Kinder aus zwei Welten in Berlin.

Prenzlauer Berg, 7:00 Uhr

15 Gretas Tag beginnt mit dem Blubbern des Wasserkochers. Oft ist sie schon wach, wenn ihre Mutter das Frühstück macht. Greta klettert dann von ihrem Hochbett, steigt über die Holzeisenbahn auf dem Boden und geht hinüber ins Esszimmer. Die Wände weiß, die Dielen geölt, in einer Kan-
20 ne auf dem Massivholztisch dampft grüner Tee. Die Familie lebt zu fünft auf 170 Quadratmetern, Altbau, drei Balkone.

Greta beißt in einen Toast mit Leberwurst. Sie ist ein zierliches, selbstbewusstes Mädchen, das gern erzählt: vom Flughafen Tempelhof, da fährt sie auf der stillgelegten
25 Startbahn manchmal Inline-Skater, von den Ausflügen ins Technikmuseum oder vom Klettergarten in Strausberg, wo sie sich von einem Baum abgeseilt hat. Mit fünf Tomaten in der Brotbox verlässt sie um halb acht das Haus. Auf ihrem Rucksack klebt noch ein gelber „Atomkraft? – Nein Danke"-
30 Sticker von der Demo, auf der sie am Wochenende mit ihren Eltern war. Unten, auf der Straße: Kinder, in Zweier-, Dreier-, Achtergrüppchen, mal mit, mal ohne Eltern. Pausenhofstimmung. „Der Prenzlauer Berg ist natürlich ein Idyll", hatte Gretas Vater gesagt. Die Cafés hier, rund um den Helmholtz-
35 platz, haben Kindersitze auf den Toiletten, eins sogar einen Indoor-Sandkasten. An der ersten Straßenkreuzung zeigt ein Schild nach Westen: 1,9 Kilometer bis Wedding.

Die Familie: Elke, die Mutter, 42, arbeitet als Referentin bei den Grünen, Marcus, der Vater, 46, ist im Management der
40 *Deutschen Bahn; Greta hat zwei Schwestern: ihre Zwillingsschwester Lina und Emma, 11.*

Wedding, 7:00 Uhr

In Julies Zimmer sind die Puppen und Spiele in braune Kartons verpackt. Julie und ihre Schwester Antonia schlafen
45 auf Matratzen auf dem Boden. „Nur, bis wir eine neue Wohnung gefunden haben", sagt ihre Mutter Selma. Die Familie lebt zu fünft auf 59 Quadratmetern, Neubau, kein Balkon. Das unvermeidliche Chaos ist Selma unangenehm.

Julie ist ein kräftiges, unbekümmertes Mädchen. Ob sie
50 schon gefrühstückt habe? Nein, morgens habe sie keinen Hunger, aber für die Pause zwei Toastbrote mit Käse dabei. Dann rennt sie los, Richtung Schule. Lange Geschichten erzählen, so wie Greta von ihrem Urlaub, mag Julie nicht. Ihr Weg führt durch kleine Straßen mit Altbauten. Es sieht
55 gar nicht anders aus als in Prenzlauer Berg. Viele Kinder. Ein arabischer Supermarkt verkauft Gemüse und Couscous.

Abb. 7.5: Straßenszene in Berlin-Wedding

Nur das „Automaten Casino" und die milchglasverschanzten Männercafés würden nicht in Gretas Welt passen. Die großen Unterschiede fallen einem jedoch erst auf, wenn
60 man merkt, welche Ecken Julie meidet: den Spielplatz in der Maxstraße zum Beispiel, wo die Dealer warten, oder den Utrechter Platz, an dem die Trinker ihre Flaschen in gelben Netto-Tüten vor sich stehen haben. Als Julie klein war, hat ihre Mutter auf die Trinker gezeigt und gesagt:
65 „Wenn du kein Penner werden willst, musst du dich anstrengen." Julie war noch nie auf einer Demo, noch nie in einem Klettergarten und noch nie auf dem Flughafen Tempelhof.

Die Familie: Selma, die Mutter, 35, ist Türkin, zumindest auf
70 *dem Papier, Selma wurde in Schöneberg geboren und berlinert, sie lebt von Hartz IV. Ihr Freund Hussein ist Libanese, vor vier Monaten haben sie einen Sohn, Ali, bekommen. Selmas Töchter Julie, 9, und Antonia, 8, haben einen deutschen Vater, jedoch keinen Kontakt mehr zu ihm, er hat sich nicht*
75 *um seine Kinder gekümmert.*

Prenzlauer Berg, 8:00 Uhr

Bevor Greta ihre Klasse betritt, tauscht sie die Straßenschuhe gegen Hausschlappen. Im Klassenzimmer warten bereits eine Lehrerin und eine Erzieherin auf sie. Die Wil-
80 helm-von-Humboldt-Schule ist eine besondere Schule, eine

Gemeinschaftsschule: Theaterschwerpunkt, Englisch ab der ersten Klasse, die Schüler können hier, wenn sie es schaffen, bis zum Abitur zusammen lernen. Das Ziel: Schwächere nicht voreilig aussortieren. Es sind jedoch kaum Kinder, die
85 in den Statistiken zu den Schwachen zählen, auf der Wilhelm-von-Humboldt-Schule: Genaue Zahlen will Schulleiterin Gabriela Anders-Neufang nicht nennen, aber in Gretas Klasse hat fast niemand einen Migrationshintergrund, fast niemand lebt von Hartz IV. Die Schule kostet kein Geld, die
90 Bewerberzahlen sind hoch. Wer auf die Schule darf, wird ausgelost. „Für viele Eltern in Prenzlauer Berg ist das Besondere ein Muss", sagt Gabriela Anders-Neufang.

Sie hat es mit einer anspruchsvollen, manchmal anstrengenden Klientel zu tun. Es gibt zum Beispiel keine
95 Schülerlotsen, weil manche Eltern nicht wollen, dass ihre Kinder morgens im Autosmog stehen. Andere Eltern waren dagegen überrascht, dass ihre Kinder in der Klasse nicht nur Hausschuhe tragen, sondern auch für die Sauberkeit zuständig sein sollen. Eltern beschwerten sich […].

100 Gretas Eltern sind da anders. Sie haben sogar eine Initiative gestartet und dafür gekämpft, dass auch Zweitklässler wie Greta noch aufgenommen werden. Zuvor ging Greta auf eine ganz normale Grundschule. Nach Gretas Wechsel half ihre Mutter beim Renovieren der Klassenräume, sie ist
105 Elternsprecherin, sie hatte auch schon die private Kita, die Greta besuchte, mitgegründet. […] Auf Gretas Schule gibt es Noten erst ab der 8. Klasse. Der Unterricht dauert von acht bis 16 Uhr, nur etwa die Hälfte der Zeit verbringt sie mit Pflichtfächern wie Deutsch oder Mathe, sonst kann sie
110 frei wählen: Fotografie, Akrobatik; am liebsten möchte sie bald wieder Spanisch nehmen. Ihre Mutter hofft, dass Greta auf diese Weise lernt, selbst herauszufinden, was sie will.

Greta bekommt zwei Euro Taschengeld die Woche.
Greta war in den Sommerferien mit einer Kinderfreizeit in
115 *Brandenburg, anschließend zwei Wochen mit ihren Eltern in Montpellier (sie hatten ihre Berliner Wohnung mit einer Familie aus Südfrankreich getauscht). Ihre Herbstferien verbringt Greta auf einem Bauernhof im Oderbruch. Gretas Eltern fahren einen Opel Zafira, Siebensitzer.*

120 **Wedding, 12:30 Uhr**
Julies Mutter Selma hat sich nie über Schulen informiert. Ihre Tochter geht auf die Erika-Mann-Grundschule, weil sie im Einzugsgebiet wohnt – ein Glück für Julie. Gerade ist Hofpause: Julie rennt den Flur entlang Richtung Tischten-
125 nisplatte. Über ihr schlängelt sich ein dreieckiger Spiegel wie der Schwanz eines Drachen an der Decke entlang. Auch die Erika-Mann-Grundschule ist eine besondere Schule: Werkstatt, Gemüsegarten und Ruheräume mit gelben Matten, die wie Drachenhöhlen aussehen. Auch hier wird
130 viel Theater gespielt, „um die Selbstkompetenz der Kinder zu stärken", sagt Schulleiterin Karin Babbe.

[…] Man merkt, wie stolz es sie macht, dass dies hier nicht bloß ein Ort des Lernens, sondern des Lebens ist, ein zweites Zuhause, mit Betreuungszeiten von sechs bis 135 18 Uhr, zwei Lehrern pro Klasse, Lesepaten. Regelmäßig tagt ein Schülerparlament, in dem die Kinder nach ihren Ideen für die Schule gefragt werden, sprich: Verantwortung übernehmen sollen. Das Geld für Werkstatt, Ruheräume und die zusätzlichen Betreuungsangebote hat Karin Babbe
140 bei der Stadt und privaten Investoren aufgetrieben, und dass es sich für die Kinder lohnt, kann sie belegen: Mehr als 80 Prozent ihrer Schüler haben wie Julie ausländische Eltern oder Großeltern. Mehr als 80 Prozent sind wie Julie „bildungsmittelbefreit", das heißt, ihre Familien leben von
145 Hartz IV. Und dennoch verlassen rund 75 Prozent der Kinder die Schule mit einer Empfehlung für die Realschule oder das Gymnasium.

Mit übermotivierten Eltern wie ihre Kollegin in Prenzlauer Berg hat Karin Babbe nicht zu kämpfen. Sie ist schon froh,
150 dass die meisten Eltern sagen: Ich weiß zwar nicht genau, was ihr macht, aber ich vertraue euch. Doch manchmal muss Karin Babbe nicht nur die Kinder, sondern auch die Eltern erziehen: „Jetzt schauen Sie sich das mal an", schimpft sie, als ein Schüler mit Down-Syndrom über den
155 Pausenhof schlurft. Sein Vater, der ihn gerade abgeholt hat, geht zehn Meter voraus, ohne auf seinen Jungen zu achten.

Julies Mutter gehört nicht zu diesen Eltern. Sie kontrolliert das Hausaufgabenheft ihrer Tochter und kommt zu jedem Schulfest. Als sie merkte, was Julie auf der Schule geboten
160 wird, wollte sie unbedingt, dass auch ihre jüngere Tochter, Antonia, auf die Erika-Mann-Grundschule gehen kann. Anders bei der Kita: In der von Julie mussten die meisten Kinder erst einmal Deutsch lernen, darum suchte Selma für Antonia eine andere aus, jene, in der sie als Ein-Euro-
165 Jobberin in der Küche half. […]

Selma ist Pragmatikerin. „Ich brauche keine Gymmi-Schüler", sagt sie. Wichtig sei es, dass ihre Kinder einen Ausbildungsplatz bekommen und sich nicht von einem Mann abhängig machen. Gretas Eltern dagegen sind Idealisten:
170 Sie wünschen sich für Greta keinen konkreten Job, sondern ein selbstbestimmtes Leben und Unabhängigkeit, nicht nur von einem Mann, sondern von den Ansprüchen der eigenen Eltern.

Julie bekommt 3,50 Euro Taschengeld in der Woche.
175 *Julie war noch nie im Urlaub. Julies Mutter hat kein Auto.*

Prenzlauer Berg, 16:00 Uhr
Nach Deutsch, Sport, Gemüseeintopf und Theaterprobe haben die Ginkgos frei. „Die Ginkgos", so heißt Gretas Klasse. Greta schultert ihren Rucksack und geht hinüber in die
180 Turnhalle: Judo-Training.

Greta hat gerade „Kiki und ich" sowie sämtliche „Asterix"-Bände gelesen. Greta will Tierpflegerin werden.

Wedding, 16:30 Uhr
Julies Lieblingsort in Berlin ist der Nauener Spielplatz,
185 fünf Minuten von ihrer Wohnung entfernt. Die neuen Drehkreisel und Basketballkörbe reflektieren in der Nach-

mittagssonne, vor zwei Jahren wurde der Platz renoviert. In die Bänke beim Sandkasten sind Lautsprecherboxen eingebaut, aus denen auf Knopfdruck Vögel zwitschern.
190 Man hat sich hier einige Gedanken gemacht, wie man die Kinder beruhigen kann. Die neue Hollywoodschaukel war nach ein paar Wochen trotzdem kaputt.
Auf dem Platz toben etwa 40 Jungen und Mädchen, spielen Fußball oder Fangen, Selma ist eine von vier Müttern,
195 die am Rand stehen. Jeden Tag begleitet sie ihre Töchter hierher. Nein, sagt sie, Sport- oder Musikunterricht nimmt Julie nicht. „Dafür haben wir kein Geld." Aber einmal in der Woche gehen ihre Töchter zur „Max 14", ein Kieztreff, eine „Insel", wie die Sozialarbeiter dort sagen. Gemeinsam mit
200 den Kindern kochen sie. Im Wedding geht es um Grundlegendes: einen vollen Bauch, gesundes Essen.

Und wenn es vor dem „Automaten Casino" gegenüber wieder mal Ärger gegeben hat, wenn sich Männer anschreien oder Polizisten eine Drogenwohnung stürmen, dann sind
205 die Mitarbeiter der „Max 14" vor allem Blitzableiter, für die Aggressionen, die die Kinder auf den Straßen sehen, aufsaugen und irgendwann wieder loswerden müssen.
Selma ist kurz nach Julies Geburt von Berlin-Reinickendorf in den Wedding gezogen. Sie weiß, was andere über die Ge-
210 gend denken, aber sie fühlt sich hier sicher: „Ich passe auf meine Töchter auf, das ist auch Erziehungssache." Bei Selma gibt es feste Regeln: spätestens um sieben Uhr abends zu Hause sein; sich nicht von Fremden anquatschen lassen; am Tisch mit Messer und Gabel essen; morgens und abends
215 Zähne putzen. „Ich bin im Heim groß geworden", erzählt Selma, „da gab es diese festen Regeln auch." Ihr Vater war Gastarbeiter, er trank, und nachdem er seine Kinder wieder und wieder verprügelt hatte, schob man ihn ab in die Türkei. Selma kam ins Heim, ihre beste Freundin damals hieß Julie.
220 Mit 18 machte Selma eine Maler- und Lackiererlehre, mit 25 bekam sie ihre erste Tochter, die sie wie ihre beste Freundin nannte. „Die Zeit damals hat mich taff gemacht", sagt sie, „aber mir auch gezeigt, was im Leben wichtig ist."

Anstand zum Beispiel. Selma beschwert sich nicht über
225 das wenige Geld, das sie hat, sie ist stolz darauf, keine Schulden zu haben, sie kennt hier kaum jemanden ohne Schulden. Wenn ihr vier Monate alter Sohn aus dem Gröbsten raus ist, will sie wieder arbeiten gehen, notfalls für einen Euro die Stunde.

230 *Julie hat gerade „Schneewittchen" gelesen.*
Julie weiß nicht, was sie werden will. Auf jeden Fall möchte sie heiraten und Kinder kriegen.

Prenzlauer Berg, 17:30 Uhr
Fragt man Greta nach ihrem Lieblingsort in Berlin, sagt sie:
235 „Manchmal bleibe ich einfach gern daheim." Vor einer Viertelstunde ist sie vom Judo nach Hause gekommen, neben dem Sport hat sie noch Gitarrenunterricht. Alle ihre Freundinnen lernen ein Instrument. In Prenzlauer Berg gehört zu einem gesunden Körper auch ein gesunder Geist. Gretas
240 Eltern sitzen im Esszimmer. Elke war im Büro, Marcus ist krank. „Manchmal denke ich, die Kinder haben zu selten

Zeit, nichts zu machen", sagt Elke. „Wie oft war mir in meiner Kindheit langweilig? Da ist dann oft was Tolles passiert. Wir haben dann im Wald Hütten gebaut."

245 Die größte Sorge von Julies Mutter Selma ist es, dass ihre Töchter eines Abends plötzlich nicht mehr nach Hause kommen. Gretas Eltern haben dagegen Angst, dass ihre Kinder überversorgt sind. […] Nach der Geburt ihrer ältesten Tochter Emma wurden Elke und Marcus von Freunden
250 mit Erziehungsratgebern beschenkt. „Irgendwann wusste ich nicht mal mehr, wie man ein Kind richtig ins Bett legt", erzählt Elke. Sie hat dann aufgehört, die Bücher zu lesen, um wieder intuitiv reagieren zu können. In der Kita, die sie mitgegründet haben, stimmten die Eltern sogar darüber
255 ab, wie viel Zucker die Kinder zu sich nehmen durften. […]

Die drei Töchter sind Wunschkinder. Elke und Marcus haben ihnen ein paar Regeln gesetzt: kein elektronisches Spielzeug und nur zwei, drei Stunden Fernsehen in der Woche zum Beispiel. „Als ich die Kinder das erste Mal vor einem
260 Fernseher sah, hat mich das richtig erschreckt", erzählt Marcus, „die sind völlig darin versunken." Und Greta, die sich neben ihren Vater gesetzt hat, sagt: „Ich lese sowieso lieber als fernzusehen." Wenn, dann guckt sie Logo oder Die Sendung mit der Maus. Und nein, DSDS kennt sie nicht.
265 Manchmal klingt Greta vernünftig wie eine Erwachsene.

Wedding, 19:00 Uhr
Als Julie mit ihrem Mountainbike nach Hause fährt, ist der Spielplatz noch voll. Das ist er auch noch um zehn, wenn Neunjährige längst schlafen sollten. Julie radelt voraus,
270 sie möchte ihre Lieblingssendung Das Haus Anubis nicht verpassen, eine Mystery-Serie für Kinder auf Nickelodeon. „Im Winter gucken wir mehr fern als im Sommer", sagt ihre Mutter Selma, die zu Fuß nach Hause geht.
Was sie eigentlich über die Eltern in Prenzlauer Berg denkt?
275 „Ich weiß nicht", sagt Selma, „ich war da noch nie." […]

Aufgaben

1. Beschreiben Sie genau, welche Einflüsse auf die beiden Mädchen (**M7**) einwirken.
   a) Unterscheiden Sie dabei pädagogisch intendierte von anderen Einflüssen.
   b) Zeigen Sie insbesondere auf, wie sich die sozialen Verhältnisse (die Wohnumgebung, die finanziellen Möglichkeiten der Familien usw.) dabei auswirken.

2. ▲ Erörtern Sie, ob bzw. wie Julie durch pädagogische Fördermaßen, die außerhalb ihrer Familie liegen, unterstützt werden könnte.

3. ▲ Beurteilen Sie Leistungen und Grenzen pädagogischer Fördermaßnahmen, die die Auswirkungen sozialer Ungleichheiten kompensieren wollen. Beachten Sie dabei auch die möglichen Leistungen und Grenzen politischer und wirtschaftlicher Maßnahmen.

7.5 Auflösung traditioneller Lebensformen

In den letzten Jahrzehnten haben vielfältige familiäre Lebensformen Verbreitung gefunden, die früher allenfalls Ausnahmen waren. Es gibt Doppelverdiener ohne Kinder, Doppelverdiener mit Kindern, Ein-Eltern-Familien, Patchworkfamilien, gleichgeschlechtliche Partnerschaften, Partnerschaften mit zwei Haushalten, Fernbeziehungen mit und ohne Trauschein und anderes mehr. Während immer weniger Kinder geboren werden, steigt die Zahl der Trennungen und Scheidungen. Immer mehr Kinder wachsen heute in Lebensformen auf, die von der traditionellen Kleinfamilie mit berufstätigem Vater, der den Haushalt führenden Mutter und ein bis zwei Geschwistern abweichen. – Das bringt neue pädagogische Herausforderungen mit sich.

Beispielhaft dafür steht der folgende Text, der einem Dossier der Frauenzeitschrift „Brigitte" entnommen ist. Es stellt die Lebenssituation von alleinerziehenden Frauen vor.

> ## Fragen und Anregungen zum Einstieg
>
> **1.** Überlegen Sie, was Sie an dieser Thematik interessiert.
>
> **2.** Welche Fragen möchten Sie zu diesem Thema beantwortet haben?

M6 Alleinerziehend

Alleinerziehende – von der Gesellschaft im Stich gelassen
Egal, ob es um Gesetze, Geld und Gerechtigkeit geht –
alleinerziehende Mütter werden von der Gesellschaft
regelmäßig vergessen und verraten. Ein Skandal, findet
5 *BRIGITTE.*

Die Sonne scheint durch die Fenster des Altbaus. Chromglänzende Stühle stehen auf dem Holzfußboden. An den Wänden hängen Acrylbilder in Rot und Pink – und das Bild von einem dicken braunen Pferd. „Das hat meine Tochter
10 gemalt." Nicole Lübbe, 30 Jahre alt und Geschäftsführerin einer Kölner Werbefirma, nimmt das Bild in die Hand. Eigentlich könnte sie zufrieden lächeln, sie hat ihre Sophie und einen interessanten Beruf. „Seit neun Jahren habe ich ein Riesenproblem", sagt Nicole Lübbe. „Ich bin alleinerzie-
15 hend."

Ihre Tochter war vier Monate alt, als ihre damalige Beziehung auseinanderbrach. Seitdem schlägt sich Nicole Lübbe solo mit Sophie durchs Leben. Es ist ein Ringen um die Betreuung ihrer Tochter, mit Kitas, die schon um 16 Uhr
20 schließen, mit Au-pair-Mädchen, die von heute auf morgen ihren Job hinschmeißen, mit Schulen, die Kinder einfach nach Hause schicken, wenn eine Lehrerin krank ist. Es ist ein Kampf mit Chefs, die Mitarbeiter gern bis abends um acht am Schreibtisch sehen oder ohne Ankündigung auf
25 Dienstreise schicken, auch wenn zu Hause ein Kind wartet. Es ist die ständige Sorge, sich irgendwie Zeit zu stehlen für Sophie, für ein gemeinsames Abendbrot, für eine Stunde Kuscheln und Erzählen. Und stets ein schlechtes Gewissen, weil immer etwas zu kurz kommt. In den ersten Jahren als
30 Werberin ist sie vor lauter Stress mehrmals zusammengebrochen. Im Krankenhaus wachte Nicole Lübbe wieder auf. „Ich habe eine Zeit lang überlegt, Deutschland zu verlassen, weil die Situation für Alleinerziehende hier so schwierig ist."

35 Ein Szeneviertel im Hamburger Westen. Galerien, Schmuckläden, Restaurants in Gründerzeithäusern. In einer ruhigen Seitenstraße ein schlichter Würfel, sozialer Wohnungsbau, im dritten Stock Katja Schepanskis Zuhause. Felix kommt zur Tür herein, seine Cordjacke fliegt an die Garderobe.
40 Die Mutter streicht ihm über den Kopf: „Felix ist das Beste, was ich habe." Nur dieses Gefühl, ihn in Armut aufwachsen zu sehen, das ist schwer zu ertragen. Die Grübelei, wenn der Zwölfjährige ein Geschenk für eine Geburtstagsparty braucht. Oder seine Jacke in der Schule verschwunden
45 ist … Seit Felix auf der Welt ist, schrammt die kleine Familie am Existenzminimum entlang. Das zerrt an den Kräften, das beschädigt die Würde. „Ja, es geht uns schlecht", gesteht die 33-Jährige, von Beruf Erzieherin. Jetzt bleiben ihr

Abb. 7.6: Manchmal wird alles zuviel

nach Abzug der Kosten für Miete, Strom und Monatskarte
50 noch rund 500 Euro zum Leben. Dieser Betrag hat einen Namen: Hartz IV.

Alleinerziehend zu sein, ist in Deutschland längst keine Seltenheit mehr. 2,2 Millionen Single-Mütter ziehen ihre Kinder ohne Partner auf. Jede fünfte Familie mit Kindern
55 besteht aus nur einem Elternteil, zu 87 Prozent Frauen. 17 Prozent aller Kinder zwischen drei und zwölf Jahren leben in einer Kleinstfamilie, so eine Studie von World Vision zur Situation von Kindern in Deutschland. In Großstädten stammt in manchen Grundschulen die Hälfte der Kinder
60 aus Einelternfamilien. Und es werden immer mehr. Seit 1996 ist die Zahl der Alleinerziehenden in Westdeutschland

um 25 Prozent gestiegen. Fast allen ist etwas gemeinsam: Sie haben viele Probleme – und sie werden mit ihren Problemen allein gelassen.

65 Katja Schepanski hat eigentlich alles richtig gemacht, seit sie bei ihren Eltern ausgezogen ist. Sie hat nach der Schule ein soziales Jahr absolviert, dann eine Erzieherinnenfachschule besucht und in verschiedenen Kindergärten gearbeitet. Nur dass sie mit 21 Jahren ihren Sohn bekom-
70 men hat und ihr damaliger Freund zu sehr mit sich selbst beschäftigt war, um ein Kind zu wollen, das hat sie an den Rand der Gesellschaft katapultiert. Als Felix acht Monate alt war, brachte sie ihn zur Tagesmutter, um ihre Ausbildung zu beenden. Trotzdem hat sie nie einen festen Job be-
75 kommen. Bei Vorstellungsgesprächen hieß es: „Wer passt auf, wenn das Kind krank ist?" Mit befristeten Jobs und Teilzeitarbeit hat sie sich durchgehangelt, mit ergänzender Sozialhilfe und Wohngeld.
Katja Schepanski ist kein Einzelfall. „Alleinerziehende wer-
80 den von Arbeitgebern diskriminiert", stellt Christoph Butterwegge, Politologe an der Uni Köln, fest. […]
Danach beziehen Alleinerziehende in der Regel deutlich länger Hartz IV als Kinderlose. Es fehle an der sozialen Infrastruktur, welche die Betreuung der Kinder sichere,
85 kritisiert Heinrich Alt, Vorstandsmitglied der Bundesagentur für Arbeit. Die Folgen für Mütter und ihre Kinder sind verheerend. Die Armutsquote von Alleinerziehenden ist mehr als dreimal so hoch wie im Bundesdurchschnitt, fast 40 Prozent sind armutsgefährdet: In den Einelternfamilien
90 sind vier von zehn Kindern mittellos, in Familien mit zwei Erwachsenen sind es nur vier von hundert. „Kinderarmut ist Mütterarmut", sagt Experte Christoph Butterwegge. Ein Skandal, kaum bemerkt von der Öffentlichkeit. „Ich fühle mich unsichtbar", sagt Katja Schepanski. „Wahrscheinlich,
95 weil wir ja irgendwie funktionieren."

Nach ihrem letzten Zusammenbruch hatte Nicole Lübbe angefangen, darüber nachzudenken, wie sie dem „grausamen Druck" entgehen kann aus „Wie schaffe ich meinen Job?" und „Komme ich rechtzeitig nach Hause?" oder „Wo
100 kann Sophie heute Abend bleiben?". Vor drei Jahren hat sie begonnen, freiberuflich zu arbeiten, seit einem Jahr besitzt sie ihre eigene Firma mit acht Mitarbeitern. Nun kann sie immerhin selbst bestimmen, wann sie auf Dienstreisen geht und ob sie ihre Arbeit im Büro erledigt oder zu Hau-
105 se, wenn die Tochter schläft. Dennoch: Ihr Leben bleibt schwierig.

Die Werberin würde gern mal mit Ursula von der Leyen sprechen. „Schön", würde sie der Familienministerin dann sagen, „dass Sie eine garantierte Kleinkindbetreuung
110 durchgesetzt haben. Aber was nützt mir das für meine Neunjährige?" […]

Viele Alleinerziehende haben die Entscheidung selbst getroffen, sich vom Partner zu trennen oder ein Kind zu bekommen, obwohl es keinen verlässlichen Vater dazu
115 gibt. Fast alle sagen: „Es ist schwerer, als ich dachte." Peggi Liebisch, Geschäftsführerin vom Verband alleinerziehender

Mütter und Väter, weiß: „Die ersten zwei Jahre sind die härtesten." Danach haben sich die meisten Frauen daran gewöhnt, die täglichen Anforderungen allein zu stemmen.
120 Und sie haben gelernt zu verzichten. Auf einen Freund, weil keine Zeit und keine Energie mehr übrig ist für eine Beziehung. Auf eine schöne Wohnung, auf Urlaub, auf Kino oder Restaurantbesuche, weil das Geld dafür nicht reicht. Geldmangel, Zeitmangel, Energiemangel, Männermangel.
125 Und immerzu ein schlechtes Gewissen. Eigentlich ist es eine Überforderung, in dieser Gesellschaft Kinder ohne Partner aufzuziehen. Doch die Frauen schaffen es, irgendwie. Zu einem hohen Preis.

„Das Schlimmste", sagt Anne Egerer, „sind die Wochenen-
130 den, wenn mir so trüb wird. Dann hoffe ich, dass meine Tochter schnell groß wird und das Leben wieder anfängt." Anne Egerer wohnt in einem Dorf in Bayern – 4000 Einwohner, eine Pfarrkirche mit prächtig geschnitztem Chorgestühl, Häuser mit ausladenden Dächern, umgeben von
135 Wald, am Horizont die Berge. Seit achteinhalb Jahren lebt sie allein mit ihrer heute neunjährigen Tochter Corinna. Anne Egerer ist ein Fremdkörper zwischen den Vater-Mutter-Kind-Familien im Ort, sie kämpft mit der Einsamkeit. Auch im Beruf ist es schwierig, es ist die klassische Ge-
140 schichte: keine Kinderbetreuung, kein ordentlicher Job. In der Altenpflege, ihrem gelernten Beruf mit Schichten fast rund um die Uhr, kann sie nicht mehr arbeiten – sie muss zu Hause sein, wenn ihre Tochter aus der Schule kommt.

Anne Egerer jobbt als Familienhelferin auf Zuruf, wenn
145 eine Mutter krank ist und Unterstützung im Haushalt braucht. 450 Euro netto bringt ihr das ungefähr ein, mit dem Unterhalt vom geschiedenen Mann für Corinna und dem Wohngeld kommt sie gerade über die Runden. „Womit habe ich das verdient?", fragt sich die 47-Jährige manch-
150 mal, wenn der Hunger nach unbeschwerten Stunden, nach Freunden, nach Leben in ihr aufsteigt. Sie versucht durchzuhalten, der Tochter nicht ihre Mutlosigkeit zu zeigen – sie will eine gute Mutter sein.

Kein Wunder, dass der Druck, der auf Solo-Müttern lastet,
155 in eine seelische Krise führen kann. „Alleinerziehende sind doppelt so häufig von psychischen Erkrankungen betroffen wie verheiratete Frauen", sagt Gudrun Neises, Ärztin und Professorin für Gesundheitsmanagement an der Europa-Fachschule Fresenius. Fast jede vierte Alleinerziehende
160 trifft es irgendwann in ihrem Leben – vor allem an Depressionen, aber auch an Angst- oder Schlafstörungen leiden dann die Frauen.

Mit manchmal fatalen Folgen für den Nachwuchs. Das mag man kaum aussprechen, weil es traditionalistischen Vor-
165 urteilen Futter gibt: denen, die meinen, na, da sieht man es wieder, nur in einer richtigen Familie ist der Nachwuchs gut aufgehoben. Und: Nur wenn der Vater da ist und den Kindern Grenzen setzt, werden diese zu tüchtigen Mitgliedern der Gesellschaft.

170 Tatsächlich ist die traurige Wahrheit, dass Einelternfamilien, allein gelassen von der Gesellschaft, mehr Probleme zu bewältigen haben. Und damit manchmal schlichtweg überfordert sind. „Kinder Alleinerziehender haben ein deutlich erhöhtes Risiko einer Verhaltensstörung", sagt Matthias

175 Franz, Professor für psychosomatische Medizin und Psychotherapie an der Universität Düsseldorf, der sich mit der Situation von Kindern in Einelternfamilien befasst.

Wenn sich eine Mutter im Alltag dauerhaft am Ende ihrer Kräfte fühlt, fällt es ihr womöglich schwer, die Kleinen zu

180 trösten, zu beruhigen, ihnen Wärme und Verständnis zu geben. Das spüren Kinder natürlich. Mädchen verkriechen sich dann häufig in sich selbst, Jungs werden aggressiv, beide leiden unter Konzentrations- und Lernstörungen. Kinder und Jugendliche aus Einelternfamilien haben zudem,

185 wie schwedische Forscher herausfanden, doppelt so häufig Probleme mit Alkohol und dreimal so häufig Probleme mit Drogen. Jungs werden öfter auffällig als Mädchen.

Um Himmels willen, mag manche alleinerziehende Mutter denken. Muss ich mich zur alltäglichen Plackerei auch noch

190 mit solchen Sorgen und Schuldgefühlen plagen? Experte Franz beruhigt: „Ein Kind, das in einer Einelternfamilie aufwächst, muss keineswegs Schäden davontragen. Entscheidend ist die Beziehungsgüte zwischen Mutter und Kind."

Und dafür geben die meisten Alleinerziehenden alles. Wie

195 Katja Schepanski. Sie hat eine gute Schule für ihren Sohn ausgesucht, ihn im Fußballverein angemeldet – für sich selbst findet sie Sport zu teuer. Abenteuergeburtstage im Park, DVD-Abende für Felix und seine Freunde, Katja Schepanski denkt sich immer wieder Aktivitäten aus, die wenig

200 kosten. Die schlechten Zeiten haben Mutter und Sohn zusammengeschweißt. […]

Und was ist mit den Vätern? Natürlich gibt es Männer, die sich um ihre Kinder kümmern. […] Fakt ist: Die Hälfte der Kinder verliert ein Jahr nach der Trennung endgültig den

205 Vater. Der Kontakt bricht ab. Auch finanziell gibt's wenig Unterstützung: Zwei Drittel aller geschiedenen Väter können oder wollen nicht zahlen. […]

Wenn Eltern persönliche Kränkungen und finanziellen Streit mit der Frage vermischen, wer sich wie um die

210 Kinder kümmert, wird es tragisch. Um das zu vermeiden, wäre es wichtig, Eltern in der Trennungsphase zu begleiten, meint Bettina Eichblatt, Leiterin einer Elternschule in Hamburg-Osdorf. Die Sozialpädagogin – selbst eine alleinerziehende Mutter – bietet in der Elternschule Beratungen

215 an, die Frauen und Männer unterstützen, Gefühle zu klären, Verständnis für die Kinder zu entwickeln und Verantwortung zu übernehmen. „Wenn ein Paar es schafft, glimpflich durch die Trennung zu kommen, erhöht es die Chancen, dass der Vater einen guten Kontakt zu den Kindern behält."

220 Immerhin etwas hat sich geändert: Kinder ohne Partner aufzuziehen, ist kein Makel mehr. […]

In der Mitte der Gesellschaft aber sind Alleinerziehende noch nicht angelangt. „Der Staat ist immer noch auf das Modell des männlichen Ernährers fixiert", sagt Politologe

225 Christoph Butterwegge. Besonders krass fällt das auf bei einem Blick auf das Abgabensystem. Alleinerziehende werden fast wie Singles besteuert. „Verdient eine alleinerziehende Mutter von zwei kleinen Kindern weniger als 1400 Euro brutto, lohnt sich die Berufstätigkeit nicht", hat der

230 OECD-Ökonom Herwig Immervoll ausgerechnet – Steuern, Sozialabgaben und Kinderbetreuungskosten sind zu hoch. Auch wenn eine Single-Mutter mit zwei kleinen Kindern mehr verdient, lohnt sich das Arbeiten kaum: Bei einem Bruttolohn von 2300 Euro hat sie rund 230 Euro mehr im

235 Portemonnaie, als wenn sie von staatlicher Unterstützung leben würde. […]

„Wir müssen ein gesellschaftliches Klima schaffen, in dem Elternschaft und Erwerbstätigkeit nicht als Gegensatz erscheinen", fordert Anneli Rüling, Wissenschaftlerin am

235 Institut für sozialwissenschaftlichen Transfer in Berlin. Bis dahin brauchen vor allem Solo-Mütter viel Energie und Unterstützung, um den Kopf oben zu behalten – und erst recht, um an die Spitze zu kommen.

Aufgaben

1. Stellen Sie auf Basis dieses Textes (M 8) die besonderen Probleme und Herausforderungen zusammen, mit denen sich alleinerziehende Frauen auseinandersetzen müssen.

2. Erläutern Sie die besonderen pädagogischen Herausforderungen, die sich aus dieser Lebenssituation ergeben können.

3. Erweitern Sie durch zusätzliche Recherchen Ihr Wissen über die Lebens- und Erziehungsbedingungen in Familien mit einem Elternteil.

4. ▲ Entwickeln Sie mögliche pädagogische Unterstützungsangebote für Alleinerziehende und prüfen Sie sie kritisch.

Methodenübersicht

Placemat ⇨ S. 6

Vorbereitung

- ein Blatt Papier so aufteilen, dass jeder der Teilnehmer seinen eigenen Bericht erhält
- ein Feld in der Mitte freilassen – dort wird später das gemeinsame Ergebnis notiert

Durchführung

- jeder schreibt individuelle Antworten zur Aufgabenstellung in seinen Bereich
- Placemat drehen, jeder dabei liest die Antworten der anderen
- alle einigen sich auf ein gemeinsames Ergebnis, welches in die Mitte geschrieben wird

Auswertung

- gemeinsames Ergebnis dem Kurs vorstellen

Selbstständiges und kooperatives Arbeiten ⇨ S. 14

Think

- in Einzelarbeit z. B. zu einer Fragestellung arbeiten und Ergebnisse schriftlich festhalten

Pair

- Ergebnisse in einer Kleingruppe vergleichen und diskutieren, ggf. überarbeiten der eigenen Ergebnisse

Share

- Ergebnisse dem Kurs vorstellen und diskutieren, ggf. überarbeiten der eigenen Ergebnisse

Expertenbefragung ⇨ S. 77

Vorbereitung

- Fragen erarbeiten
- Kontakt zu Experten aufnehmen, Ort und Zeitpunkt der Befragung festlegen
- Form der Ergebnissicherung, -auswertung und -präsentation überlegen

Durchführung

- Expertenbefragung durchführen

Auswertung

- Fragen aus der Vorbereitung beantworten und Ergebnisse zusammen mit Fotos oder anderen Materialien präsentieren

Reziprokes (wechselseitiges, abwechselndes) Lesen ⇨ S. 47

Vorbereitung

- Text in einer Kleingruppe (Teilnehmer A, B, C, D) bearbeiten, indem die Teilnehmer zuerst ausgehend von den Überschriften des Textes Fragen/Erwartungen an den Text formulieren

Durchführung 1

- alle lesen den ersten Abschnitt des Textes für sich
- Rollenverteilung: A stellt Fragen zum Text an B, C und D stellen ggf. Nachfragen

Zwischenauswertung

- Erkenntnisse und offen gebliebene Fragen schriftlich festhalten

Durchführung 2

- alle lesen den nächsten Abschnitt des Textes für sich
- gleiches Verfahren wie oben, aber mit anderer Rollenverteilung

Ggf. weitere Durchführungen und Zwischenauswertungen

Auswertung

- Textverständnis und offen gebliebenen Fragen dem Kurs vorstellen

Projektarbeit ⇨ S. 93

Einstieg und Vorbereitung

- Thema finden und in der Gruppe konkretisieren
- Projektplan erstellen (Produkt, Adressaten, Arbeitsmethoden/-orte, Zeit- und Materialplan etc.)

Durchführung

- Material beschaffen und auswerten
- Produkt erstellen, Arbeitsprozesse koordinieren

Präsentation und Auswertung

- Fragen aus der Vorbereitung beantworten und Ergebnisse zusammen mit Fotos oder anderen Materialien präsentieren

Stichwortverzeichnis

Grundbegriffe der Pädagogik

In der Pädagogik als Praxis und Wissenschaft geht es um **Erziehung** und **Bildung**. Beide Begriffe werden umgangssprachlich in verschiedenen Zusammenhängen und Bedeutungen gebraucht. Auch in der Pädagogik als Wissenschaft (auch „Erziehungswissenschaft") gibt es keine einheitliche Definition dieser Grundbegriffe. Das ist keine Besonderheit der Pädagogik, sondern auch in anderen Wissenschaften so. Es bedeutet nicht, dass die Grundbegriffe „unklar", „schwammig" oder „beliebig" sind. Sie werden vielmehr von den Wissenschaftlern klar definiert, aber mit unterschiedlichen Bedeutungsmerkmalen ausgestattet und z.B. weiter oder enger gefasst. Sie sind umstritten und können danach beurteilt werden, inwiefern sie bei der Problemerkenntnis und -bewältigung sinnvoll und hilfreich sind.

Es gibt jedoch auf einer allgemeinen Ebene durchaus Gemeinsamkeiten zwischen den verschiedenen Bildungs- und Erziehungstheorien.

Bildung besteht danach nicht nur darin, die Heranwachsenden in die bestehende Gesellschaft einzufügen und ihnen die herrschenden Werte und Wissensbestände zu vermitteln. Bildung heißt vielmehr vernünftige Selbstbestimmung angesichts der immer besonderen Herausforderungen der jeweiligen Zeit. In diesem Sinne ist Bildung immer eine Leistung des Menschen selbst. Sie werden dazu in den folgenden Halbjahren noch Genaues erfahren.

Erziehung wird als Förderung der Heranwachsenden im Hinblick auf dieses Ziel verstanden. Häufig wird in der Pädagogik „Mündigkeit" als Ziel von Erziehung genannt. Allerdings muss gefragt werden, was jeweils unter „Mündigkeit" zu verstehen ist.

In diesem Heft geht es vor allem darum, in ein erstes erziehungswissenschaftlich orientiertes Verständnis von Erziehung und Bildung einzuführen. Dieses Verständnis wird in den folgenden Heften differenziert, erweitert und kritisch reflektiert.

Ausblick

Handeln gewinnt dann pädagogische Qualität, wenn es Heranwachsende in besonderer Weise in die natürliche und kulturelle Umwelt einführt. Das Besondere pädagogischen Handelns ergibt sich aus seiner Aufgabe: Die Kinder und Jugendlichen sollen immer selbstbestimmter ihr Leben mit Vernunft gestalten können. Dazu benötigen sie Wissen über die Bereiche des natürlichen und kulturellen Lebens und die Aufgaben, die in ihnen zu bewältigen sind. Sie benötigen auch die Fähigkeit, mit diesem Wissen prüfend und wertend umzugehen. Schließlich erfordert ein selbstbestimmtes Leben auch, in kritischer Selbstbetrachtung das eigene Denken und Handeln zu reflektieren. All das müssen Kinder und Jugendliche schrittweise lernen. Stile und Formen erzieherischen Handelns sollten an diesem pädagogischen Maßstab gemessen werden. Die Frage lautet: Wie kann man mit Menschen so umgehen, dass sie lernen, sich selbst zu bestimmen? Wenn man pädagogisches Denken und Handeln so versteht, dann folgt daraus: Ziel des pädagogisch Handelnden ist es, sich (in der Rolle des Pädagogen) am Ende überflüssig zu machen.

Wir sind zu Beginn dieses Einführungskurses in die Pädagogik von den Verunsicherungen und Problemen ausgegangen, die viele Menschen heute mit dem Erziehen haben. Sie fragen nach den „richtigen" Handlungsformen, nach Rezepten für den Umgang mit schwierigen Kindern, nach den Zielen angesichts einer nicht vorhersehbaren Zukunft.

Sie haben im Verlaufe des Kurses gelernt, dass durchaus klare pädagogische Orientierungen möglich sind. Eines sollte aber auch deutlich geworden sein: Es gibt keine einfachen Rezepte für eine Bewältigung aller möglichen Erziehungsaufgaben und -probleme. Jede einzelne Situation ist besonders, keine ist wie die andere, und Menschen sind keine Maschinen, die man programmieren kann. Wer pädagogisch handelt, benötigt neben dem Wissen über die pädagogische Grundidee und die Formen pädagogischen Handelns auch die Fähigkeit, das immer besondere Gefüge der jeweiligen Handlungssituationen und -konstellationen zu erschließen. Das geht nicht ohne die Erkenntnisse anderer Wissenschaften – vor allem der Psychologie, der Biologie, der Gehirnforschung, der Sozialwissenschaften, der Philosophie. Die Fähigkeit zum richtigen pädagogischen Handeln lässt sich allein theoretisch nicht vermitteln, sie kann aber ohne theoretisches Wissen nicht ausgebildet werden.

In den nächsten Halbjahren können Sie nach und nach solches Wissen erwerben. Sie werden immer wieder üben, vielseitiges Wissen über die konkreten Bedingungen einer Handlungssituation mit der pädagogischen Grundidee in Beziehung zu setzen. Und Sie werden diese Grundidee noch genauer und differenzierter ausarbeiten, indem Sie sich mit Theorien der Erziehung und Bildung auseinandersetzen. Auf diese Weise können Sie Ihre pädagogische Urteils- und Handlungskompetenz immer weiter ausbauen.